**Der erste Eltern-Ratgeber zur Pubertät,
der sich nur mit Mädchen beschäftigt.**

Was passiert bei Töchtern in der Pubertät? Wie schaffen Eltern den Rollenwechsel, wie überstehen sie die Ablösungskonflikte? Was tut man am besten bei typischen Alltagskonflikten wie Zickenalarm, Styling-Kontroversen, erste Liebe, Sex und Verhütung, null Bock auf Schule, zu viel Zeit vor dem Computer oder bei Facebook? Wie begegnet man Pubertätsrisiken wie Essstörungen, frühe Schwangerschaft, Alkohol und Drogen, Depressionen und Mobbing?

Mit einer Menge Hintergrundwissen und vielen praktischen Tipps unterstützen die Psychologin Kirsten Khaschei und der Psychotherapeut Joachim Braun die Eltern heranwachsender Töchter. Fallgeschichten und O-Töne machen diesen Ratgeber zu einem hilfreichen Begleiter durch eine turbulente Entwicklungsphase, in der Mädchen sich auf ihrem individuellen Weg zur Frau finden müssen – und Eltern erfahren: Wir sind nicht allein.

Joachim Braun / Kirsten Khaschei

MÄDCHEN IN DER PUBERTÄT

Wie Töchter erwachsen werden

Rowohlt Taschenbuch Verlag

Für Nika

2. Auflage Oktober 2013

Originalausgabe
Veröffentlicht im Rowohlt Taschenbuch Verlag,
Reinbek bei Hamburg, September 2012
Copyright © 2012 by Rowohlt Verlag GmbH, Reinbek bei Hamburg
Lektorat Bernd Gottwald
Umschlaggestaltung ZERO Werbeagentur, München
(Foto: plainpicture / Mohamad Itani)
Satz aus der Corporate PostScript, PageOne,
bei Dörlemann Satz, Lemförde
Druck und Bindung CPI books GmbH, Leck
Printed in Germany
ISBN 978 3 499 62952 5

Inhalt

Gemeinsam neue Lebensräume erobern

Wenn Mädchen (und ihre Eltern) in die Pubertät kommen

Stehen mehrere Erwachsene zusammen, plaudern angeregt über ihre Kinder und fällt irgendwo plötzlich das Stichwort «Pubertät», dann kann man fast sicher sein, welche Reaktionen kommen: «Was? Ihr Armen!», «Oje, und dann noch eine Tochter!», «Wie alt? Vierzehn? Da habt ihr ja noch was vor euch!», «Und darfst du ab und zu auch noch mal ins Badezimmer?», «Na? Wie oft zickt ihr euch jeden Tag an?», «Geht sie etwa gern in die Schule? Keine Sorge, das nächste Lehrergespräch kommt bestimmt ...», «Hängt eure auch die ganze Zeit nur im Internet herum?»

Selten hört man im Alltag etwas Schönes, Wertschätzendes oder Nachdenkliches über die Pubertät. Wesentlich öfter ist die Erwachsenen-Perspektive von plakativen Sprüchen oder einem leicht genervten Gefühlsgemisch bestimmt, das von Ratlosigkeit bis zu abgeklärter Distanz oder von spöttischen Kommentaren bis zu verzweifeltem Galgenhumor reicht.

Vor einigen Jahren erzählte eine Freundin, Klassenlehrerin in einer 8. Klasse, von ihren Schülerinnen und Schülern: «Sie können zwar manchmal echt anstrengend sein, aber ich mag sie! Wie sie da vor mir sitzen, manche so wütend und motzig, andere total matt, antriebslos oder müde, mit ihren Pickeln und frisch gewaschenen Haaren, frech oder schüchtern, aufgedreht oder traurig, geschminkt und gestylt oder extra cool, ein bisschen arrogant oder vollkommen desinteressiert. Und doch versuchen sie alle auf ihre Art nur eins: so gut wie möglich irgendwie erwachsen zu werden!»

Wie schön, das zu hören! Für pubertierende Mädchen und Jungen ist es nämlich unglaublich wichtig, in ihrem Alltag auf Erwachsene zu treffen, die ihnen mit einer grundsätzlich positiven und wohlwollenden Haltung begegnen. Wie sonst sollen sie lernen, sich selbst zu mögen, mit diesen komischen Stimmungsschwankungen, die kein Mensch versteht? In diesem sich so eigenartig fremd anfühlenden Körper, von dem man noch gar nicht recht weiß, ob der irgendwann noch mal schön wird oder nicht?

Verständlicherweise wird es den wenigsten Eltern gelingen, eine solche positive und wohlwollende Haltung auch in den hitzigsten Hochphasen pubertärer Familienstreitereien und Auseinandersetzungen zu wahren. Wer bleibt schon cool, wenn ein 13-jähriges Mädchen um Mitternacht immer noch nicht zu Hause ist? Jeden Tag neue Forderungen aufstellt? Einfach nie zufrieden ist? Keine Möglichkeit auslässt, einen selbst oder andere vor den Kopf zu stoßen?

Tatsächlich würden Sie Ihrer Tochter auch gar keinen Gefallen tun, wenn Sie in solchen Momenten ruhig und freundlich blieben, schließlich sucht sie ja gerade die Auseinandersetzung und tut so ziemlich alles, um Mutter oder Vater mal endlich richtig auf die Palme zu bringen. Und warum das alles? Um sich von Ihnen zu lösen, um einen eigenen Standpunkt im Leben zu finden, um so gut wie möglich erwachsen zu werden.

Erwachsenwerden, mit einer Extraportion Power

Einen eigenen, erwachsenen Standpunkt zu finden, das ist für Jugendliche ein anstrengender und kräftezehrender Prozess, der auf vielen Ebenen stattfindet. Deshalb sind sie oft müde und antriebslos und scheinen doch in manchen Momenten vor Lebensenergie und Kraft nur so zu strotzen! Wer weiß, wahrscheinlich hat sie die Natur mit einer Extraportion Power ausgestattet, um alle diese Umbrüche bewältigen zu können. Erwachsen werden heißt, sich Stück für Stück von kindlichen Verhaltensweisen und Bedürfnissen zu verabschieden; lernen, Verantwortung für sich und andere zu übernehmen; vom kleinen Mädchen zur jungen Frau zu werden; verschiedene körperliche und seelische Entwicklungen zu erleben und zu verarbeiten, die man sich selbst nicht ausgesucht hat. In der Pubertät passieren sie einfach, und man muss sich irgendwie damit arrangieren.

Auch deshalb sind mütterliches und väterliches Wohlwollen so wichtig. Man kann davon ausgehen, dass jedes pubertierende Mädchen versuchen wird, es so gut wie möglich hinzubekommen, erwachsen zu werden. Aber nicht immer ist das so einfach, mit der eigenen körperlichen und psychischen Entwicklung Schritt zu halten und sich entsprechend verantwortungsbewusst zu verhalten. Im Gegenteil: Manche Anläufe, sich vernünftig und erwachsen zu benehmen, scheitern an den eigenen chaotischen Gefühlszuständen in der Pubertät. Andere enden mit Streit und Tränen. Oder es fehlt schlichtweg die Erfahrung und Routine, bestimmte Situationen oder Aufgaben erfolgreich und unaufgeregt zu managen. Ob zu Hause, in der Schule oder im Freundeskreis: Solange Jugendliche pubertieren, müssen sie immer wieder Kritik, Enttäuschungen und Rückschläge einstecken, in der Welt der Erwachsenen, aber auch in der Klasse oder in der Clique unter Gleichaltrigen.

Jugendliche können gar nicht genug Unterstützung bekommen

Deshalb können Mädchen im Elternhaus gar nicht genug Wertschätzung bekommen. Trotz aller Widerborstigkeit sind sie sehr empfindlich und leicht verletzbar. Kein Wunder: Sie befinden sich in einem sensiblen Spannungsfeld zwischen Kind- und Erwachsensein. Die Pubertät ist eine bewegte, verunsichernde Zeit des Umbruchs; ein Prozess, der bei Mädchen etwa zwischen 9 und 13 Jahren beginnt und mit dem Übergang in die Adoleszenz oder auch Nachpubertät im Alter von etwa 17 Jahren endet. Eltern sind also als Begleiter und Unterstützer eines mehrjährigen Entwicklungsprozesses gefragt, der nicht von heute auf morgen geschieht, sondern Zeit braucht und verschiedene Höhen und Tiefen durchläuft, bevor er wirklich abgeschlossen ist, heutzutage ist das meist mit Anfang 20 der Fall. Die Jahre des Erwachsenwerdens sind für Eltern und ihre Töchter eine besondere und manchmal auch anstrengende Zeit.

Es ist eben nicht leicht, selbständig zu werden, wenn man das Gefühl hat, Vater oder Mutter würden einem alles verbieten, was auch nur ansatzweise Spaß macht. Wenn man sich eigentlich schon wie 18 fühlt, aber trotzdem zu einer bestimmten Zeit zu Hause sein soll. Und wenn man sich sogar am Wochenende an elterliche Vorgaben halten soll, die aus Sicht des jugendlichen Party-Volkes so gar keinen Sinn ergeben.

Stellen Sie sich vor, Sie wollten endlich durchstarten, und dann sind da zwei Leute, die Ihnen nur Steine in den Weg legen. Und gleichzeitig fühlen Sie sich so klein und hilflos und spüren ganz deutlich, dass Sie trotz allem auf diese beiden angewiesen sind. Das kann sehr frustrierend und verunsichernd sein und macht oft auch ungemein wütend.

Selbstzweifel und schlechtes Gewissen: Eltern haben's auch nicht leicht

Aus Sicht der Eltern ist das Familienleben mit einer pubertierenden Tochter ebenfalls eine Gratwanderung. Wie soll man das Vertrauen aufbringen, dass die Tochter schon weiß, was gut für sie ist und was nicht, wenn sie gleichzeitig mitten im Winter in hauchdünnen Nylonstrumpfhosen und hochhackigen Pumps aus dem Haus will, um durch den Schnee zur nächsten Bushaltestelle zu stöckeln?

Haben Sie schon mal versucht, jemandem eine Grenze zu setzen, der felsenfest davon überzeugt ist, bereits vollkommen erwachsen zu sein? Was soll man als Mutter oder Vater dazu sagen, dass die 14-jährige Tochter in den Osterferien allein mit ihrer Freundin nach Berlin fahren will, aber zu Hause einen größeren Lebensmittel-Einkauf nicht übernehmen kann, weil ihr dazu nach eigenen Worten der Überblick über den Haushalt fehlt? Pubertät ist eine Zeit, die nicht nur den jugendlichen Erfindungsreichtum befeuert, sondern auch das kreative Reaktionsvermögen bedrängter Eltern herausfordert. Das strengt an, ist nervig, ärgerlich, frustrierend.

Wie schnell hat man ein schlechtes Gewissen, wenn man etwas verbietet, was andere Eltern doch offenbar, ohne mit der Wimper zu zucken, erlauben? Elterliche Selbstzweifel, die Sorge, etwas falsch zu entscheiden, unangemessen zu reagieren oder in der Rolle der Erziehenden versagt zu haben, das alles gehört zu den Nebenwirkungen der Pubertät, mit denen Sie sich als Eltern auseinandersetzen und manchmal auch plagen müssen.

Denn Jugendliche wollen und werden ausprobieren, was geht, um sich selbst zu spüren und zu finden. Sie provozieren, sie ziehen sich zurück, sie gehen erste intensive Freundschaften und Beziehungen ein und tun gleichzeitig so, als sei das Leben zu Hause vollkommen uninteressant und unwichtig. Sie erleben Abenteuer, Erfolge und Niederlagen. Und bei Mutter und Vater checken sie aus, wie weit man gehen kann, wenn man verhandelt, widerspricht, kämpft, Absprachen für ungültig erklärt oder wichtige Dinge verschweigt. Alle diese Experimente, Konflikte und Lernprozesse, die Jugendliche in der Pubertät erleben und ausfechten, dienen letztendlich nur dem Zweck, auf eigenen Beinen zu stehen.

Reduziert man die elterliche Rolle auf das Wesentlichste, dann stellt Sie die Pubertät vor die Aufgabe, Ihre heranwachsende Tochter bei der Suche nach sich selbst, einem starken Selbstbewusstsein, einer eigenen Identität zu begleiten und zu unterstützen. Mädchen wollen sich in ihrer neuen Rolle als junge Frau zurechtfinden und wohl fühlen können. Sie benötigen also nicht nur Unterstützung dabei, zu lernen, wie man sich vernünftig und erwachsen verhält, sondern sie brauchen auch liebevollen Zuspruch auf dem komplizierten Weg der körperlichen Veränderungen vom Kind über die pubertierende Jugendliche zur jungen, geschlechtsreifen Frau.

Auch wenn coole Mädchen oft das Gegenteil spiegeln: Eigentlich sind Eltern jetzt noch einmal so richtig gefragt

Nun machen es viele Töchter ihren Eltern nicht unbedingt leicht, Hilfe und Unterstützung zu gewähren. Sie kommen nicht einfach frisch gestylt aus dem Badezimmer auf Mutter oder Vater zu und sagen: «Liebe Mama, lieber Papa, ich möchte so gern unabhängig und selbstbewusst in meiner weiblichen Rolle werden. Ihr wisst darüber so viel mehr als ich und habt schon so viele gute und schlechte Erfahrungen gemacht, ich tue gern alles, was ihr sagt!»

Das wäre ja auch komisch. Dann hätte man als Mutter oder Vater so gar nichts von der Pubertät, wo bleibt denn da der Austausch der Generationen? Stellen Sie sich vor, dass jede Meinungsverschiedenheit, die Sie zu Hause erleben, jeder kleine oder große Zickenalarm, mit dem Sie konfrontiert sind, jeder Ärger, den Sie Ihrer Tochter gegenüber hegen, auf einen schlichten, aber gut verschlüsselten Appell hinweist, der im Prinzip lautet:

«Helft mir, eine erwachsene Frau zu werden.» Dies ist die zentrale Botschaft, die Ihnen Ihre Tochter, gut getarnt, bei jeder Gelegenheit aufs Tablett packt.

Bei dem Chaos, das manchmal schneller, als man denkt, durch die Pubertät über eine Familie hereinbrechen kann, fällt es Eltern zuweilen schwer, diese zentrale Botschaft im Auge zu behalten und dazu noch einen kühlen Kopf zu bewahren. Beides hilft aber, um der Tochter auf ihrem Weg ins Erwachsenenleben etwas zuzutrauen und eine gute Begleitung zu sein.

Um die vielen verschiedenen Entwicklungsschritte und die damit verbundenen Gefühle von Eltern und Töchtern zu entwirren, haben wir dieses Buch geschrieben.

Wir haben uns bemüht, Ihnen Handlungsorientierungen und möglichst konkrete Ratschläge zu vermitteln. Aber jeder Mensch, jeder Konflikt ist so einzigartig, dass sich Situationen zwischen Töchtern und Eltern vielleicht ähneln, aber niemals exakt wiederholen. Insofern gibt es keine jederzeit anwendbaren Rezepte, aber viele Ideen und Denkanstöße, wie Sie als Mutter oder Vater reagieren können.

Wir wünschen Ihnen, dass Sie und Ihre Tochter der Pubertät mit Gewinn und Lebensfreude begegnen können, mal gemeinsam, mal jeder für sich. Und dass Sie auf diesem spannenden, komplizierten, manchmal schwierigen, manchmal albernen und lustigen Weg immer daran denken: Nobody is perfect, erst recht nicht pubertierende Töchter und deren Eltern!

DAS BUCH IM ÜBERBLICK

Das **erste Kapitel** befasst sich mit Mädchen in der Entwicklungsphase Pubertät, es handelt von körperlichen und psychischen Veränderungen, Schönheitsidealen, Gefühlen und der Suche nach dem Selbst, von besten Freundinnen und Zickenalarm. Wenn Sie als Eltern verstehen, was Ihre Tochter bewegt, können Sie ihr gelassener begegnen.

Das **zweite Kapitel** beschäftigt sich mit dem Traumjob Eltern, mit der Rolle, die Sie als Mutter oder Vater einer pubertierenden Tochter auszufüllen haben, ob alleinerziehend oder in einer Beziehung lebend, und mit der Lebenssituation, in der Eltern mit der Pubertät ihrer Töchter konfrontiert werden.

Im **dritten Kapitel** steht im Vordergrund, wie Eltern die vielen verschiedenen Herausforderungen des Alltags meistern können. Was ist zu tun, wenn es immer wieder Streit gibt? Wann ist es ratsam, die Zügel anzuziehen, und wann sollte man sich besser auf Samtpfötchen zurückziehen? Wie übersteht man Kämpfe um Taschengeld, Computerzeiten und Party-Marathons?

Das **vierte Kapitel** handelt von den Risiken der Pubertät, von Schulverweigerung, Drogenmissbrauch, Online-Sucht und manchem mehr.

ENTWICKLUNGSPHASE PUBERTÄT

Mit wie viel Jahren die Pubertät beginnt und endet, wann und in welcher Ausprägung die körperlichen Veränderungen passieren und wie sich ein Mädchen dann jeweils in Beziehung zu seiner Mutter und seinem Vater verhält, das ist individuell so einzigartig wie ein Fingerabdruck. Manche Mädchen verabschieden sich ziemlich unaufgeregt von ihrer Kindheit und wachsen ganz selbstverständlich in ihre neue Rolle als junge Frau hinein. Andere suchen die Auseinandersetzung mit so ziemlich allen Menschen, die ihren Weg kreuzen, um die Kindheit hinter sich zu lassen und mehr über sich und das Leben der Erwachsenen zu erfahren. Aufgrund dieser Einzigartigkeit verzichten einige Wissenschaftler darauf, die Pubertät in Zeitgrenzen einzuteilen. Sie sprechen von einem einzigen, fließenden Prozess, der im Alter von etwa 10 Jahren beginnen und mit über 20 Jahren beendet sein kann. Wir dagegen ziehen eine grobe zeitliche Einteilung der körperlichen und psychischen Entwicklungsphasen vor, weil sich so besser nachvollziehen lässt, wie sich junge Mädchen schrittweise körperlich, emotional und sexuell entwickeln.

Auf zu allerlei Abenteuern
Die Pubertät bei Mädchen, ein Überblick

Jugendliche in Deutschland kommen immer früher in die Pubertät. So lag das Durchschnittsalter bei Mädchen zum Zeitpunkt ihrer ersten Menstruation vor knapp hundert Jahren noch bei 14,5 Jahren, heute setzt der Zyklus im Durchschnitt mit 12 Jahren ein, dann haben bereits 43 Prozent aller Mädchen ihre erste Regel bekommen. Einen ähnlichen Trend erkennen die Wissenschaftler übrigens auch bei Jungen, die zum Zeitpunkt ihres ersten Samenergusses ebenfalls etwa 12 Jahre alt sind. Vermutlich hängt die früher einsetzende Geschlechtsreife mit der guten Ernährungssituation sowie dem durchweg hervorragenden Gesundheitszustand von Mädchen und Jungen zusammen. Als nachgewiesen gilt: Je mehr Körperfett im weiblichen Körper vorhanden ist, desto eher setzt auch die erste Regelblutung ein.

Im Großen und Ganzen verläuft der Pubertätsprozess bei Mädchen in drei Stadien:

1. Die *Vorpubertät*, die bei Mädchen etwa zwischen dem 9. und 11. Lebensjahr liegt; bei einigen aber auch erst zwischen 10 und 12 Jahren;
2. Die *Kernphase* der Pubertät, die sich etwa vom 12. oder 13. Lebensjahr bis zum 17. Lebensjahr erstreckt;
3. Die *Nachpubertät* oder auch *Adoleszenz*, die mit ihren Nachwirkungen sogar noch über das 20. Lebensjahr hinausgehen kann.

«Puber» ist lateinisch und heißt Schamhaar, «pubertas», ebenfalls lateinisch, bedeutet Geschlechtsreife. Der Begriff Pubertät im engeren Sinn orientiert sich also hauptsächlich an den körperlichen und sexuellen Veränderungen. Der Begriff Adoleszenz dagegen bezieht sich eher auf den seelischen und emotionalen Prozess und wird häufig stellvertretend für die Phase der Nachpubertät verwendet, eine Zeit, in der die körperliche Entwicklung zwar weitgehend abgeschlossen ist, die emotionale Loslösung von den Eltern jedoch noch nicht vollständig bewältigt wurde.

Wie schon erwähnt verläuft jede Pubertät individuell, dennoch können sich Eltern, was die körperlichen Veränderungen betrifft, an bestimmten Durchschnittswerten orientieren:

- Die Schambehaarung wächst von etwa 8,5 bis 12,5 Jahren.
- Das Brustwachstum beginnt im Alter von 9 bis 13,5 Jahren.
- Der Weißfluss, der auf Pubertätshormone hinweist, setzt mit etwa 9,5 bis 15,5 Jahren ein.
- Die erste Menstruation haben Mädchen im Alter von 10 bis 15,5 Jahren, die meisten mit 11, 12 oder 13 Jahren.
- Die körperliche Entwicklung ist mit ungefähr 17 Jahren abgeschlossen.

Ganz wichtig zu wissen ist: Innerhalb dieser Entwicklungsspannen hat jedes Mädchen sein eigenes Tempo, und das ist gut so. Sind die Freundinnen schon weiter oder noch nicht so weit, so kann das bei manchen Mädchen und damit möglicherweise auch bei Ihnen als Eltern die Besorgnis auslösen, die Entwicklung verlaufe nicht «normal». Doch wie man oben sieht, sind die Zeitspannen sehr groß und weit gefasst, sodass nur in seltenen Fällen etwas mit der Entwicklung vielleicht wirklich nicht stimmt (siehe Kasten). «Normal» ist hier jedenfalls ein sehr weites Feld.

ZU FRÜH ODER ZU SPÄT?
WENN DIE ENTWICKLUNG ANDERS VERLÄUFT ...

In der Pubertät verändert sich das Aussehen und damit auch das Körperempfinden. Dieser Prozess ist kompliziert und kostet die meisten Mädchen eine Menge Energie, da er einerseits eng mit der Entwicklung von Selbstwertgefühlen verknüpft ist, andererseits aber auch sehr häufig von Selbstzweifeln, Schamgefühlen und einer ausgeprägten persönlichen Empfindlichkeit begleitet wird. Für die meisten Mädchen ist es jetzt wichtig, möglichst «normal» zu sein und sich über die vielen Veränderungen mit Freundinnen austauschen zu können. Ein sehr früher oder besonders später Beginn der Pubertät kann ein Anlass zu großem Kummer sein, da die meisten Mädchen unter dem Druck stehen, genau wie die anderen sein zu wollen.

Insofern sollten Sie Ihre Tochter besonders bei einer verzögerten Pubertät seelisch unterstützen, um eventuell belastende Minderwertigkeitsgefühle aufzufangen. Tröstend sollte sein, dass jede Pubertät einzigartig ist und bei manchen Mädchen einfach später beginnt. Und oft holen sie dann innerhalb weniger Monate alles auf, was ihnen die Freundinnen voraushaben. Sprechen Sie darüber, dass der Körper keine Maschine mit An- und Ausschaltknöpfen ist, sondern ein kompliziertes lebendiges Wunderwerk, das nach eigenen Regeln funktioniert, die man nicht immer sofort versteht, die aber immer einen Sinn ergeben!

Aus medizinischer Sicht können Sie sich an einen Kinder- und Jugendgynäkologen wenden, wenn die ersten Pubertätszeichen bei Ihrer Tochter bereits vor dem 8. Lebensjahr auftreten, wobei die Ursache der «Pubertas praecox» in 80 Prozent der Fälle ungeklärt bleibt, oder wenn im Alter von 14,5 Jahren noch keinerlei Anzeichen einer Brustentwicklung zu sehen sind.

Die Vorpubertät

Der Eintritt in die Pubertät ist bei Mädchen eng mit einer erhöhten Selbstbeobachtung des eigenen Körpers verknüpft. Bei jüngeren Mädchen zwischen 10 und 12 Jahren ist diese Beobachtung oft noch recht kindlich und unbefangen, bei älteren Mädchen kann sie eine Menge widersprüchlicher Gefühle auslösen. Rein biologisch gesehen ist es vor allem die verstärkte Produktion des weiblichen Geschlechtshormons Östrogen, welche die verschiedenen pubertären Entwicklungsprozesse auslöst.

Viele Mädchen brauchen jetzt Zeit für sich, wollen nicht mehr einen so engen Kontakt zu Eltern und Geschwistern, sondern einfach ihre Ruhe haben! Rumms, ist die Zimmertür zu, schwupp, die Musik laut aufgedreht. Und Stress droht, wenn man als Mutter oder Vater eine Viertelstunde später in der Tür steht und anmahnt, dass die Hausaufgaben noch nicht erledigt sind oder der Hamsterkäfig mal wieder saubergemacht werden müsste.

Den neuen, für Sie zunächst noch fremden Wunsch nach Rückzug und Intimität sollten Sie akzeptieren. Dies zeigt das Bedürfnis nach Alleinsein, um eigenständiger zu werden. Noch vor kurzem hat das kleine Mädchen so ziemlich jedes Erlebnis mit Mama oder Papa geteilt, nun demonstriert die verschlossene Zimmertür einen jungen Menschen, der sich im Zuge der Ablösung in den nächsten Jahren zunehmend vor seinen Eltern verschließen wird. Für Sie als Eltern mag dies ungewohnt sein. Doch andererseits: Ist es nicht auch toll, dass sich Ihre Tochter erste Eigenständigkeiten zutraut? Dies ist auch Ihr Verdienst, und es ist schön, dass Sie Ihr Kind als Mutter oder Vater schon so weit begleitet haben.

Die Sache hat allerdings einen Haken, den Sie als Eltern vermutlich in der nächsten Zeit wahrnehmen werden: Wer sich auf die eigenen Beine stellen will, muss Widerstand gegen das entwickeln, was Erwachsene sagen. Man will sich nicht mehr alles von seinen Eltern gefallen lassen! So einfach ist das. Mit zunehmender Eigenständigkeit bekommen pubertierende Mädchen immer mehr Lust, sich von ihrer Familie weg zu orientieren, auf zu neuen Abenteuern, ob in der Phantasie oder im wirklichen Leben. Jetzt kommt die intensive Zeit der besten Freundinnen, die möglichst alles zusammen machen, sogar aufs Klo gehen. Man sitzt nebeneinander in der Schule, geht gemeinsam zum ersten Mal allein shoppen, schminkt und stylt sich gegenseitig. Oft schwärmen Mädchen zwischen 10 und 12 Jahren auch für einen ganz bestimmten Jungen aus ihrer Klasse oder der Parallelklasse. Insgesamt interessieren sie sich immer mehr für Gleichaltrige und weniger für das, was ihnen die Eltern erzählen oder mit ihnen unternehmen wollen.

RÜCKBLICK:
DIE SEXUELLE ENTWICKLUNG BIS ZUR PUBERTÄT

Die sexuelle Entwicklung ist ein seelischer und körperlicher Prozess, der schon im Säuglingsalter beginnt, und zwar mit den ersten sinnlichen Erfahrungen beim Stillen oder dem schönen Gefühl, nackt nach Herzenslust auf dem Wickeltisch strampeln zu dürfen. Kinder haben ein angeborenes sexuelles Potenzial und gleiche oder ähnliche sexuelle Reaktionen wie Erwachsene. Kleine Jungen können zum Beispiel eine Erektion haben oder Mädchen lustvolle Gefühle empfinden, wenn sie auf einem Kissen herumrutschen. Aber Kinder schreiben diesen Erlebnissen eine ganz andere Bedeutung zu als Erwachsene: Für Kinder ist sie einfach Teil einer spontanen, neugierigen, lustvollen Sinnlichkeit, die sich auf den ganzen Körper bezieht. Schon im 2. Lebensjahr fangen Kinder an zu verstehen, dass es zwei Geschlechter gibt und dass man Mädchen bzw. Frauen und Jungen bzw. Männer aufgrund bestimmter Eigenschaften und Merkmale unterscheiden kann. Interessanterweise sind es in diesem Alter meist die Haare und Bekleidung, anhand derer kleine Kinder die Geschlechter unterscheiden. Erst mit etwa 5 Jahren begründen die Kinder Geschlechtszuordnungen mit genitalen Unterschieden. Im Vorschulalter von etwa 5 bis 6 Jahren sollten Kinder Begriffe für ihre Gefühle, ihren Körper und ihre Genitalien kennen, die allgemeinverständlich sind und ein dem Alter angemessenes Wissen über Zeugung, Schwangerschaft und Geburt haben. Insgesamt beschäftigen sich Kinder zwischen 3 und 6 Jahren auf unterschiedlichste Art und Weise mit den Geschlechterrollen. Sie beobachten zum Beispiel zu Hause, was der Vater als Mann tut und wie sich die Mutter als Frau verhält. Alles, was das Kind über die Aufgaben- und Rollenverteilung von Frauen und Männern im eigenen Haushalt erfährt, kombiniert es im Großwerden mit dem, was es selbst über das Verhalten und die Gefühle als Junge oder Mädchen erfährt. Das Erleben elterlicher Beziehungen spielt für die Sexualerziehung der Kinder ebenfalls eine wichtige Rolle. Die Kinder beobachten zum Beispiel, wie zärtlich, respektvoll, ungezwungen usw. die Eltern bzw. Erwachsenen miteinander umgehen. Gegen Ende der Kindergartenzeit, spätestens zu Beginn der Grundschule ist es dann so weit: Die meisten Mädchen und Jungen konzentrieren sich auf das eigene Geschlecht und grenzen sich dazu deutlich vom anderen Geschlecht ab. Mit dem Eintritt in die Pubertät wird diese Abgrenzung aufgehoben, ein neues Interesse am anderen Geschlecht erwacht. Die sexuelle Entwicklungsphase, die nun folgt, ist ein Abschied von der Kindheit und der Eintritt ins Erwachsenenalter.

Die Pubertät

Mit etwa 12, 13, 14 Jahren, dem Beginn der eigentlichen Pubertät, läuft die Hormonproduktion bei Mädchen auf Hochtouren. Der Körper nimmt deutlich weiblichere Formen an, was für viele Mädchen ein großes Problem ist. Heftiger als zuvor brechen sich Launen und Stimmungsschwankungen Bahn und machen den Alltag für die Mädchen selbst, aber auch für ihre Geschwister und Eltern häufig zu einer emotionalen Achterbahnfahrt. Lachanfälle, Wutausbrüche, Tränen: Das Leben tobt, und nicht immer versteht man, ob und was man gerade falsch gemacht hat.

Viele Mädchen beginnen jetzt sich auszuprobieren und sind neugierig darauf, was es mit der Liebe auf sich hat. Sie schwärmen für Jungen, aber nicht mehr nur in ihrer Phantasie. Sie stylen und schminken sich, um Aufmerksamkeit zu erregen, sie flirten, verlieben sich, bekommen ihren ersten Kuss, machen körperliche Erfahrungen mit dem anderen Geschlecht, erleben die ersten Enttäuschungen, Trennungen und Liebeskummer. Aber es gibt auch die Mädchen, die angesichts der vielen ungewohnten Gefühle und Veränderungen erst einmal vorsichtig werden, die eher schüchtern sind und sich lieber noch keine Flirts oder einen Freund zutrauen wollen. Und beides ist vollkommen normal und angesichts der vielen Situationen und Bewährungsproben angemessen.

Insgesamt wird die Beschäftigung mit dem eigenen Körper und mit dem Aussehen jetzt viel intensiver als in der Vorpubertät, gleichzeitig bekommen die Fragen rund um Beziehung, Partnerschaft und Sexualität eine neue Bedeutung und Ernsthaftigkeit. Wie sehe ich aus? Ist mein Busen okay? Bin ich zu dick? Will ich schon einen Freund haben? Weiß ich genug über Verhütung?

Für Eltern ist es oft nicht leicht, das plötzliche und sprunghafte Erwachsenwerden ihrer Kinder zu akzeptieren, geschweige denn, sich darüber zu freuen. Eigentlich würden sie ihrer Tochter gerne mehr Freiheiten zugestehen, aber bitte ein bisschen kontrolliert. Schließlich möchte man sie vor schlechten Erfahrungen, Enttäuschungen und Niederlagen bewahren. Doch da kann es durchaus sein, dass Sie die Rechnung ohne ihre pubertierende Tochter gemacht haben. Die wird nämlich ziemlich bald merken, woher der elterliche Wind weht. Der Tochter geht es ja gerade darum, endlich mehr Kontrolle über ihr eigenes Leben zu bekommen. Sie will sich nicht mehr in ihre eigenen Entscheidungen hineinreden lassen. Auch nicht ein bisschen!

Diese Phase, in der es um Eigenständigkeit und die Entscheidungsgewalt über das eigene Leben geht, kann die Eltern und Jugendlichen stark fordern, denn nun treten Meinungsverschiedenheiten und Konflikte klarer und heftiger hervor als in den Monaten oder Jahren zuvor. So kann es zum Beispiel sein, dass sich Ihre pubertierende Tochter in den extremsten Varianten weiblichen Verhaltens ausprobiert und sich dabei, zumindest Ihrer Meinung nach, klischeehaft verhält. Auch das ist typisch Pubertät!

Man kann sich bildhaft vorstellen, dass die Mädchen als Metapher fürs Erwachsenwerden einen neuen riesigen Raum betreten. Dieser Raum bietet unendlich viele Verhaltensmöglichkeiten, Plätze und geheimnisvolle Ecken, an denen man sich aufhalten kann. Um ihn zu erobern, müssen sich viele Mädchen erst einmal orientieren. Das tun sie häufig, indem sie die Grenzen dieses Raumes austesten, in die dunkelsten Ecken schauen und markante Plätze inspizieren, die ihnen auf ihrer Entdeckungstour begegnen. Dass sie sich in diesem neuen Raum manchmal extrem klischeehaft stylen und verhalten, ist sozusagen Teil dieses Eroberungsprozesses.

Die Adoleszenz (Nachpubertät)

Mit etwa 17 Jahren sind die körperlichen Veränderungen weitgehend abgeschlossen, und wahrscheinlich kann Ihre Tochter Ihnen nun im wahrsten Sinn des Wortes auf Augenhöhe begegnen. Nun beginnt die mitunter recht lange Zeit der Nachpubertät oder Adoleszenz, die bis über das 20. Lebensjahr hinausgehen kann und den rein geistigen und emotionalen Prozess umfasst, der mit der Ablösung von Ihnen als Eltern verbunden ist.

Dass heute viele junge Erwachsene mit Mitte oder Ende 20 noch keine feste berufliche Position mit einem entsprechenden Status innehaben und damit oft auch noch nicht über ein eigenes geregeltes Einkommen verfügen, macht diese teilweise jahrelange Ablösungsphase im Gegensatz zu früheren Generationen manchmal zu einer Belastungsprobe für Eltern und Kinder. Es hat sich immer mehr eingebürgert, dass junge, bereits ausgebildete Erwachsene noch sozial und finanziell abhängig von ihren Eltern sind (Generation Praktikum). Das ist eine schwierige Situation, in die unsere Arbeitswelt Jugendliche und ihre Eltern heute bringt.

Die große Herausforderung der Adoleszenz besteht für Eltern und Kinder darin, sich gemeinsam darauf vorzubereiten, dass das Kind eines Tages das Haus verlässt, möglichst ausgestattet mit einem sicheren Selbstvertrauen und der Zuversicht, das Leben getrost in die eigenen Hände nehmen zu können. Egal, ob es darum geht, sich für einen bestimmten Ausbildungsweg zu entscheiden, einen Beruf zu ergreifen, eine dauerhafte Beziehung einzugehen oder ein selbstbestimmtes Leben als Single zu führen.

Falls Sie und Ihre Tochter auf eine turbulente und anstrengende Pubertät zurückblicken, so kann es nun gut sein, dass die ewigen Auseinandersetzungen auf einmal spürbar nachlassen. Doch die Nachpubertät garantiert nicht unbedingt Ruhe und Frieden im Haus. Auch mit 17, 18 Jahren oder später können zwischen Jugendlichen und ihren Eltern ordentlich die Fetzen fliegen, manchmal gerade dann, wenn die Pubertät vorher einigermaßen geordnet und ruhig verlaufen ist.

Nehmen Sie auch diese Konflikte als positives Zeichen wahr, auch wenn sie anstrengend sind. Sie zeigen, dass Ihre Tochter eigenständig denkt, selbstbewusst handelt und als Erwachsene anerkannt und behandelt werden möchte. Während es für ein 14-jähriges Mädchen vielleicht noch in Ordnung war, hinsichtlich ihres Outfits und Stylings kritisiert und korrigiert zu werden, wird sich das eine 17-Jährige nicht mehr gefallen lassen. Und auch, welchen Freund sie sich aussucht, möchte sie gern allein entscheiden. Warum auch nicht?

Ihre Aufgabe als Eltern besteht nun darin, Ihrer Tochter immer mehr Freiheiten einzuräumen. Denken Sie daran: Ihre Tochter ist kurz davor, sich vollkommen abzunabeln und ihr eigenes Leben aufzubauen. Sie ist es, die sich mit ihrem Freund wohl fühlen will, sie ist es, die ihn küsst. Da ist die elterliche Meinung nicht mehr gefragt, oder wollen Sie ihn etwa auch küssen? In der Adoleszenz geht es darum, die allerletzten Pubertätsgefechte auszukämpfen und durchzustehen. Die Pubertät ist zu Ende, wenn Ihre Tochter sich weitgehend unabhängig fühlt und gelernt hat, eigenverantwortlich zu handeln: in Bezug auf ihre eigenen Bedürfnisse, in Bezug auf die Beziehungen zu anderen Menschen und in Bezug auf Ausbildungs- und Berufsentscheidungen.

Das bedeutet nicht, dass der Rat der Eltern von nun an unerwünscht oder verboten ist. Worum es geht, ist die Selbständigkeit und Autonomie Ihrer Tochter, die jetzt gewahrt werden sollte. Ratschläge auf Augenhöhe, vielleicht sogar die Bitte um einen elterlichen Rat, sind aus Sicht der erwachsenen Tochter verständlicherweise etwas vollkommen anderes als ungebetene, einmischende Ratschläge aus heiterem Himmel.

Mit dem Erreichen der Volljährigkeit Ihrer Tochter haben Sie als Eltern ohnehin keine gesetzliche Grundlage mehr, ihr ein bestimmtes Verhalten vorzuschreiben oder zu verbieten. Ihre Tochter trägt nun die volle Verantwortung für ihr eigenes Handeln. Sie darf alle Entscheidungen selbst treffen, auch über ihre Schul- und Ausbildungslaufbahn, sie kann Verträge abschließen, Kredite aufnehmen, sie darf uneingeschränkt wählen gehen oder Auto fahren. Kurzum: Sie gilt juristisch als erwachsen, was aber auch bedeutet, dass sie nun nach dem allgemeinen Strafrecht für mögliche Straftaten belangt werden kann. Auch deshalb ist es wichtig, dass Heranwachsende mit dem Erreichen ihrer Volljährigkeit bestimmte Kompetenzen erworben haben.

Von Kopf bis Fuß im Umbruch

Die körperlichen Veränderungen und was sie für Mädchen bedeuten

Die körperlichen Veränderungen und ihre Auswirkungen auf das eigene Aussehen und Selbstbewusstsein spielen bei Mädchen in der Pubertät eine zentrale Rolle. Im Prinzip sind sie rund um die Uhr ein Thema. «Hilfe, ich habe einen riesigen Pickel, und gerade heute, wo ich das Referat in Geschichte halten muss» *(... dabei können Sie ohne Ihre Brille nichts Auffälliges entdecken ...)*, «Ich muss schnell duschen, meine Haare sind schon wieder fettig» *(... hat sie sich nicht gerade erst gestern Abend ihre Haare gewaschen? ...)*, «Ich esse heute nichts mehr, meine Oberschenkel sind viel zu dick!» *(... Entschuldigung, bei Kleidergröße 36 muss man diese Diätanwandlung nicht verstehen, oder? ...)*. Anstrengend ist es, dieses eitle pubertäre Drehen um sich selbst! Als wenn es nichts Wichtigeres im Leben gäbe!

Die Sache ist aber: Für Ihre Tochter gibt es in bestimmten Phasen tatsächlich nichts Wichtigeres als Pickel, Haare, Busen, Bauch, Beine, eine gute Figur und die ewig wiederkehrende Frage: Wie sehe ich aus? Sich selbst schön zu finden, alle diese Veränderungen in den verschiedenen Körperzonen anzunehmen und sich damit wohl zu fühlen, um dann darauf ein gesundes weibliches Selbstbewusstsein aufzubauen, das ist eine der großen Herausforderungen für Mädchen in der Pubertät.

Eine Studie der Bundeszentrale für gesundheitliche Aufklärung (BZgA) zur Jugendsexualität 2010 hat das Körperempfinden von Mädchen und Jungen zwischen 14 und 17 Jahren untersucht und dabei festgestellt, dass sich die Einstellung zum eigenen Körper deutlich nach dem Geschlecht unterscheidet. Während für

Jungen Fitness eine wichtige Rolle spielt, ist es bei Mädchen vor allem ein gestyltes Äußeres. Gleichzeitig sind Mädchen sehr viel häufiger von den gesellschaftlich vorgelebten Schönheits- und Schlankheitsnormen betroffen. Ein Viertel aller befragten Mädchen empfindet sich als zu dick, und nur sehr wenige meinen, dass sie zu dünn seien. Nicht einmal die Hälfte aller Mädchen in der befragten Altersgruppe mag der Aussage «Ich fühle mich wohl in meinem Körper» zustimmen.

Die Studie hat auch einen Zusammenhang zwischen dem Körperempfinden der Jugendlichen und der Atmosphäre im Elternhaus beobachtet. Je mehr sich Mädchen zu Hause ernst genommen fühlen, desto positiver ist ihr Empfinden gegenüber dem eigenen Körper. Von den Eltern ernst genommen zu werden und ein gutes Körpergefühl und Selbstbewusstsein zu haben, dies hängt also eng miteinander zusammen.

Das heißt: Sie können als Mutter oder Vater Ihre Tochter unterstützen, indem Sie die pubertäre Besorgnis um das eigene Aussehen nicht als eitles Getue abtun, sondern erkennen, dass diese Phase ein wichtiger Schritt auf dem Weg zu einem gesunden weiblichen Selbstbewusstsein ist. Natürlich müssen Sie deshalb nicht ständig vor der verschlossenen Badezimmertür stehen oder ein Shampoo nach dem anderen kaufen. Jetzt ist es gefragt, die Tochter für die körperlichen Veränderungen, mit denen sie sich gerade so schwer tut, wertzuschätzen. Denn als Pubertierende steht sie unter einem massiven Druck, den überall verbreiteten weiblichen Schönheitsidealen möglichst nahe zu kommen.

Im Verlauf der Pubertät rücken erfahrungsgemäß nach und nach verschiedene Körperzonen in den Fokus des pubertierenden Mädchens. Ein 11-jähriges Mädchen zeigt seiner Mutter vielleicht stolz das erste Schamhaar oder die größer werdenden Brustwarzen, ein 13-jähriges Mädchen hat möglicherweise Fragen zur Menstruation oder braucht Trost, weil es so weh tut. Je nach Alter und Beziehung zu Ihnen als Eltern kann Ihre Tochter das Bedürfnis verspüren, mit Ihnen über ihren Körper und die vielen komischen und ungewohnten Dinge, die da gerade passieren, zu sprechen oder aber auch gerade nicht.

WICHTIGE KÖRPERLICHE ENTWICKLUNGSBEREICHE BEI MÄDCHEN IN DER PUBERTÄT

- Hormone, die Botenstoffe der Pubertät,
- das Gehirn, eine Baustelle,
- Haut und Haare, ständig unter Beobachtung,
- Achsel- und Schamhaare, nicht sehr beliebt,
- der Busen, zu groß, zu klein, genau richtig?
- Beine und Hüften, die weiblichen Rundungen,
- die weiblichen Geschlechtsorgane, viel zu entdecken,
- Weißfluss, Menstruation und Zyklus, alles Frauensache.

Wie ein Mädchen mit seinem sich wandelnden Körper zurechtkommt, auch das ist individuell so verschieden wie der Verlauf der Pubertät. Was individuell nicht verschieden ist, ist das meistens nicht direkt formulierte, aber trotzdem vorhandene Bedürfnis aller pubertierenden Jugendlichen, von ihren Eltern geliebt und ernst genommen zu werden. Mutter und Vater stehen hier vor der Aufgabe, der mit sich und ihrem Aussehen hadernden Tochter das Gefühl zu geben, ein ganz besonderes Mädchen zu sein, das auf seine ganz besondere Art attraktiv und schön ist und außer ihrem Aussehen noch viele andere Eigenschaften hat, die es zu einem interessanten Mädchen bzw. einer interessanten jungen Frau machen. Dabei nehmen die Eltern im übertragenen Sinn eine ähnlich unermüdliche Rolle ein wie der Zauberspiegel im

Märchen, der jeden Tag mehrmals gefragt wird: «Spieglein, Spieglein an der Wand, wer ist die Schönste im ganzen Land?» Und die
Eltern antworten: «Du bist für uns die Schönste (Klügste, Sport-
lichste, Attraktivste …) im ganzen Land …»

Wir haben auf den nächsten Seiten die wichtigsten körperlichen Veränderungen der Pubertät zusammengetragen und jeweils dazugestellt, was diese Veränderungen für die Mädchen bedeuten können (nicht müssen) und wie Sie sich als Eltern dazu
verhalten können (nicht müssen).

Botenstoffe der Pubertät: die Geschlechtshormone

Was passiert?

Verschiedene Hormone beeinflussen von Geburt bis ins hohe Alter die Entwicklung von Körper und Psyche, unser Aussehen und
unsere Stimmung, und in der Pubertät läuft die Produktion der
Geschlechtshormone auf vollen Touren. Bei Mädchen ist es vor
allem das weibliche Geschlechtshormon Östrogen, welches die
körperlichen Veränderungen auslöst. Als die Hormone in ihrer
Rolle als Botenstoffe Anfang des 20. Jahrhunderts entdeckt wurden, war das übrigens eine medizinische Sensation, das Wort ist
vom griechischen «hormao» abgeleitet und bedeutet «antreiben,
anregen».

Hormone werden von Drüsen gebildet und wandern von dort
als Botenstoffe in die Blutbahn. Während der Pubertät geben das
Zwischenhirn und die Hirnanhangdrüse bestimmte Hormone an
die Eierstöcke weiter. Dort sorgen diese Hormone dann dafür,
dass die Eierstöcke aktiv werden und Östrogen und Progesteron
bilden können. Beide Hormone sind für den weiblichen Monatszyklus wichtig.

Eine zentrale Rolle spielt das müde machende Hormon Melatonin, welches im jugendlichen Körper täglich ein bis zwei Stunden später gebildet wird als bei Erwachsenen. Während die meisten Erwachsenen also abends müde und kaputt ins Bett fallen, machen sich Jugendliche oft noch topfit auf den Weg zu einer Party. Doch die Strafe folgt auf dem Fuße: Am nächsten Morgen kommen Jugendliche, melatoninbedingt, nur schwer aus dem Bett. Erst gegen Mittag sieht die Welt wieder anders aus. Deshalb müsste, zumindest aus Sicht der Hormonforschung, die Schule für Jugendliche eigentlich erst zwei Stunden später anfangen.

Was bedeutet die Hormonproduktion für Mädchen?

Die Haut verändert sich, der Busen wächst, die Geschlechtsorgane entwickeln sich, und dabei kann vor Einsetzen der ersten Menstruation die Brust weh tun, der Bauch zwicken, oder es kann im Unterleib ziehen. Neben all diesen körperlichen Entwicklungsprozessen, die die Hormone jetzt antreiben, haben sie vor allem eine heftige «Nebenwirkung», nämlich Stimmungsschwankungen. Die sind für Mädchen häufig genauso überraschend, nervig und unverständlich wie für Eltern. Warum muss man plötzlich heulen, wenn doch gerade noch die Welt in Ordnung war? Woher diese Wut und Gereiztheit? Egal, man hat einfach schlechte Laune und kann eigentlich niemandem so richtig erklären, warum! Zum Glück hat man ab und zu auch heftige positive Gefühle wie nicht enden wollende Lachanfälle, totale Verliebtheit oder fröhlichen Übermut.

Was können Eltern tun?

Sich über die guten Gefühle freuen, die schlechte Laune nicht persönlich nehmen und da sein, wenn die hormonelle Achterbahnfahrt mal besonders turbulent wird! Teilweise lassen sich die Wirkungen der Hormone eben wirklich nur schwer oder gar nicht kontrollieren.

Vielleicht hilft Ihnen dieses Wissen dabei, die eine oder andere Auseinandersetzung etwas gelassener zu nehmen. Es hat also wenig Sinn, der Tochter ihre Launen vorzuwerfen, sie kann schließlich nicht viel daran ändern. Worauf Sie aber achten können, ist ein respektvoller gegenseitiger Umgangston. Denn schlechte Laune und Stimmungsschwankungen hin oder her: Eltern müssen nicht als Blitzableiter herhalten.

Voll im Umbau: das Gehirn

Was passiert?
Nicht nur die Hormone verursachen pubertäre Gefühls- und Verhaltensauffälligkeiten, auch das Gehirn hat einen Anteil daran. Mehr aus Zufall entdeckten Wissenschaftler mit Hilfe der Kernspintomographie (einem bildgebenden Verfahren zur Darstellung innerer Organe), dass sich jugendliche Gehirne während der Pubertät noch einmal grundlegend in ihrer Struktur verändern, sich tatsächlich morphologisch umbauen. Dies wiederum kann Auswirkungen auf das Denken, Fühlen und Handeln haben.

Was bedeutet das für Mädchen?
Sie können zum Beispiel unkonzentriert, vergesslich und zerstreut sein. Oder Probleme damit haben, außer den eigenen Bedürfnissen auch noch die Interessen anderer Familienmitglieder wahrzunehmen (das Fachwort dafür heißt «pubertärer Egozentrismus»). Auch die Fähigkeit, vorauszuplanen oder Entscheidungen zu treffen, kann vorübergehend beeinträchtigt sein. Das bedeutet im Alltag: Selbst ein einfacher Plan wie «erst chatte ich ein

bisschen, dann lerne ich Mathe und danach räume ich mein Zimmer auf» kann während der pubertären Umbauarbeiten im Gehirn zu einem komplizierten Unterfangen werden, dessen Umsetzung häufiger auf der Strecke bleibt, als es Eltern lieb ist. Einmal mit dem Chatten angefangen, vergisst man nicht nur die Zeit, sondern auch die am nächsten Tag anstehende Mathearbeit.

Was können Eltern tun?
Wenn Sie das Gefühl haben, die Planungsfähigkeit Ihrer Tochter sei gerade sehr eingeschränkt, dann fragen Sie Ihre Tochter, ob sie bei bestimmten Aufgaben oder Vorhaben Unterstützung gebrauchen kann. Überlegen Sie am besten gemeinsam, wie Ihr Part dabei aussehen könnte. Vielleicht stellen Sie zusammen einen Zeitplan auf? Oder helfen bei einer To-do-Liste, um bestimmte Ziele, die Ihre Tochter verfolgt, in konkrete Handlungsschritte zu unterteilen? Dann fühlt sich Ihre heranwachsende Tochter ernst genommen und kann selbst entscheiden, ob sie das Angebot annehmen will. Und sie wird sich auch nicht wie ein kleines Kind behandelt oder kontrolliert fühlen, wenn Sie sich nach dem Stand der Planung erkundigen.

Ständig unter Beobachtung: Haut und Haare

Was passiert?
Die hormonelle Umstellung beeinflusst auch Haut und Haare. Die erhöhte Ausschüttung vor allem der weiblichen Geschlechtshormone kann die Talgdrüsen vorübergehend zu einer Überproduktion anregen. Da die Talgdrüsen überall dort auf dem Körper sind, wo Haare und Härchen wachsen, fetten sie Haut und Haare in der Pubertät vermehrt ein. Verstopfen die einzel-

nen Drüsenausgänge, so entstehen unreine Haut, Mitesser und Pickel.

Weil übrigens in der Pubertät nicht nur auf der Haut, sondern im ganzen Körper Drüsen aktiv werden, kann es auch sein, dass pubertierende Jugendliche sehr viel stärker schwitzen als sonst.

Was bedeutet das für Mädchen?

Sie müssen jeden Tag aufs Neue den Kampf gegen Pickel und fettige Haare aufnehmen und peinlichst genau darauf achten, dass sie bloß keine Schwitzflecken bekommen. Der peniblen Selbstbeobachtung entgeht nichts! Auch Erwachsene werden genauestens unter die Lupe genommen, was Schweißbildung und Pickel betrifft, allen voran Lehrerinnen und Lehrer, aber auch Eltern. Nicht jedes Mädchen ist übrigens gleichermaßen von Pickeln oder starkem Schwitzen betroffen, manche Mädchen haben kaum Probleme mit ihrer Haut.

Was aber bei den meisten auf jeden Fall ansteht, ist häufiges Verschwinden im Bad, stundenlanges Duschen, Haarewaschen und Föhnen sowie ausgiebiges Verwenden von Deo und Parfüms. Typisch Pubertät, das stimmt! Und gleichzeitig ist dieses Verhalten der Ausdruck eines ganz bestimmten Bedürfnisses, nämlich die vielen unkontrollierbaren Veränderungen, die der eigene Körper da gerade durchmacht, durch den gezielten und selbstbestimmten Einsatz von Kosmetika unter Kontrolle zu bekommen, um sich so wieder etwas sicherer zu fühlen.

Was können Eltern tun?

«Spieglein, Spieglein an der Wand ...», Sie können das Körperbewusstsein Ihrer Tochter positiv verstärken, indem Sie ihr Komplimente machen, zum Beispiel, dass sie eine schöne Hautfarbe oder schöne weiche Haare hat oder dass sie gut riecht. Wenn Sie allerdings finden, dass der Deo-Nebel, in dem Ihre Tochter das Haus verlässt, eigentlich stinkt, dann überlegen Sie sich als Kompliment lieber etwas anderes. Denn wichtig bei Komplimenten ist vor allem eins: Sie sollten ehrlich sein.

Was mögliche Pickel betrifft, so können Sie, wenn Ihr Rat gefragt ist, mit ein paar fundierten Sachinformationen punkten. So ist es zum Beispiel kosmetisch sinnvoll, zum Waschen des Gesichts alkalifreie Seife oder ein Gesichtswaschgel zu verwenden. Mädchen, die sich schminken, sollten immer darauf achten, sich abends sorgfältig abzuschminken, damit ihre jugendliche Haut, die ja noch sehr empfindlich ist, optimal gepflegt wird. Pickel sollte man grundsätzlich nicht ausdrücken. Falls man es aber nicht lassen kann, müssen vorher auf jeden Fall die Hände gewaschen werden. Zum Ausdrücken sollte man immer Papiertaschentücher verwenden, nie die bloßen Finger. Um Entzündungen zu vermeiden, sollten die gedrückten Stellen hinterher stets mit einem antibakteriellen Mittel oder einem hautfreundlichen Desinfektionsmittel aus der Apotheke versorgt werden.

Und die Ernährung? Natürlich ist es aus elterlicher Sicht immer gut, pubertierende Töchter zu einer abwechslungsreichen und gesunden Ernährungsweise zu ermuntern. Was aber unreine Haut oder Pickel betrifft, so lässt sich durch den Verzicht auf Pommes oder Süßigkeiten nichts an deren Erscheinen ändern. Keine Fette oder keine Schokolade zu essen, das hilft nämlich leider nicht.

Nicht sehr beliebt: die Achsel- und Schamhaare

Was passiert?

In der Pubertät beginnt auch das Wachstum der Achsel- und Schambehaarung, die bei jedem Menschen verschieden ist. Farbe und Form sind erblich bedingt. Zuerst sprießen die Haare nur vereinzelt, doch unter dem Einfluss der Hormone werden es schließlich immer mehr: vor allem in der Bikinizone, auf dem Venushügel (dem gewölbten, weichen Teil oberhalb der Scheide), den Schamlippen, unter den Armen und auf den Beinen.

Was bedeutet das für Mädchen?

Das Wachsen der Scham- und Achselhaare ist einerseits ein Zeichen, dass sich der kindliche Körper verändert und weiblicher wird. Dies erfüllt viele Mädchen mit Stolz. Andererseits hat jede Generation ihre eigenen Schönheitsideale in puncto Körperbewusstsein und Sexualität. In der heranwachsenden Generation hat sich offenbar ein neuer Standard der Körperpflege etabliert: Schamhaare sind out, sowohl bei Mädchen als auch bei Jungen. In welchem Umfang sich dies bereits durchgesetzt hat, zeigt eine Studie («Intimrasur als neue Körpernorm bei Jugendlichen»), der Hamburger Wissenschaftlerinnen Silja Matthiesen und Jasmin Mainka, einer Psychologin und einer Soziologin, die 160 Jugendliche zwischen 16 und 19 Jahren interviewt haben. Ihr Ergebnis: 94 Prozent der jungen Frauen und 81 Prozent der jungen Männer entfernen ganz oder teilweise ihre Schambehaarung. So können die sprießenden Haare auch Besorgnis darüber auslösen, ob, wann und wie man sich die Schamhaare rasieren soll. Das heißt: Eine Entscheidung steht an, und gegebenenfalls muss man sich darüber informieren, wie man sich am besten im Intimbereich rasiert.

Was können Eltern tun?

Akzeptieren Sie, dass Ihre Tochter in einer lifestylegeprägten Gesellschaft pubertiert, in der es gerade nicht angesagt ist, die natürliche Körperbehaarung zur Schau zu tragen. Bringen Sie Verständnis dafür auf, dass «für Jugendliche die Präsentation des eigenen Körpers eine besondere Rolle spielt», wie die beiden Wissenschaftlerinnen schreiben. Weiter heißt es dort: «Durch Mode, Styling, Frisur etc. wird die Zugehörigkeit zur Peergroup und zu jugendspezifischen Subkulturen gesichert und symbolisiert. Dies ist ein essenzieller Bestandteil der Ablösung von der Herkunftsfamilie und der eigenen Identitätssuche. Die Pflege und Gestaltung des nackten Körpers durch die Entfernung von Haaren und das Styling des Intimbereiches sind eingelagert in Fragen der Hygiene und der Körperpflege auf der einen Seite, aber auch Bestandteil des Prozesses, den eigenen Körper als Sexualkörper anzuerkennen, als solchen zu kennzeichnen und sich zu eigen zu machen.»

Dieses Studienergebnis macht also deutlich, welche zentrale und weitreichende Bedeutung die Körperwahrnehmung von heranwachsenden Mädchen hat. Auch hier ist unter Umständen elterlicher Rat gefragt, worauf man denn beim Rasieren achten müsse. Grundsätzlich gibt es verschiedene Möglichkeiten, sich die Haare zu entfernen, zum Beispiel mit einem elektrischen Rasierer, einer Nassrasur oder mit Enthaarungsschaum. Ermuntern Sie Ihre Tochter, sich gut über die verschiedenen Verfahren und Nebenwirkungen zu informieren, zum Beispiel auf der Jugendseite der Bundeszentrale für gesundheitliche Aufklärung (BZgA), www.loveline.de, oder auf den Ratgeberseiten großer Jugendzeitschriften. Dort wird sie lesen, dass es ein wenig Übung braucht, um gute Ergebnisse zu erzielen, und dass je nach Verfahren die empfindliche Haut unter den Achseln oder in der Bikinizone auch mit einer Reizung oder Pickeln reagieren kann. Dies ist zwar zunächst störend und unangenehm, aber nicht gefährlich.

Zu groß, zu klein, genau richtig? Der Busen

Was passiert?
Durch den Einfluss der weiblichen Geschlechtshormone fangen auch die Brüste an zu wachsen, bei manchen Mädchen mit 10 Jahren, bei anderen mit 13 oder 14. Dabei werden meistens zunächst die Brustwarzen größer. Der Warzenhof, also die Haut rund um die Brustwarze, wölbt sich und wird ebenfalls größer und dunkler. Zum großen Kummer vieler Mädchen wachsen die Brüste nicht immer gleichmäßig, sodass phasenweise die eine größer als die andere sein kann. Bis der Busen seine endgültige Form erreicht hat, dauert es ebenfalls mehrere Jahre.

Was bedeutet das für Mädchen?
Für die meisten Mädchen ist das Wachsen ihrer Brust mit Stolz, aber auch mit Unsicherheiten verbunden. Ein weiteres Mal gilt es also über einen Zeitraum von mehreren Jahren mit gemischten Gefühlen zu leben. Typische Fragen sind jetzt: Ist mein Busen zu klein oder zu groß? Brauche ich schon einen BH? Ist es normal, dass mein Busen beim Rennen so wackelt? Der Busen meiner Freundinnen ist größer als meiner, wächst meiner noch? Und so weiter und so fort …

Was können Eltern tun?
«Spieglein, Spieglein an der Wand …», die Tochter unterstützen und ermutigen, die eigenen Brüste schön zu finden und nicht so

selbstkritisch zu sein, wenn sie nicht so perfekt und sexy ausse-hen wie die Brüste, die man so oft in der Werbung und in Filmen sieht – und von denen die meisten optisch manipuliert sind. Erin-nern Sie Ihre Tochter daran, dass sie sich noch mitten in der Pu-bertät befindet und dass ihr Busen noch lange nicht ausgewach-sen ist. Erklären Sie ihr, dass es genetisch festgelegt ist, wie sich jeder Busen entwickelt und wie er später einmal aussehen wird. Machen Sie sie darauf aufmerksam, wie viele unterschiedliche Brustformen es gibt. Erwachsene Frauen können kleine, große, runde, spitze, weiche oder feste Brüste haben. Und jede Frau ist mit ihrem Busen einzigartig und besonders.

Sprechen Sie mit ihr auch über die verschiedenen Vorstellun-gen von Schönheit. Manche Mädchen oder Jungen finden einen großen Busen toll, andere mögen lieber kleine Brüste. Oft träu-men pubertierende Mädchen ja gerade von dem, was sie selbst nicht haben, und merken dabei gar nicht, wie schön und attraktiv sie auf ihre Art sind.

Falls Ihre Tochter einen großen und schweren Busen hat, ist es wichtig, dass sie einen gut sitzenden und stützenden BH trägt. Vielleicht haben Mutter und Tochter Spaß daran, den ersten rich-tigen BH gemeinsam zu kaufen. Es gibt übrigens Minimizer, um einen großen Busen optisch zu verkleinern, aber auch Push-up-BHs, um einen kleinen Busen zu vergrößern. Vielleicht lassen Sie sich beim Kauf von einer ausgebildeten Wäscheverkäuferin be-raten. Und reden beim Shoppen darüber, dass ein BH ein cooles Accessoire ist, das auch sehr sexy aussehen kann.

Weibliche Rundungen: Beine und Hüften

Was passiert?

Die weiblichen Geschlechtshormone sorgen auch dafür, dass Oberschenkel und Hüften deutlich weiblicher und runder werden. Da auch hier das Wachstum nicht immer gleichmäßig verläuft, kann es phasenweise zu Veränderungen der Körperproportionen kommen. Zum Beispiel wirkt es manchmal, als würden die Beine plötzlich kurz und stämmig sein, während obenherum noch nicht besonders viel passiert ist.

Was bedeutet das für die Mädchen?

Viele Mädchen werden schon im Kindergartenalter mit unrealistischen Vorbildern konfrontiert, wenn man bedenkt, wie viele Mädchenfiguren in Zeichentrickfilmen unendlich lange, dünne Beine und eine enorme Wespentaille haben. Auch in Casting-Shows werden pubertierende Mädchen mit dünnen, langbeinigen Modelkörpern konfrontiert. Die eigene, wachstumsbedingt gerade nicht so perfekte Figur angesichts solcher Vorbilder hinzunehmen, geschweige denn schön zu finden, ist schwierig.

Was können Eltern tun?

«Spieglein, Spieglein an der Wand …», die Tochter unterstützen und ermutigen und ihr spiegeln, dass sie auch mit ihrer aktuellen Figur ein besonders und einzigartiges Mädchen ist. Vielleicht wollen Sie ihr die Geschichte der italienischen Schauspieldiva Sophia Loren erzählen? Als diese noch eine völlig unbekannte, junge Frau war, wurde ihr nach mehr oder weniger gelungenen Probeaufnahmen vom Filmproduzenten ans Herz gelegt, sich die Nase verkleinern zu lassen und um die Hüften herum deutlich abzunehmen. Was zeigt, dass das Herumkritisieren an weiblichen

Formen im Showgeschäft ein ewiges Thema ist! Aber Sophia Loren wollte lieber so bleiben, wie sie ist. Sie sagte: «Und was meine Hüften angeht, so sind sie ein Teil von dem, was ich zu bieten habe!» Sie war stolz darauf und ist es ein Leben lang geblieben. Ihr sexy Hüftschwung, Markenzeichen ihrer ganz besonderen Ausstrahlung als Frau, wurde weltberühmt!

Unbestritten können aber dicke Oberschenkel trotzdem ein Problem sein. Dann sollten Sie als Eltern Ihre Tochter ermutigen, sich nicht ausgerechnet nur auf diesen Schwachpunkt einzuschießen. Weisen Sie Ihre Tochter darauf hin, was für einen schön geschwungenen Mund sie hat, wie toll ihre Augen leuchten oder wie fein ihre Augenbrauen geschwungen sind ... oder ... oder.

Viel zu entdecken: die Geschlechtsorgane

Was passiert?

Mit dem Einsetzen der ersten Monatsblutung (mehr dazu gleich) ist ein Mädchen geschlechtsreif und kann theoretisch schwanger werden. Unter dem Einfluss der Hormone entwickeln sich die inneren Geschlechtsorgane wie Scheide, Gebärmutter und Eileiter sowie wie die äußeren weiblichen Geschlechtsteile, zu denen die großen (äußeren) und die kleinen (inneren) Schamlippen, der Kitzler (auch Klitoris) und der Scheideneingang gehören. Sie erhalten jetzt ihr individuelles Aussehen. Die Schamlippen können rötlich oder bläulich gefärbt und asymmetrisch lang sein. Die inneren Schamlippen können über die äußeren hinausschauen. Auch die Klitoris kann kleiner oder größer sein. Das ist alles ganz normal. Das Aussehen der äußeren Geschlechtsteile ist in den Erbanlagen festgelegt und fällt dementsprechend bei jedem Mädchen anders aus, so wie bei Jungen, deren Größe und Form des Penis ebenfalls unterschiedlich sein kann.

Was bedeutet das für Mädchen?

Mädchen haben ein anderes, weniger selbstverständliches Verhältnis zu ihren Geschlechtsorganen als Jungen. Das hängt vor allem damit zusammen, dass die männlichen Geschlechtsteile schon für Kinder viel besser zu sehen, anzufassen und zu begreifen sind, und dies lädt öfter zu spaßigen und unbefangenen Kommentaren ein. Für Jungen und Männer ist es tägliche Routine, allein schon beim Pinkeln den Penis in die Hand zu nehmen. So existieren für den Penis denn auch mehr und zum Teil lustigere Bezeichnungen als für Scheide, Schamlippen und Kitzler. Jungen haben es also in der Regel etwas leichter, ein positives Körperbewusstsein zu entwickeln als Mädchen.

Für ein Mädchen auf dem Weg zur erwachsenen Frau ist es jetzt wichtig, den eigenen weiblichen Körper gut kennenzulernen; sich vertraut zu machen mit den Möglichkeiten, Lust zu empfinden; sich anzufreunden mit der Herausforderung des monatlichen Zyklus und seinen Besonderheiten; sich der weiblichen Eigenschaft, Leben schenken zu können, bewusst zu werden. Für alle diese Erfahrungen und die vielen kleinen und großen Kennenlernprozesse brauchen Mädchen einen Rückzugsort, an dem sie sich ungestört fühlen können.

Was können Eltern tun?

Achten Sie darauf, die Privat- und Intimsphäre Ihrer Tochter zu respektieren. Mit bohrenden Fragen wie «Was machst du da eigentlich die ganze Zeit im Badezimmer?» oder «Wieso schließt du plötzlich deine Zimmertür ab?» bringen Sie Ihre Tochter in Verlegenheit.

Mit dem Einsetzen der Monatsblutung und der Geschlechtsreife kommen auch noch andere Herausforderungen auf Sie als Eltern zu. Besonders jüngere Mädchen, die bereits mit 11 Jahren ihre erste Monatsblutung bekommen, brauchen Unterstützung bei den vielen Fragen rund um die Menstruation und die damit verbundene Monatshygiene. Und auch die Themen Sexualität und Verhütung (mehr dazu im Abschnitt «Den Alltag meistern») bekommen eine neue Wichtigkeit.

Frauensache: Weißfluss, Menstruation und Zyklus

Was passiert?

Die Geschlechtshormone, die in der Pubertät verstärkt produziert werden, bereiten den heranwachsenden weiblichen Körper darauf vor, geschlechtsreif und fortpflanzungsfähig zu werden. Für Mädchen heißt das vor allem, dass jetzt die Eierstöcke aktiv werden. Aber bevor ein Mädchen zum ersten Mal eine Monatsblutung bekommt, setzt meistens ein halbes bis ein Jahr zuvor der sogenannte Weißfluss ein.

Der Weißfluss, ein weißlich schleimiger Ausfluss, ist ein Zeichen dafür, dass die Hormonproduktion begonnen hat.

Auch die mehrere Wochen oder Monate später einsetzende Monatsblutung oder Menstruation wird durch Hormone gesteuert. Die Blutung bestimmt Anfang und Ende des weiblichen Monatszyklus und dauert 4 bis 5 Tage. Die meisten Frauen bekommen ihre Menstruation etwa alle 25 bis 32 Tage.

In jedem Monatszyklus reifen, hormonell gesteuert, eine oder mehrere Eizellen im Eierstock heran, bis sie befruchtungsfähig sind. Sobald die Eizellen reif sind, etwa in der Mitte des Zyklus, findet der Eisprung statt, das heißt, die Eizellen werden aus dem Eierstock in die Eileiter geschwemmt und reifen. Während dieser Zeit baut sich in der Gebärmutter Schleimhaut auf, um ein eventuell befruchtetes Ei ernähren zu können. Nistet sich aber dort kein Ei ein, so wird, ebenfalls durch hormonelle Signale ausgelöst, die Schleimhaut blutend abgestoßen. Manche Mädchen spüren dabei ein leichtes Ziehen im Bauch, andere haben krampfartige Schmerzen, weil sich die Muskeln beim Abstoßen der Schleimhaut in der Gebärmutter zusammenziehen. Der Beginn der Blutung wird als der erste Tag des neuen Monatszyklus gezählt. Es ist durchaus normal, wenn anfangs die Menstruation bei den meisten pubertierenden Mädchen eher unregelmäßig kommt.

Was bedeutet das für Mädchen?

Es ist für die meisten Mädchen unangenehm und vielleicht auch peinlich, plötzlich schleimigen Ausfluss oder das erste Mal Blut im Slip zu haben. Aktuellen Befragungen zufolge sind jedoch 4 von 5 Mädchen darüber informiert, was geschieht, wenn sie ihre Tage bekommen. Entsprechend sind sie innerlich darauf vorbereitet. Viele reagieren mit Stolz, weil das Einsetzen der Regel ein Zeichen dafür ist, zu den «richtigen» Frauen zu gehören und Kinder bekommen zu können. Allerdings ist der Aspekt der Fruchtbarkeit für die meisten Mädchen noch in weite Ferne gerückt. Wenn, dann beschäftigen sie sich eher mit Fragen rund um Verhütung.

Es wird von jedem Mädchen wie auch von jeder Frau unterschiedlich erlebt, ob die Regel unangenehm oder schmerzhaft verläuft, und jedes Mädchen reagiert anders darauf. Von leichtem Unwohlsein über ein Ziehen im Unterleib bis hin zu krampfartigen Schmerzen ist alles möglich und normal, auch Übelkeit, Kopf- oder Rückenschmerzen können auftreten. Regelschmerzen machen es nicht gerade einfacher, sich mit den körperlichen Veränderungen anzufreunden, umso ratsamer ist eine tröstende und positive Begleitung durch die Eltern.

Mit der Menstruation sind auch verschiedene Aspekte der Intimpflege und Monatshygiene verbunden, und jedes Mädchen muss seinen Weg finden, sich mit den neuen, ungewohnten Abläufen des eigenen Körpers anzufreunden und eine Routine im Alltag zu entwickeln. Soll man Binden oder Tampons nehmen? Denkt man immer rechtzeitig daran, alles dabeizuhaben? Vielleicht entsteht jetzt auch der Wunsch, zum ersten Mal zu einem Frauenarzt zu gehen.

Was können Eltern tun?
Eltern sollten mit ihren Töchtern über die körperlichen Abläufe der Pubertät sprechen. Je nach Alter der Mädchen können dabei verschiedene Fragen und Aspekte wichtig sein, jüngere Mädchen wollen vielleicht zusammen mit ihrer Mutter überlegen, wie und wo sie die Binden oder Tampons am besten verstauen, wenn sie auf Klassenreise sind. Ältere Mädchen beschäftigen vielleicht Fragen zur Verhütung, vor allem, wenn sie schon einen Freund haben. Auch wenn sich die meisten Mädchen noch nicht wirklich erwachsen fühlen, sollten sie von den Eltern erklärt bekommen, dass sie als heranwachsende Frauen eine neue Verantwortung haben, nämlich darauf zu achten, nicht ungewollt schwanger zu werden.

Grundsätzlich ist es sehr hilfreich, wenn Sie als Eltern Ihre Tochter immer wieder ermuntern, Fragen zu stellen und dem Kennenlernen des weiblichen Körpers neugierig nachzugehen. Sprechen Sie mit ihr darüber, dass es schön und wichtig ist, sich als junge Frau gut mit dem eigenen Körper auszukennen.

Vielleicht ermuntern Sie Ihre Tochter in diesem Zusammenhang auch, einen Menstruationskalender zu führen. Dort kann sie eintragen, wann sie ihre Regel hat, wie lange sie gedauert hat, ob die Blutung stark war, ob sie Schmerzen hatte, aber zum Beispiel auch, wie ihre Stimmung sich im Laufe des Zyklus verändert. Das Führen eines solchen Kalenders ist eine gute Möglichkeit, den Körper besser kennenzulernen, einen Download speziell für junge Mädchen gibt es zum Beispiel auf der Jugendseite www.loveline.de der BZgA (siehe Anhang). Manche Mütter oder Eltern schenken ihren Töchtern zur ersten Menstruation ein Schmuckstück oder ein anderes liebevolles Geschenk, um dieses Ereignis besonders zu würdigen und das Frauwerden mit einem positiven Gefühl zu verknüpfen.

Bei Menstruationsschmerzen tut es gut, wenn Sie als Eltern Ihre Tochter ein bisschen trösten und verwöhnen. Eine Wärmflasche oder ein warmes Bad können entkrampfend wirken, und Kräutertees wie Johanniskraut, Frauenmantel oder Gänsefingerkraut lindern die Schmerzen. Falls die Schmerzen stark sind und Hausmittel nicht weiterhelfen, können Sie Ihrer Tochter auch raten, einen Arzt aufzusuchen und sich gegebenenfalls Schmerztabletten verschreiben zu lassen.

DAS WICHTIGSTE ZU INTIMPFLEGE UND MONATSHYGIENE

Da die Scheide ein gut funktionierendes Selbstreinigungssystem hat, sollte man sie am besten nur mit wenig milder Seife und viel Wasser reinigen. Zu viel Seife, parfümierte Waschlotionen oder Intimsprays können die sensible Scheidenflora schädigen und darüber hinaus die empfindliche Haut austrocknen. Vor allem während der Tage ist es wichtig, die inneren und äußeren Schamlippen sowie die Gegend um den Darmausgang sorgfältig und regelmäßig mit Wasser zu reinigen, am besten immer von der Scheide zum After hin und nicht andersherum, denn so lässt sich verhindern, dass Bakterien in die Scheide gelangen und Entzündungen hervorrufen.

Während der Menstruation braucht man Binden (Slipeinlagen) oder Tampons, um das Blut aufzufangen. Binden zum Einlegen in den Slip gibt es in verschiedenen Formen (sogar für Tangas), Stärken und Längen in jedem Drogeriemarkt. Auch Tampons sind in unterschiedlichen Größen erhältlich, junge Mädchen probieren am besten die kleinsten Größe. Sowohl Binden als auch Tampons sollten aus medizinischen und hygienischen Gründen regelmäßig gewechselt werden, Tampons können bis zu 8 Stunden in der Scheide bleiben.

SLIPEINLAGE ODER TAMPON?

Ob sich ein Mädchen während seiner Tage mit Tampons oder Binden wohler fühlt, probiert es am besten selbst aus. Aus medizinischer Sicht ist beides möglich. Anfangs ist es vielleicht einfacher, mit Binden zu starten. Hat ein Mädchen schon mehrere Blutungen gehabt und kann die Stärke und Dauer in etwa einschätzen, ist unter Umständen ein Wechsel zu Tampons angesagt, denn die sind im Alltag und vor allem beim Sport meist praktischer (man kann sie auch beim Schwimmen tragen, sollte sie danach aber gleich wechseln).

Folgende Informationen sind gut für junge Mädchen zu wissen:

• **Tampons** sind zusammengepresste, feste Watterollen, die man selbst in die Scheide einführt, sodass sie das Blut bereits dort auffangen. Mit einem Rückholfädchen, das jeder

Tampon hat, kann man sie wieder entfernen. Auch Mädchen, die noch Jungfrau sind, können Tampons tragen, denn der sogenannte Hymen (das Jungfernhäutchen) ist eigentlich eine weiche, dehnbare Schleimhautfalte, die nicht so schnell zerreißt. Vor dem ersten Einführen sollten sich Mädchen am besten schon mal in Ruhe mit der Anatomie ihrer Scheide vertraut machen und zum Beispiel mit dem Finger tasten, wo genau der Tampon eigentlich sitzen soll. Die Situation, in der man das ausprobiert, sollte möglichst entspannt sein. Wenn der Probelauf nicht klappt, kann man es noch mal probieren, wenn die Blutung etwas stärker ist. Man muss keine Angst haben, dass der Tampon nach hinten rutschen könnte, denn dazu ist die Öffnung der Gebärmutter viel zu winzig.

• **Slipeinlagen** und Binden sollten die richtige Größe und Passform haben. Wenn sie zu groß oder zu breit sind, können sie unangenehme Hautreizungen hervorrufen. Vor allem Mädchen mit empfindlicher Haut sollten nur unparfümierte Slipeinlagen möglichst ohne Kunststoffbeschichtung tragen, denn beides kann die Haut irritieren. Wichtig: Binden und Slipeinlagen sollten nicht in der Toilette, sondern, eingewickelt in Toilettenpapier, im Hausmüll bzw. in öffentlichen Toiletten in den dafür vorgesehenen Mülleimern entsorgt werden.

Höhen und Tiefen, starke Gefühle, Lebenskompetenz
Die psychische Entwicklung

Freiheitsdrang, Sehnsucht nach dem Traumprinzen, Wut auf alle Erwachsenen, so allein wie noch nie zuvor: Die psychische Entwicklung von Mädchen in der Pubertät ist häufig mit intensiven Gefühlen und zahlreichen Höhen und Tiefen verbunden. Es ist eine Zeit, die von Stärken, kleinen wie großen Erfolgserlebnissen und einem wachsenden Selbstbewusstsein geprägt ist, aber auch von inneren Konflikten, Zweifeln und Unsicherheiten.

So wünschen sich manche Mädchen zum Beispiel sehnlichst, sich zu verlieben. Andere möchten eine richtig tolle Figur bekommen und sexy aussehen. Wieder andere träumen davon, endlich eigenes Geld zu verdienen und ganz allein zu entscheiden, was man kauft. Oder sie verfolgen das Ziel, nach der Schule zusammen mit zwei besten Freundinnen eine eigene Wohnung zu mieten, um endlich tun und lassen zu können, was sie wollen.

All das sind typische Wünsche, Träume und Ziele von Mädchen in der Pubertät. Die meisten Teenager haben allerdings, zumindest zu Anfang, noch nicht wirklich eine Ahnung davon, was es tatsächlich bedeutet, total verliebt zu sein, supersexy auszusehen, einen Beruf zu haben, und sei es nur ein Schülerjob, und jeden Monat Geld für die Miete aufbringen zu müssen. Zugleich spüren sie, dass es genau darum geht: Sich innerlich so sicher zu fühlen, dass man so etwas wie verliebt sein und Sex haben, Geld verdienen und eine Wohnung unterhalten zu können eines Tages einfach selbstverständlich genießen und tun kann.

Eine der wichtigsten Aufgaben der psychischen Entwicklung

in der Pubertät ist es, sich die eigenen Stärken und Schwächen, Wünsche und Bedürfnisse bewusst zu machen, kurzum: Alles kennenzulernen, was das eigene Selbst ausmacht. Denn nur wer innerlich gefestigt und von sich selbst überzeugt ist, kann sich trauen, Mutter und Vater zu verlassen und in das weite, große Land der Erwachsenen vorzudringen.

Die Pubertät ist ein Durchgangsstadium, in dem sich die Mädchen Stück für Stück von ihren Puppen und Kuscheltieren verabschieden müssen, um sich allmählich in einem noch nicht genauer definierten Leben als junge erwachsene Frauen wiederzufinden. Beide Lebensbereiche, die Kindheit, die zurückgelassen werden will, aber auch das Erwachsensein, das so sehr herbeigesehnt wird, lösen widersprüchliche Gefühle aus. Als Kind wird man liebevoll behütet und umsorgt, muss sich um nichts kümmern, kann vollkommen unbefangen sein. Falls man doch mal etwas anstellt oder falsch macht, wird man nicht gleich zur Verantwortung gezogen. So gesehen ist es ein schönes, sorgloses und rundum bequemes Leben, von dem man sich in der Pubertät leider verabschieden muss. Kein Wunder, dass dieser Abschied auch Gefühle der Trauer oder Angst auslösen kann, die bewusst oder unbewusst bewältigt werden wollen.

Kein Weg zurück

Aber es führt kein Weg zurück in die Kindheit, denn ein kleines unbefangenes Mädchen zu sein, das bedeutet auch nur ein geringes Maß an Selbstbestimmung. Die Eltern geben vor, was man anzieht, mit wem man sich verabredet, wann und was es zu essen gibt, wie lange man abends im Bett noch lesen darf und vieles mehr. Und gerade davon hat man als Teenager die Nase gestrichen voll! Man will endlich selbst über sein eigenes

Leben bestimmen und sich keine Vorschriften mehr machen lassen.

Das widersprüchliche Gefühl gegenüber der Kindheit, die Pubertierende hinter sich lassen, und gegenüber dem Erwachsensein, das sie noch vor sich haben, bedeutet für viele Mädchen eine innere Zerrissenheit, die sich ungefähr so darstellt: «Ich kann's kaum erwarten, endlich erwachsen zu sein! Aber am liebsten würde ich noch ein Kind bleiben, weil es so schön ist, wenn meine Eltern mich behüten und sich verantwortlich für mich fühlen.»

Dieser Zwiespalt (den Jungen übrigens ähnlich erleben) ist in der Pubertät ein zentraler Motor für die psychische Entwicklung von Jugendlichen. Er sorgt im Alltag immer wieder für Konflikte mit den Eltern oder anderen Erwachsenen, in denen die Mädchen gezwungen sind, für ihre Rechte zu kämpfen und für ihre eigene Meinung einzustehen, und zwar so lange, bis sie sich in ihren Rechten vollkommen sicher bewegen und gut für sich selbst eintreten können.

Gleichzeitig liefert der Gefühls-Zwiespalt die Erklärung für eine Menge pubertärer Verhaltensweisen. Selbst entscheiden, wann man nach Hause kommt, mit wem man das Wochenende verbringt und ob man zu Omas Geburtstag erscheint oder nicht. Viele Mädchen pochen in dieser Phase vehement darauf, alle Rechte genießen zu dürfen, die Erwachsenen zustehen. Sie verlangen von ihren Eltern, auf Augenhöhe respektiert und behandelt zu werden. Gleichzeitig jedoch wollen sie gern die kleine Prinzessin bleiben, die mit leckeren Süßigkeiten und neuen Kleidern verwöhnt wird, sorglos und ohne lästige Pflichten, für die sie selbst die Verantwortung übernehmen soll, und in den Tag hinein leben darf. Haben Sie als Eltern damit etwa ein Problem?

Wahrscheinlich wird das gar nicht ausbleiben. Denn egal, wie verständnisvoll Sie der kleinen Prinzessin und ihrem Streben nach dem erwachsenen Glück begegnen, über kurz oder lang werden Sie als Eltern in den Konflikt um die sich widersprechenden Wünsche hineingezogen werden. Die innere Widersprüchlichkeit pubertierender Mädchen bezieht sich nämlich nicht nur auf die eigenen Bedürfnisse, sondern auch auf die ahnungslosen, unschuldigen Eltern. Verkörpern Sie als Mutter oder Vater einer pubertierenden Tochter nicht im Alltag genau diese Widersprüchlichkeit? Sie umsorgen und trösten Ihr Kind, wenn es Probleme gibt, schaffen das nötige Kleingeld heran und kaufen ein, damit der Kühlschrank voll ist. Aber Sie sind auch die strenge Instanz, die sich in den Schulalltag einmischt, inakzeptable Ausgehzeiten vorschreibt oder auf der Einhaltung häuslicher Regeln und Pflichten pocht.

Umsorgt werden, das ist schön, aber es nervt auch

Verständlich, dass die Prinzessin diese verschiedenen elterlichen Rollen misstrauisch und mit widersprüchlichen Gefühlen beobachtet. Wie schön ist es einerseits, abends eine Wärmflasche für die kalten Füße gemacht zu bekommen. Erinnert einen die Mutter aber am nächsten Morgen daran, wie wichtig es doch sei, wenigstens ein bisschen vor der Schule zu frühstücken, so wird sie sofort in die Schranken gewiesen: «Du musst mich nicht schon wieder wie ein Baby behandeln! Wann kapierst du endlich, dass ich erwachsen bin?»

Es sind schon besondere Wesen, diese Prinzessinnen auf der Durchreise vom kleinen Mädchen zur erwachsen fühlenden und denkenden Frau. Häufig haben sie, bildlich gesehen, eine Menge Gepäck dabei! Da sind die vielen Reisekoffer und Taschen für die Auseinandersetzung mit dem eigenen Körper, die große Kiste mit den inneren Zwiespälten, widersprüchlichen Gefühlen und dann auch noch der Rucksack mit den unvorhersehbaren Stimmungsschwankungen, für die man ständig von allen Seiten kritisiert wird. Wie, bitte schön, sollen Prinzessinnen bei all dem einen klaren Kopf behalten?

Deshalb ist es wichtig, dass Sie als Eltern den klaren Kopf bewahren. Fest steht: An den inneren Konflikten Ihrer Tochter können Sie nichts ändern. Und dass Sie Teil dieser Konflikte werden, ist vermutlich zumindest phasenweise ebenso unumgänglich. Was können Eltern also tun? Wie sehr sollen sie die Prinzessin noch beaufsichtigen? Oder sollen sie vielleicht lieber das Gepäck in Augenschein nehmen? Womöglich sogar beides? Sollen Sie beim Tragen helfen? Gepäck aussortieren? Oder wäre es grundsätzlich sowieso am klügsten, sich die ganze Reise einfach aus sicherer Entfernung anzuschauen, um wirklich nur dann einzugreifen, wenn ein Missgeschick droht?

Fragen, die sich nicht mal eben so beantworten lassen. Im Vordergrund aller elterlichen Überlegungen sollte auf jeden Fall die Prinzessin selbst stehen. Man kann sie ja auf ihrer Reise jederzeit fragen, wie es ihr denn eigentlich geht. Wie sie mit ihren Gepäckmengen klarkommt. Was ihr gerade wichtig ist, was sie denkt und fühlt. Wovon sie träumt und welche Ziele sie verfolgt.

Ist man als Mutter oder Vater allerdings mitten in einer Phase ständiger Streitereien und Auseinandersetzungen mit der Tochter, verliert man vielleicht manchmal das Gefühl für die eigentlich wichtigen Fragen. Deshalb möchten wir Sie an dieser Stelle ermuntern, auch in schwierigen Phasen Zeit mit Ihrer Tochter zu verbringen, das Gespräch mit ihr zu suchen, möglichst im Kontakt mit ihr zu bleiben, indem Sie als Eltern für eine gemeinsame Auszeit vom Kleinkrieg um das unaufgeräumte Zimmer, die ewige Unpünktlichkeit oder die schlechten Schulnoten sorgen und sich stattdessen mit Ihrer Tochter offen und auf Augenhöhe darüber unterhalten und austauschen, wie es sich eigentlich gerade anfühlt, dieses pubertäre Leben mit allen seinen Herausforderungen, Höhen und Tiefen.

Den Herausforderungen des Lebens gewachsen sein

Eine wichtige Frage, mit der sich Entwicklungspsychologen und Pädagogen beschäftigen, lautet: Was sollte man als junger Mensch heute alles wissen und können, um dem Leben und seinen Herausforderungen begegnen zu können? Auch die Weltgesundheitsorganisation WHO hat sich dies gefragt und 10 «Life Skills» – Lebenskompetenzen – formuliert, die Jugendliche auf der ganzen Welt befähigen, ein eigenständiges Leben erfolgreich zu meistern. Dabei werden unter Lebenskompetenzen diejenigen Faktoren verstanden, «die einen angemessenen Umgang sowohl mit unseren Mitmenschen als auch mit Problemen und Stresssituationen im alltäglichen Leben ermöglichen», so die WHO (1994). Im Vordergrund stehen also zwei Aspekte, auf die es ankommt:

1. die Beziehungen zu anderen Menschen
2. die Beziehung, die man zu sich selbst hat (Selbst-Management)

Beide Aspekte spielen eine zentrale Rolle in der psychischen Entwicklung Pubertierender. Auf welch vielfältige Art man die Beziehungen zu anderen Menschen gestalten kann, wie man sich selbst und das eigene Erleben, Denken und Verhalten managt, das sind nicht Eigenschaften, die eines Tages vom Himmel auf die Jugendlichen herabfallen, sondern Kompetenzen, die selbst erlebt, ausprobiert, erworben werden wollen. Sie entwickeln sich, indem sie in der Familie oder auch in der Schule thematisiert werden. Man kann sie lernen, indem man sich als Jugendlicher an Vorbildern und Rollenmodellen orientiert. Folgende 10 Kompetenzen sind nach Ansicht der WHO besonders wichtig, um dem Leben gut ausgerüstet begegnen zu können. Lebenskompetent ist, wer:

- durchdachte Entscheidungen trifft,
- erfolgreich Probleme löst,
- kreativ denkt,
- kritisch denkt,
- effektiv kommuniziert,
- Beziehungen führen kann,
- sich seiner selbst bewusst ist,
- sich in andere einfühlt,
- Stress bewältigen kann,
- mit Gefühlen umgehen kann.

Wenn Sie die Liste anschauen, werden Sie vielleicht die eine oder andere Verhaltensweise entdecken, die Ihnen aus dem Alltagsleben mit Ihrer Tochter bekannt vorkommt. Hier ein paar Beispiele für die einzelnen Lebenskompetenzen und wie sie sich in der Auseinandersetzung mit anderen Menschen entwickeln:

Durchdachte Entscheidungen treffen
Hannah, 13, hat in der vergangenen Woche eine eigenständige Entscheidung getroffen: Sie hat sich selbst vom Englischunterricht entschuldigt, indem sie ihrem Lehrer erzählt hat, sie müsse einen dringenden Zahnarzttermin wegen ihrer Zahnspange wahrnehmen, weil die ja gerade so weh tue. Statt zum Unterricht zu gehen, hat sie sich um ihre beste Freundin gekümmert, die gerade unter allerschrecklichstem Liebeskummer leidet. Unglücklicherweise hat Hannah aber nicht bedacht, dass ja der Lehrer ihre

Mutter oder ihren Vater auf dem in dieser Woche stattfindenden Elternabend auf das Zahnweh ansprechen könnte … Eine ziemlich unangenehme Situation!

Dabei hat Hannah schon so viel berücksichtigt: Dass die Eltern ihr nie freiwillig eine Entschuldigung schreiben würden, nur, damit sie bei Liebeskummer Händchen halten kann. Dass es, Schule hin oder her, unter besten Freundinnen selbstverständlich ist, dass man zusammenhält, wenn eine von beiden gerade die Mega-Krise erlebt. Und schließlich hat sie zum Schwänzen Englisch gewählt (da hat sie eine 2!) und nicht den Mathematik-Unterricht …

Die elterliche Frage «Sag mal, was hast du dir bloß dabei gedacht?» ist so gesehen eine sehr wichtige Frage, denn sie kann in vielen Fällen durchaus bedachte und differenzierte Antworten liefern, auch wenn die inhaltliche Gewichtung Pubertierender häufig völlig anders ausfällt als die der Eltern. In einem konstruktiven Gespräch zwischen Eltern und Tochter, in dem man noch einmal gemeinsam betrachtet, welche Teile der Entscheidung gut durchdacht waren und welche eher nicht, können beide Seiten gewinnen und voneinander lernen *(Richtig, Freundinnen halten zusammen. Okay, Liebeskummer ist wirklich schrecklich. Und ja, es gibt eine Schulpflicht! Nein, es ist nicht richtig, Lehrer oder Eltern anzulügen!)*. Und gleichzeitig können Eltern ihrer Tochter so signalisieren, dass sie ernst genommen wird.

Kommt das «Was hast du dir bloß dabei gedacht!?» dagegen vor allem als empörter Vorwurf bei den Jugendlichen an, auf die man als Erwachsener sowieso keine Antwort erwartet, weil ja klar ist, dass Jugendliche sich meistens gar nichts denken, so versäumt man im Prinzip eine gute Gelegenheit, von der Tochter zu erfahren, was ihr gerade wichtig ist.

Erfolgreich Probleme lösen

In der 10. Klasse steht für alle Schülerinnen und Schüler ein dreiwöchiges Praktikum auf dem Lehrplan, und viele Jugendliche tun sich schwer damit, zu überlegen, in welchen Bereich sie denn gern mal hineinschnuppern würden. Marie weiß allerdings ziemlich schnell, wo sie dieses Praktikum machen möchte, nämlich beim Arbeitgeber ihrer Mutter, einem mittelgroßen Büro für Werbung und Marketing. Da bekommt sie Einblick in viele verschiedene Tätigkeiten, und eine Bewerbung muss sie auch nicht schreiben, praktisch! Und die Mutter ist froh, dass sie ihre Tochter nicht ständig zur Praktikumssuche drängeln muss und regelt alle lästigen Formalitäten.

Charlotte dagegen überlegt hin und her, ob sie am Theater ihr Glück versuchen soll oder lieber in ein Fotostudio möchte oder vielleicht etwas ganz anderes ausprobieren soll, nämlich Laborantin in einem chemischen Labor. Sie berät sich mit ihren Lehrern, fragt Freundinnen um Rat, spricht mit ihrer Mutter und ihrem Vater und beschließt dann, zwei Bewerbungen loszuschicken. Aber an wen schickt man die? Und wie schreibt man so eine Bewerbung? Was kommt in den Lebenslauf? Da ist so viel Orgakram, um den sich Charlotte kümmern muss, aber als sie tatsächlich auf ihre Bewerbung im Fotostudio eine sehr nette Antwort bekommt, ist sie stolz und fühlt sich gut.

Als Vater oder Mutter neigt man dazu, den Töchtern Probleme aus der Hand zu nehmen. Kein Wunder: Es erspart einem eine Menge Mühe und Ärger, wenn man sich helfend einmischt, denn Jugendliche können in ihren Problemlösungsversuchen zäh, umständlich und voller Widerstand sein. Es ist schwer auszuhalten, wenn man mit ansehen muss, wie sich die Tochter mit etwas herumschlägt, wofür man selbst im Nu eine Lösung hätte. Doch Charlotte hat sich im Gegensatz zu Marie selbst und allein durch die

Herausforderungen der Praktikumssuche gequält und dabei eine Menge gelernt. Falls sie später in ähnliche Situationen kommt, kann sie darauf vertrauen, dass sie bereits erfolgreich Probleme bewältigt hat. Auch wenn es eine Menge mehr Zeit und Mühe kostet: Lassen Sie Ihre Tochter selbst nach Lösungen suchen, und mischen Sie sich nur ein, wenn Sie um Rat gefragt werden.

Kreativ denken

Kreatives Denken bedeutet, auch mal unkonventionelle Wege einzuschlagen, vollkommen neue Argumente zuzulassen und bisher geltende Regeln außer Kraft zu setzen. Manche Mädchen finden zum Beispiel einen kreativen Umgang mit ihren Hausaufgaben, indem sie diese nicht am Schreibtisch erledigen, sondern gemütlich auf dem Sofa. Warum nicht? Hauptsache, sie werden gemacht. Auch im Planungs- und Zeitmanagement können Pubertierende eine Menge Kreativität an den Tag legen, indem sie ihre Verabredungen spontan treffen, verschieben, absagen oder, während sie bereits unterwegs sind, noch einmal völlig neu und anders legen. Vielleicht schütteln Erwachsene oder Eltern bei manchen Verhaltensweisen einfach nur fassungslos mit dem Kopf, aber für die Mädchen sind sie oft ein gutes Übungsfeld.

Leonie, 13, hat sich bis vor kurzem noch ganz wohl in ihrem Kinderzimmer gefühlt, mit Pferdepostern und Mädchenromanen, einer großen Froschsammlung und den quietschbunten Blümchengardinen. Jetzt will sie von all dem nichts mehr wissen und macht ständig Pläne und Zeichnungen, wie sie die Möbel in ihrem Zimmer umstellen könnte, welche Farbe die Wände haben sollen, wie sie sich die Fensterdekoration vorstellt, welche Vorhänge sie gut findet. Und sitzt dabei zwischen Haufen von verkrempelten T-Shirts, Jeans und Zetteln, die sie eigentlich für die Schule braucht.

Ihre Eltern finden, bevor sie ein neues Zimmer bekommt, soll sie doch ihr jetziges erst mal regelmäßig aufräumen und Ordnung halten. Aber Leonie hängt lieber ihren Tagträumen nach, liegt faul auf dem Bett, produziert ständig neue Einrichtungsideen und beharrt darauf, dass das Zimmer dringend verändert werden muss, weil sie sich einfach nicht mehr wie ein Kind fühlt.

Eigentlich ist es schön, dass Leonie so viele Gedanken in die Einrichtung ihres Zimmer steckt. Das zeigt, dass sie kreativ ist. Sie hält sich nicht bei Problemen mit der Ordnung auf, sondern denkt weiter. Kreativitätsforscher wissen, dass Träumereien und Müßiggang durchaus kreativitätsfördernd sind, denn die besten Ideen entstehen oft in scheinbar untätigen Situationen. Auch ein leichtes Chaos kann das Produzieren kreativer Ideen beflügeln.

Als Eltern können Sie Ihrer Tochter zeigen, dass Sie an ihre Kreativität und Phantasie glauben, indem sie ihr erlauben, das Zimmer umzustellen und neu einzurichten oder ihren Alltag kreativ zu organisieren, auch wenn die elterlichen Vorstellungen anders sind. Wobei Sie durchaus von ihr verlangen können, dass sie gemeinsam mit Ihnen einen Plan macht, in welchen Arbeitsschritten das Ganze vonstatten gehen soll und wer für welche Aufgaben und Anschaffungen zuständig ist.

Wenn einem Mädchen das Umräumen oder Renovieren des Zimmers oder ein Planungs- und Zeitmanagement nach eigenen Vorstellungen gelingt, ist das ein tolles Erfolgserlebnis und gut für ihr Selbstbewusstsein. Denn dabei merkt sie, dass ihr Handeln wirksam und sichtbar für alle ist. Zudem kann sie sich bei der Zimmergestaltung mit ihrem Geschmack und ihren Bedürfnissen selbst ausdrücken. Und zukünftig wird sie sich in ähnlichen Situationen darauf verlassen können, dass sie nicht nur weiß, wie man so etwas macht, sondern auch selbstbewusst genug ist, sich ein solches Vorhaben auch zuzutrauen.

Kritisch denken

«Ach, du hast ja keine Ahnung!», «Äh, ist das dein Ernst?», «So einen langweiligen Job könnte ich nie machen», «Ich finde, wir sollten alle kein Fleisch mehr essen», «Müssen wir da wirklich alle zusammen hingehen?», «Ihr seid einfach nur peinlich» …

Sind Sie als Mutter oder Vater auch schon das Opfer unerwarteter und heftiger Kritik geworden? Oder denkt Ihre Tochter neuerdings darüber nach, sich für die Umwelt zu engagieren? Beides sind erste Gehversuche in Sachen «kritisches Denken». Für Eltern, die jahrelang immer die Besten waren und alles Mögliche für ihr Kind auf die Beine gestellt haben, fühlt sich so eine plötzliche Kritik nicht gut an. Und natürlich macht da auch der Ton die Musik *(Töchter sollten möglichst immer in einem respektvollen Umgangston mit ihren Eltern sprechen. Und Eltern sollten möglichst immer in einem respektvollen Umgangston mit ihren Töchtern sprechen).*

Aber möglicherweise können Sie die Kritik leichter wegstecken, wenn sie Folgendes bedenken: Jugendliche trauen sich Kritik vor allem dort zu, wo sie sich sicher fühlen, also bei Mama und Papa. Dort können sie gut ausprobieren, was passiert und wie es sich anfühlt, wenn sie mit ihrer Meinung Kritik und Opposition wagen. Als Eltern dürfen und müssen Sie natürlich protestieren, wenn Sie die Kritik als unangemessen, unpassend oder verletzend empfinden. Ein ehrliches Feedback ist für Jugendliche sehr wichtig; so lernen sie wichtige Grundlagen der Kommunikation und Beziehungsgestaltung. Aber Sie dürfen neben dem Ärger über die töchterliche Patzigkeit auch registrieren, dass sich die Tochter eine eigene starke Meinung zutraut und damit die ersten wichtigen Schritte eines manchmal anstrengenden und schwierigen Ablösungsprozesses geht.

Effektiv kommunizieren

Zu einer effektiven Kommunikation gehört eine gewisse Klarheit und Zuverlässigkeit. Jenny (14) zum Beispiel hat zwar ihr Handy immer dabei, sogar, wenn sie in der Badewanne liegt, aber wenn ihre Eltern sie abends dringend erreichen wollen, weil sie besorgt sind, dass Jenny zur vereinbarten Uhrzeit noch nicht zu Hause ist, dann ist entweder der Akku leer, das Telefon lautlos gestellt, oder es war gerade so viel Lärm, dass sie es nicht gehört hat. Zufall? Absicht? Das steht in diesem Fall nicht zur Diskussion. Wenn man mit der Tochter vereinbart hat, dass sie sich meldet oder zu einer bestimmten Uhrzeit nach Hause kommt und weder das eine noch das andere geschieht, dann sollten Sie als Eltern darauf reagieren.

Heranwachsende sollten lernen, sich in Absprachen und Vereinbarungen klar und deutlich einzubringen und daran zu halten. Von einer 14-Jährigen, die auf Augenhöhe mit Erwachsenen reden, verhandeln und ernst genommen werden will, kann man durchaus eine gewisse Verbindlichkeit in der Kommunikation verlangen. Sensibilisieren Sie Ihre Tochter dafür, dass man sich in einem Kommunikationsprozess an vereinbarte Regeln hält, wenn man vom Gegenüber geschätzt und respektiert werden möchte.

Jugendliche sind in ihrer Kommunikation manchmal zwar sehr direkt, aber manches andere Mal auch recht passiv. Als Mutter oder Vater bekommt man dann das Gefühl, einen Kurs in Gedankenleserei absolvieren zu müssen, um herauszufinden, was die Tochter gerade beschäftigt, welche Wünsche sie hat oder warum sie die ganze Zeit mit einem Flunsch durch die Wohnung läuft. Meistens sind es die Eltern, die Kritik, Wünsche, Gefühle oder familiären Organisationskram ansprechen. Doch effektiv zu kommunizieren bedeutet auch, sich seiner Umwelt mitteilen zu können, möglichst offen zu sagen, was man will, was man braucht, was einen stört und wie man sich das Zusammenleben mit anderen vorstellt. Ermuntern Sie Ihre Tochter, sich aktiv ins familiäre Geschehen einzubringen, von sich aus das Gespräch zu suchen, Dinge, die ihr auf dem Herzen liegen, anzusprechen. Eltern, die ihre Tochter diesbezüglich fördern, verhelfen ihr zu mehr Selbstvertrauen.

Beziehungen führen

Beziehungen zu anderen Menschen zu haben, zu pflegen und zu gestalten, das ist einerseits ein zutiefst menschliches Bedürfnis, andererseits aber auch eine Kunst, über die man mit zunehmendem Alter und zunehmender Lebenserfahrung immer mehr lernt. Schon im Kindergarten- und Grundschulalter hat Ihre Tochter eine Menge Erfahrungen mit Freundschaften und Beziehungen gesammelt. Und natürlich besteht auch jede Familie aus einem speziellen Beziehungsgeflecht zwischen Eltern und Kindern.

In der Pubertät kommen aber noch einmal zwei vollkommen neue Beziehungsqualitäten ins Spiel, die aufregend und unbekannt sind:

1. die Beziehungen zu Gleichaltrigen, die man sich jetzt zum ersten Mal ohne die Hilfe oder den Einfluss der Eltern aussucht,
2. sexuelle Beziehungen und Liebesbeziehungen zum anderen oder zum gleichen Geschlecht

Auch hier gilt: Die vielen neuen Situationen, denen Ihre Tochter im Verlauf ihrer Pubertät begegnen wird, tragen entscheidend zu ihrer psychischen Entwicklung und Eigenständigkeit bei. Für Eltern ist das manchmal schwierig: Gleich zwei soziale Bereiche tun sich da auf, in denen die Tochter plötzlich ihre eigene Welt und ein eigenes Leben aufbaut, und dann ist sie auch noch so wenig mitteilsam. Wer sind diese neuen Freunde und/oder Freundinnen, mit denen sie sich immer trifft? Und ist sie jetzt verliebt, oder ist das wirklich nur der neue «beste» Freund, der da ständig anruft?

Natürlich dürfen Sie als Mutter oder Vater diese Fragen stellen. Damit bekunden Sie ja Interesse an Ihrer Tochter, und vielleicht gibt diese auch gern und bereitwillig Auskunft. Es kann aber auch sein, dass Ihre Tochter die neuen Bekanntschaften ganz für sich allein haben will und deshalb genervt auf jede Form elterlicher Neugier reagiert. Beides ist in der Pubertät vollkommen in Ordnung und sollte von Ihnen respektiert werden. Die neuen Beziehungsformen, die Ihre Tochter jetzt ausprobiert, sind ebenfalls ein wichtiger Teil auf dem Weg zu Eigenständigkeit und Autonomie.

Sich seiner selbst bewusst sein

Ebenfalls ein wichtiger Aspekt der psychischen Entwicklung auf dem Weg vom Kind zur Erwachsenen: In der Pubertät geht das zunächst noch kindliche Ich auf Entdeckungsreise. Es grenzt sich zunehmend von den Eltern ab und setzt sich Schritt für Schritt immer klarer durch. Bis ein Mädchen selbstbewusst sagen kann «Ich bin ich!», ich kenne meine Stärken und Schwächen und weiß, wie ich damit umgehen kann, braucht es möglichst viele verschiedene Erfahrungen. Mehr dazu finden Sie im Kapitelabschnitt «Ich bin ich! Mädchen auf der Suche nach sich selbst».

Sich in andere einfühlen können

Dies ist eine Kompetenz, mit der sich Jugendliche manchmal besonders schwer tun. Das hängt einerseits damit zusammen, dass sie offenbar den größten Teil ihrer psychischen Energie für die Auseinandersetzung mit den eigenen Gefühlen und inneren Konflikten brauchen. Die neuen Herausforderungen des vor ihnen liegenden Erwachsenenlebens wollen bewältigt werden, und das erfordert höchste Konzentration. Da kann man sich nicht auch noch ständig mit den Sorgen oder Problemen anderer Leute befassen.

Andererseits ist die jugendliche Egozentrik auch darauf zurückzuführen, dass sich das jugendliche Gehirn in der Pubertät strukturell noch einmal völlig neu sortiert, was bestimmte Fähigkeiten wie zum Beispiel Empathie oder Rücksicht nehmen zu können vorübergehend in den Hintergrund treten lässt. Und so steht man denn da als Mutter oder Vater und denkt sich: «Spinnt sie jetzt? Wie kann sie die Küche in einem solchen Chaos hinterlassen, wo sie doch genau weiß, wie müde ich bin, wenn ich nach Hause komme?»

Festhalten lässt sich: Auch Einfühlsamkeit und Rücksichtnahme sind wichtige Lebenskompetenzen, die während der psychischen Entwicklung in der Pubertät erworben werden müssen. Dass sich das Gehirn gerade umbaut, mag eine Erklärung für die große Ich-Bezogenheit Pubertierender sein, eine Entschuldigung für rücksichtsloses Verhalten ist es aber nicht. Und so wird Ihnen als Mutter oder Vater nichts übrigbleiben, als in Ihrer Familie dafür zu sorgen und das auch immer wieder einzufordern, dass man aufeinander Rücksicht nimmt, indem man sich in die Lage der anderen versetzt bzw. einfühlt und sich dann selbst angemessen verhält. Dies ist eine Aufgabe, die Ihnen manchmal vielleicht schier aussichtslos vorkommt, aber vertrauen Sie darauf: Eines Tages ist die egozentrische Phase vorbei, und Ihre Tochter ist psychisch so weit gereift, dass sie sich auch gern mit den Gefühlen oder Sorgen anderer Menschen beschäftigt.

Stress bewältigen

Das ist auf den ersten Blick eine Lebenskompetenz, von der man denkt, sie beträfe vor allem Erwachsene und weniger die Jugendlichen, aber das ist nicht ganz richtig. Denn verschiedene Untersuchungen und Studien zeigen, dass auch schon Schülerinnen und Schüler unter zu viel Druck und Anspannung leiden. Eine repräsentative Befragung ergab sogar, dass 9 von 10 Schülern und Studierenden über Stress klagen. Hauptauslöser sind meistens konkrete Prüfungssituationen, Leistungsdruck und die Sorge um eine unsichere Zukunft. Auch Termindruck, Streit in der Familie und Konflikte mit Freunden können Stress verursachen.

Solange Druck und Stress nur phasenweise auftreten, sind sie sicherlich ein Teil unseres modernen Lebens. Für Heranwachsende ist es wichtig zu lernen, wie sie selbst am besten mit stressigen Situationen umgehen können und wie man es schafft, Stressgefühle abzubauen und so zu bewältigen. Für eine vollständige psychische Entwicklung ist es nämlich auch wichtig, Erfahrungen mit belastenden Situationen und Gefühlen zu sammeln. Hat man als Jugendliche dann eine stressige Zeit oder sogar Krisen überwunden, so tankt man dabei auch Kraft, Stärke und Selbstbewusstsein.

Werden Stress und Anspannung allerdings zum Dauerzustand, so droht Gefahr für die Gesundheit, auch schon bei Jugendlichen. Schneller und besser sein als andere, Zeit sparen, wann und wo immer es geht, die Weltgesundheitsorganisation (WHO) sieht im chronischen Stress eines der größten Gesundheitsrisiken des 21. Jahrhunderts. Neben der allgemeinen Beschleunigung des Lebens sind die Lebenswege, die man einschlagen kann, für alle unübersichtlicher geworden. Jugendliche früherer Generationen hatten mit Anfang bis Mitte 20 bereits einen Beruf und einen festen Arbeitsplatz, viele waren schon verheiratet, hatten also zwei sichere Anker im Erwachsenenleben. Heute beginnt die Lebensphase als Jugendlicher nicht nur früher als damals, sondern sie dauert auch länger. Viele junge Menschen sind noch mit Anfang 30 ökonomisch von ihren Eltern abhängig. Und trotzdem wollen sie längst ihr eigenes Leben managen und einen eigenen Lebensstil entwickeln. Das ist aber sehr schwer, wenn man finanziell noch nicht auf eigenen Beinen steht.

Die widersprüchlichen Bedürfnisse und Anforderungen, mit denen Jugendliche heute heranwachsen und klarkommen müssen, sind neben der Beschleunigung ein weiterer Grund für Stress und Überforderung. Dies wiederum kann depressive oder aggressive Verhaltensweisen auslösen oder zu Suchtverhalten führen.

Falls Sie den Eindruck haben, dass Ihre Tochter über einen längeren Zeitraum gehetzt oder gestresst ist, sollten Sie das in einem ruhigen Gespräch thematisieren. Jugendliche müssen erst lernen, ihre Kraft und Energiereserven achtsam einzuteilen, und schießen dabei oft über das Ziel hinaus. Sie sind übermüdet, total erkältet oder haben vom vielen Lernen und vom langen Schultag Kopfschmerzen. Trotzdem wollen sie spätabends noch feiern, und niemand wird sie davon abbringen.

Es ist mühsam und wird bestimmt nicht auf Gegenliebe stoßen, aber dennoch sollten Sie als Eltern versuchen, mit Ihrer Tochter zu sprechen, und sie darauf aufmerksam machen, dass es, je erwachsener man ist, auch umso wichtiger wird, gut auf sich selbst und seinen Körper und seine Gesundheit zu achten. Selbst wenn sie vielleicht nicht sofort reagiert, so wird Ihre Tochter durch wiederkehrende Gespräche rund um das Thema «Stress und wie man damit umgehen kann» doch sensibilisiert und lernt dabei, ihr Leben und ihren Alltag so zu planen, dass es Zeiten der Anstrengung und Anspannung gibt, aber auch immer Zeiten der Ruhe und Entspannung.

Vielleicht ist es für Sie interessant, bei dieser Gelegenheit darüber nachzudenken, wie Sie selbst mit Stress umgehen: Wie groß ist Ihr Stress im Alltag? Welches sind Ihrer Meinung nach die wichtigsten Auslöser? Und was tun Sie, um Stress abzubauen und bewusst zu entspannen? Vielleicht nehmen Sie Ihr eigenes Stress-Bewältigungs-Verhalten einfach mal unter die Lupe! Hören Sie gern Musik zum Abschalten? Gehen Sie an die frische Luft? Treiben Sie Sport? Oder kennen Sie eine schöne Entspannungsmethode wie autogenes Training? Gibt es in Ihrem Haushalt vielleicht sogar Entspannungs-CDs? Hand aufs Herz: Können Sie ein Vorbild für Ihre Tochter sein, oder leben Sie ihr im Moment eher vor, wie man es eigentlich nicht machen sollte?

Mit Gefühlen umgehen

Die Entwicklung einer differenzierten inneren Gefühlswelt kostet pubertierende Mädchen viel Kraft. Der Weg von der kindlichen zur erwachsenen Erlebniswelt startet häufig mit Launen und Stimmungsschwankungen, die durch die Pubertätshormone ausgelöst werden und die sich die Mädchen oft selbst nicht erklären können. Sich plötzlich den eigenen Gefühlen so ausgeliefert zu fühlen, das kann ziemlich verunsichern.

Andererseits bildet sich mit dem Abschied vom Kindsein zunehmend eine erwachsene Wahrnehmung heraus, welche die Einordnung von Gefühlen und das Nachdenken darüber überhaupt erst ermöglicht. Kinder reflektieren ihre Gefühle nämlich noch nicht, sie leben vollkommen unbedarft im Hier und Jetzt, und es ist ihnen egal, was andere Leute über sie denken.

Mit der Pubertät entsteht zum ersten Mal so etwas wie ein «vorerwachsenes» Bewusstsein. Es zeichnet sich dadurch aus, dass die Jugendlichen beginnen, ihre Gefühle, Gedanken oder Handlungen zu betrachten. Sie spiegeln sich sozusagen selbst ihr Inneres, indem sie eine Beziehung zu der eigenen Gefühls- und Erlebniswelt aufbauen und sich dadurch mit sich selbst beschäftigen und auseinandersetzen. Ein nicht unkomplizierter Prozess, an den man sich auch erst gewöhnen muss, wenn man bis dato als kleines Mädchen unbesorgt und gedankenverloren in den Tag hinein gelebt hat.

Diese Spiegelungsprozesse eigener Gedanken, Gefühle und Pläne brauchen Zeit und Aufmerksamkeit, ebenfalls ein Grund, warum Jugendliche oft sehr auf sich selbst konzentriert sind. Gerade zu Anfang kann es sein, dass manche Gefühle dadurch verstärkt werden, vor allem, wenn es neue und noch ungewohnte Gefühle wie Einsamkeit, Verliebtsein oder Liebeskummer sind.

Dass pubertierende Mädchen sich oft stundenlang in ihr Zimmer zurückziehen, tagträumen und dabei Musik hören, könnte ebenfalls mit ihrer (sich mehr und mehr entwickelnden) Gefühlswelt zusammenhängen. Wissenschaftler haben herausgefunden, dass es eine direkte Verbindung zwischen dem Hörnerv und unserem Gefühlszentrum, dem limbischen System, gibt. Sich mit Hilfe der zur Stimmung passenden Musik den eigenen Gefühlen hinzugeben hilft, sie intensiver und klarer zu fühlen, besser zu verstehen und damit auch einordnen zu können. Dabei scheinen es vor allem die Stimmungstiefs und eher negativen Gefühle zu sein, welche die Jugendlichen beschäftigen und auch faszinieren.

In einer interessanten Studie haben Wissenschaftler des Berliner Max-Planck-Instituts für Bildungsforschung unlängst entdeckt, dass sich Jugendliche im Vergleich zu Erwachsenen nicht nur häufiger in einem Stimmungstief befinden, sondern dass sie auch eine Tendenz haben, negative Gefühle länger zu erhalten oder sogar zu verstärken. Für die Studie wurden 378 Teilnehmer von 14 bis 86 Jahren mit Mobiltelefonen ausgestattet, die sie im Alltag immer bei sich tragen sollten. Während des dreiwöchigen

Untersuchungszeitraums wurden sie insgesamt 54-mal angerufen, um spontan Fragen zu ihrer Stimmung zu beantworten. In
der Altersgruppe der 14- bis 18-Jährigen gaben diese in etwa einem Viertel der abgefragten Situationen an, ihre negativen Gefühle erhalten oder verstärken zu wollen. Die über 60-Jährigen
dagegen berichteten Ähnliches nur in etwa jeder 10. abgefragten
Situation. Hinter dem jugendlichen Verhalten vermuten die Forscher ebenfalls eine Abgrenzung gegenüber der Erwachsenenwelt, in der es ja sehr viel häufiger darum geht, vor allem in der
Freizeit positive Gefühle zu erleben und zu verstärken. Daran
nicht teilzuhaben, ist auch eine Möglichkeit, emotionale Unabhängigkeit zu erleben.

Die Pubertät setzt sehr widersprüchliche Gefühle frei, und
viele davon, zum Beispiel Wut und Ärger über elterliche Verbote
oder Grenzen, lassen sich tatsächlich besser ertragen, wenn man
sich von den Erwachsenen, die diese Gefühle auslösen, abgrenzt.

Ich bin ich!
Mädchen auf der Suche nach sich selbst

«Ihr könnt nicht über mich bestimmen!», «Das will ich allein entscheiden», «Ist mir egal, was ihr sagt!» Als Mutter oder Vater ist
man manchmal verblüfft, in welchen scheinbar harmlosen Situationen uns Jugendliche mit totaler Abgrenzung konfrontieren
können. Da wollte man eigentlich nur fragen, ob die Tochter wie
jedes Jahr mit zum Osterfeuer kommt, schon wird einem das
Selbstbestimmungsrecht um die Ohren gehauen. Regt man an,
mal über die Ferienplanung im Sommer zu sprechen, kommt
gleich die Ansage, dass Tochter dieses Jahr allein entscheidet, wo

es hingeht. Und der sachliche Hinweis, dass Tattoos ein Leben lang halten, wird mit einem schnippischen «Egal, was ihr sagt, mache ich trotzdem» quittiert.

Was soll man dazu sagen? Häufig ist man zunächst irritiert und ratlos, manchmal aber auch persönlich verletzt oder wütend. Oft hilft es in so einer Situation schon, wenn man weiß, aus welcher Richtung bei allen diesen Verhaltensweisen der Wind weht, nämlich aus der Richtung «Ich bin ich!». Doch bis ein Mädchen das wirklich selbstbewusst und überzeugt von sich sagen kann, braucht es Zeit. Das kindliche Ich muss sich auf die Suche nach dem erwachsenen Ich machen und dabei möglichst viele verschiedene Erfahrungen sammeln. Um die eigenen Bedürfnisse und Fähigkeiten besser kennenzulernen, um ein Gefühl für die persönlichen Stärken und Schwächen zu bekommen, braucht es nicht nur gute, sondern auch schlechte Erfahrungen. Denn nur mit einem umfangreichen eigenen Erfahrungsschatz können Heranwachsende sich selbst und ihr Selbst gut kennenlernen, um sich als Erwachsene je nach Situation angemessen und passend verhalten zu können. Klingt kompliziert? Ist es auch!

Zwischen Schule und Casting-Shows

Für pubertierende Mädchen ist es ja oft schon eine riesige Herausforderung, morgens das richtige Outfit für die Schule zu finden oder sich für das passende Make-up zu entscheiden, um ihrem Ich den Ausdruck zu verleihen, mit dem sie sich einigermaßen sicher fühlen. Wie oft muss man mit der Freundin oder Mutter shoppen gehen und wie viele Jeans oder Bikinis müssen anprobiert werden, bis man endlich die Teile findet, in denen man sich trotz der neuen, weiblichen Rundungen wohl fühlt? Und dann stelle man sich noch den ganz normalen Alltag mit seinen vielen Verhaltens- und Ausdrucksmöglichkeiten vor, warum sollte gerade der in dieser Such- und Aufbruchphase vollkommen unkompliziert ablaufen?

Für pubertierende Mädchen spielen Aussehen, Attraktivität und Ausstrahlung eine unglaublich wichtige Rolle. Sie wachsen in eine Gesellschaft hinein, die es ihnen nicht anders vormacht. Selbst-Darstellung und Selbst-Inszenierung sind die großen Themen in den Medien, der Politik und nicht zuletzt in den verschiedenen Nachmittags-TV-Programmen, die von vielen Jugendlichen mit Begeisterung verfolgt werden. Models und Popstars sind erfolgreich, begehrenswert und sexy. Gibt es auch noch andere Vorbilder? Und falls ja, wo?

Auch deshalb sind Mutter und Vater als kluge und weitsichtige Begleiter in der Pubertät gefragt. Sie sind es, die ihren Töchtern einen anderen Blick auf das Leben ermöglichen können. Auf ein Leben ohne Super-Stars und Super-Models, mit realen Rollenvorbildern und Herausforderungen, die nicht nur darin bestehen, auf hochhackigen Pumps über einen wackeligen Steg zu balancieren oder sich mit einer Spinne fotografieren zu lassen.

«ICH BIN ICH! ABER: BIN ICH SCHÖN?»

Was Körper und Aussehen mit der Suche nach sich selbst zu tun haben

Die beliebtesten Zeitschriften von Mädchen sind Bravo (bei den 10- bis 16-Jährigen) und Glamour (bei den 17- bis 19-Jährigen), die beliebtesten Dinge zum Angeben Klamotten, Handys und Accessoires, und das beliebteste Idol von Mädchen aller Altersgruppen zwischen 10 und 19 Jahren ist Heidi Klum, Top-Model und Aushängeschild der Casting-Show «Germany's next Topmodel».

Jede Show verfolgen Millionen von Zuschauern, darunter mehr als 62 Prozent der Heranwachsenden zwischen 12 und 17 Jahren. Viele junge Mädchen werden davon nicht unbeeinflusst bleiben, vor allem, wenn sie noch jünger als 15 oder 16 Jahre sind. Es sind verschiedene Ebenen, die Eltern dabei im Blick haben sollten, um gegebenenfalls korrigierend und ihre Tochter unterstützend eingreifen zu können:

1. Casting-Shows beeinflussen das Körperbild von Jugendlichen. Insbesondere viele Mädchen und junge Frauen, die derartige Shows verfolgen, sind unzufrieden mit ihrem eigenen Körper und empfinden sich selbst als zu dick. Das Problem dabei: Wenn Mädchen sich trotz normalen Gewichts als zu dick empfinden, sind sie anfälliger für eine Essstörung wie Anorexia nervosa oder Bulimia nervosa, warnt die Deutsche Gesellschaft für Psychosomatische Medizin und Ärztliche Psychotherapie (DGPM). Das Robert-Koch-Institut hat herausgefunden, dass heute bereits jedes 3. Mädchen zwischen 11 und 17 Jahren an einer Essstörung leidet.

Deshalb ist es so wichtig, dass Eltern ihre Töchter möglichst vielfältig bei der Entwicklung eines gesunden weiblichen Selbstbewusstseins unterstützen, indem sie sich erstens mit ihrer Tochter über geltende Schönheitsideale austauschen und zweitens dafür sorgen, dass es auch andere Gesprächsthemen gibt, die zeigen, dass Mädchen und junge Frauen so viel mehr sind und so viel mehr an Stärken zu bieten haben als ihr Äußeres.

2. In einer Studie des Internationalen Zentralinstituts für das Jugend- und Bildungsfernsehen (IZI) des Bayerischen Rundfunks wurden Mädchen, die regelmäßig «Germany's next

Topmodel» sahen, zu verschiedenen Themen befragt. 73 Prozent der 9- bis 14-Jährigen waren dabei der Ansicht, dass die Sendung mit Heidi Klum zeigt, wie man sich verhalten muss, um erfolgreich zu sein. Und wie lautet die große Botschaft aller Casting-Shows? Anpassen ist angesagt, denn wer nicht auf die Ansagen und Vorgaben der Jury hört, muss gehen, egal, wie beschämend, erniedrigend oder beängstigend die Aufgaben auch sein mögen.

Auch hier können Eltern den Austausch und die Diskussion mit ihrer Tochter suchen, indem sie zum Beispiel fragen, wie sie die Aufgaben (auch Challenges oder Herausforderung genannt) findet, welche Aufgaben sie sich vielleicht ausdenken würde, und natürlich auch darüber, wer sich die Drehbücher für die Casting-Shows ausdenkt (es wird ja nicht einfach nur gezeigt, was passiert), wer entscheidet, wie das Filmmaterial geschnitten wird oder warum in jeder Sendung mindestens einmal so etwas wie Zickenalarm veranstaltet wird (damit es spannend und unterhaltsam ist und man als Zuschauer etwas zum Lästern hat ...).

Hier sind noch ein paar Gedanken und Fakten für Eltern, um ein wertschätzendes und weniger medien- und konsumorientiertes Gespräch über Aussehen, Attraktivität und Ausstrahlung führen zu können:

• Heute wird fast jedes Foto von Models, Stars oder Promis vor der Veröffentlichung mit Photoshop oder ähnlichen Programmen bearbeitet. Und so strahlen einem überall perfekte Schönheits-Ideale entgegen, ohne Pickel oder Hautunreinheiten, ohne Fettpölsterchen an Hüften und Oberschenkeln, dafür gern mit einem Busen, der noch ein bisschen größer ist als auf dem Ursprungsfoto.

- Es braucht nur ein paar Klicks von einem gewieften Profi, und schon werden aus mal mehr, mal weniger gut aussehenden Menschen strahlende, extrem attraktive Ikonen.
- Was alles mit Photoshop geht: Man kann eine virtuelle Diät machen und ist plötzlich viel dünner als auf dem Foto; Augen werden größer und strahlender, Zähne weißer, Wimpern dichter; man kann mit Photoshop sogar ein Sixpack auf einen weichen kugelrunden Babybauch zaubern.
- Eigentlich weiß das jeder, und trotzdem vergleicht man sich mit den Fotos der digitalen Schönheiten.
- In der Pubertät entwickelt sich der mädchenhafte Körper nach einem genetischen Programm, das da lautet: Weiblicher und runder werden! Mädchen bekommen ihre Regelblutung sogar erst dann, wenn der Körperfettanteil etwa ein Fünftel des Gewichts ausmacht. Es ist überhaupt keine gute Idee, in dieser Zeit schon an Diäten zu denken!
- Models sind auch nicht perfekt! Viele würde man ungeschminkt auf der Straße gar nicht erkennen, weil sie im echten Leben ganz anders aussehen als auf Fotos. In Wirklichkeit sind Mädchen- und Frauengesichter und -körper nie so makellos.
- Und das ist gut so. Denn: Die meisten Jungs und Männer betrachten Mädchen und Frauen sowieso mit eigenen Augen. Da gibt es das Sprichwort: Schönheit entsteht im Auge des Betrachters, und oft sind es gerade die kleinen Schönheitsfehler, in die sich Jungen oder Männer verlieben.
- Schönheit ist also viel mehr und viel umfassender, als der kleine digitale oder mediale Ausschnitt, den Models präsentieren.
- Dazu kommt: In Casting-Shows werden Mädchen und ihr Körper ständig und gnadenlos bewertet, was die Models und alle jugendlichen Zuschauerinnen total unter Druck setzt.

Dabei gibt so viele verschiedene Eigenschaften und Dinge, die ein tolles und attraktives Mädchen ausmachen, nicht nur ihr Aussehen und ihren Körper.

Machtkämpfe: «Mal gucken, wer hier stärker ist!»

Zur Selbstfindung Ihrer Tochter gehört es auch, dass Sie als Eltern in verschiedene Machtkämpfe verstrickt werden, frei nach dem Motto: «Wollen wir doch mal sehen, wer hier die Schönere, Frechere, Klügere oder Stärkere ist!» Machtkämpfe entspringen dem jugendlichen Bedürfnis, als Erwachsene ernst genommen und respektiert zu werden. Mädchen, die rebellieren, haben meist gerade für sich entdeckt, dass sie mit ihrem wachsenden Ich gleichwertig sind. Sie nehmen sich selbst bereits als Erwachsene wahr, auch wenn Eltern das oft noch anders sehen. Und so kommt es dann zum Beispiel zu Auseinandersetzungen darüber, warum man mit 13,5 Jahren nicht selbst entscheiden kann, wann man mitten in der Woche ins Bett geht und das Licht ausmacht.

Tochter: «Ich sage euch ja auch nicht, wann ihr das Licht ausmachen sollt. Also, was wollt ihr von mir?»

Mutter: «Wir wollen, dass du ausgeruht in die Schule gehst, es ist schließlich nicht Wochenende.»

Tochter: «Die ersten beiden Stunden habe ich sowieso nur Sport, da kann ich mich auch auf die Bank setzen!»

Vater: «Eben das wollen wir ja gerade verhindern.»

Tochter: «Ha, als ob ihr noch kontrollieren könnt, was ich in der Schule mache.»

Vater: «Kontrollieren können wir das natürlich nicht, aber wir sind dafür verantwortlich, dass du wach genug bist, um am Unterricht teilzunehmen.»

Tochter: «Das ist unnötig. Ihr nervt! Ich bin doch kein Baby mehr.»

Mutter: «Jetzt wird jedenfalls der Computer heruntergefahren und das Licht ausgemacht. Lass uns am Wochenende in Ruhe über die Zeiten sprechen. Du hast ja recht, du bist schon ziemlich erwachsen, aber trotzdem tragen wir noch die Verantwortung dafür, dass du pünktlich und ausgeschlafen zur Schule gehst.»

So oder ähnlich verläuft eine Diskussion, die Eltern in einer bestimmten Phase der Pubertät gebetsmühlenartig in verschiedenen Variationen immer wieder neu führen müssen. Für die Beziehung zwischen Eltern und Töchtern ist es hilfreich, wenn solche Machtkämpfe und Konflikte offen ausgetragen werden. Mädchen, die sich ungerecht und nicht altersgemäß behandelt fühlen, sollen ruhig lernen, ihre Wut zu spüren und auszudrücken, statt sich wie ein braves Mädchen dem Schicksal zu fügen. Die pädagogische Erfahrung zeigt: Je offener Machtkämpfe ausgetragen werden, desto besser können beide Seiten anschließend aufeinander zugehen und Kompromisse schließen. Auch wenn man vielleicht nicht immer und für alles eine Lösung findet, so ist es in der Pubertät doch ein Zeichen gegenseitigen Respekts, den Kampf aufzunehmen. Kaum etwas kann die Entwicklung eines starken und gesunden Ichs mehr behindern als die jugendliche Not, negative Empfindungen wie Wut, Kränkung oder Enttäuschung in sich hineinzufressen, entweder, weil die Eltern als so übermächtig erlebt werden, dass man sowieso keine Chance hat oder umgekehrt, weil die Eltern als so schwach erlebt werden, dass sie einen Kampf gar nicht durchstehen würden, und man sie deshalb schützen muss.

« Ich widerspreche, also bin ich! »

Manchmal kann es sein, dass die jugendlichen Machtkämpfe sich verselbständigen. Dann führen sie ein nerviges Eigenleben mit einem einzigen Ziel: Die elterliche Autorität soll in Frage gestellt werden. Dann wird die Küche im Chaos verlassen, gerade weil Sie darum gebeten hatten, doch bitte nach dem Kochen alles wieder an seinen Platz zu räumen. Und man kommt von der Party erst mitten in der Nacht heim, gerade *weil* Sie angeordnet hatten, dass es um 24 Uhr allerhöchste Zeit ist, heimzukommen. Hier geht es vor allem ums Prinzip: Die Mädchen kämpfen um des Kämpfens willen. Sie widersprechen um des Widersprechens willen. Und sie trotzen um des Trotzes willen. Auch in dieser Haltung liegt eine große innere Widersprüchlichkeit, die sinngemäß lautet: «Ich würde mich ja wirklich gerne vernünftig und erwachsen verhalten, aber nur dann, wenn das Ganze von mir ausgeht …» Sobald man dagegen das Gefühl hat, die Eltern wollten sich in das eigene erwachsene Selbst-Management einmischen, werden alle internen Schalter auf «zickig» oder «stur» gestellt. So gesehen ist es normal, dass Jugendliche bewusst versuchen, Regeln zu umgehen und Grenzen zu verletzen, wobei die Intensität, mit der das geschieht, individuell verschieden ist.

Nieder mit dem Königspaar, hoch lebe die Prinzessin!

Wer rebelliert, steht zu seinen Unabhängigkeitswünschen und fühlt sich gleichwertig. Wer den Mut aufbringt, Grenzen zu übertreten und die Macht derjenigen in Frage zu stellen, welche die Grenzen definieren, ist im Begriff, das Gefühl von kindlicher Abhängigkeit zu überwinden. Bevor Ihnen die Tochter aber auf Augenhöhe begegnen kann, schießt sie bestimmt nicht nur einmal übers Ziel hinaus. Denn Sie müssen dazu entmachtet werden, Sie sollen herabsteigen von Ihrem Thron, König oder Königin haben ausgedient: «Ich bin ich! Hoch lebe die Prinzessin!» Und die denkt nicht im Traum daran, um 22 Uhr zu Hause zu sein, denn die Zeit ist nicht von ihr bestimmt. Sie kommt, wann sie will. Und wenn König und Königin darunter leiden, umso besser! Dann zeigt sich wenigstens, wer wirklich das Zepter in der Hand hat.

Mädchen, die sich bestimmten Regeln und Geboten widersetzen, gehen in eine emotionale Distanz zu den Eltern. Dies ist ein wichtiger Schritt in der Entwicklung und Entdeckung des eigenen Selbst und damit verbundenen Selbstbewusstseins. Die emotionale Distanz erleichtert und beschleunigt den Prozess der Ablösung. Manchmal sind diese belastenden Machtkämpfe für den pubertären Prozess nötig und befreiend.

So wichtig es für das Selbstwertgefühl der Mädchen ist, Machtkämpfe auszufechten, so notwendig ist es für Sie als Eltern, einen klaren Kopf zu behalten. Machtkämpfe zwischen Eltern und pubertierenden Töchtern eskalieren häufig, weil Eltern diese Kämpfe persönlich nehmen. Sie sehen sich in ihrer Würde und Autorität angegriffen, fühlen sich hilflos und fangen an, an ihren Fähigkeiten als Mutter oder Vater zu zweifeln. Tun Sie das nicht, sondern behalten Sie im Blick, worum es bei diesen Machtkämpfen geht. Sie sind ein Teil des pubertären «Ich bin Ich!»-Prozesses und haben mit Ihnen persönlich nicht wirklich etwas zu tun, sondern es geht vor allem darum, Sie in Ihrer Funktion als Eltern zu entmachten.

Die oft heftigen Gefühlsbäder und Machtkämpfe sind ein wichtiger Teil der pubertären Entwicklung und für Ihre Tochter nur in der Auseinandersetzung mit Ihnen als Eltern erfahrbar. Mit anderen Worten: Tun Sie Ihr den Gefallen und lassen Sie sich auf die Kämpfe ein, möglichst, ohne diese ganze Angelegenheit zu persönlich zu nehmen.

Die stille Seite der Ich-Suche

Neben der kämpferischen Haltung erzeugt die Pubertät manchmal auch Gefühle von Unsicherheit, Angst, Minderwertigkeit und Verzweiflung. Verloren zwischen Kindsein und Frauwerden fühlen sich viele Mädchen ungeliebt und einsam, ziehen sich deshalb zurück und hören stundenlang Musik oder schreiben ihre düsteren, verzweifelten Gedanken in ein Tagebuch. Sie haben zu gar nichts Lust, fühlen sich klein und hässlich und wollen am liebsten immer nur fernsehen oder schlafen. Das lenkt ab von der Furcht, in der Schule, in der Clique oder in Beziehungen zu versagen. Manche Mädchen leiden vielleicht auch unter Unwohlsein, Bauchschmerzen, Schlafstörungen oder Muskelverspannungen im Nacken und Rücken. In ihrer Unsicherheit sind sie jetzt oft sehr verletzbar, werten jede noch so harmlos gemeinte Bemerkung als Attacke gegen die eigene Person.

Und wie schnell fühlt sich ein pubertierendes Mädchen von seinen Freundinnen, Lehrern oder Eltern angegriffen. In solchen Phasen sind elterliche Sensibilität und Wertschätzung besonders gefragt. Als Tochter ist es niederschmetternd, wenn man gerade «schlecht drauf» ist, sich dennoch aufrafft, einen Wunsch zu formulieren und dann mit einem elterlichen «Nein, das geht auf gar keinen Fall!» oder «Räum du erst mal dein Zimmer auf!» abgeschmettert wird. Oder wenn man morgens beim Verlassen der Wohnung mit hängenden Schultern auch noch ein «... und wie siehst du überhaupt aus ...?!» hinterhergeworfen bekommt.

Stress mit dem eigenen Aussehen, Zickenalarm in der Schule oder dramatischer Liebeskummer können pubertierenden Mädchen das Leben manchmal sehr schwer machen, sodass sie sich zurückziehen, um neue Kraft und ein neues Selbstbewusstsein zu sammeln. Falls sich Ihre Tochter in so einer Situation im Ton vergreift, seien Sie nicht beleidigt. Es ist zwar verlockend, aber trotzdem keine gute Idee, mit scharfer Zunge zu kontern. Hilfreicher ist, wenn Sie es schaffen, ruhig und souverän zu bleiben und sich nicht angegriffen zu fühlen. Machen Sie sich auch darauf gefasst, dass Phasen der Rebellion immer wieder mit Phasen der Depression abwechseln können. Gerade noch war Ihre Tochter so selbstbewusst und großartig, und nur kurze Zeit später ist sie wieder in ein seelisches Stimmungstief gerutscht.

Noch einmal klein sein dürfen, warum eigentlich nicht?

Wenn ein Mädchen mit hängenden Schultern und Schmollmund durch die Wohnung läuft und tagelang einfach nur herumhängt, dann leidet auch das Familienklima. Viele Mütter oder Väter reagieren gereizt, wenn sie nach einem anstrengenden Arbeitstag nach Hause kommen und ihre Tochter schon wieder auf dem Sofa vor dem Fernseher sitzt. Eltern an Tochter: «Hallo?! Hausaufgaben? Mit Freunden treffen? Auch mal was im Haushalt tun, wenn du schon sonst nichts machst?» Oft kommt in so einer Situation Stress auf. Man ist genervt, selbst müde und kaputt und dann auch noch Madame, die nichts Besseres zu tun hat, als den ganzen Tag eine TV-Serie nach der anderen zu schauen. Dass hinter der Fassade des jugendlichen Nichtstuns auch Einsamkeit, Minderwertigkeitsgefühle und Hilflosigkeit stecken können, verändert die Begegnung. Wer sich gerade klein und schüchtern fühlt, möchte unter Umständen einfach nur in den Arm genommen werden oder von den Eltern ein beruhigendes «Es ist alles in Ordnung» und «morgen ist ein neuer Tag» hören.

Die Wechselbäder zwischen Kleinsein und herausfordernden Machtkämpfen bekommen auch Eltern deutlich zu spüren. Mit einer grundsätzlichen Wertschätzung der schwierigen pubertären Ich-Suche können Sie sich folgende Fragen stellen:

- Wer steht da eigentlich gerade vor mir/uns?
- In welcher gefühlsmäßigen Verfassung?
- Mit welchem berechtigten (oder auch unberechtigten) Anliegen/Wunsch/Bedürfnis?

Wer bin ich? Was kann ich? Und wo sind meine Grenzen?

Der Psychoanalytiker Erik H. Erikson hat die Ich-Suche in der Pubertät als einen Prozess beschrieben, der sich zwischen zwei Polen bewegt: der Ich-Identität und der Identitäts-Diffusion. Ich-Identität heißt, ein Gefühl für sich selbst gefunden zu haben, sich seines inneren Kapitals mit allen Stärken und Schwächen bewusst zu sein, eine Vorstellung davon zu haben, wie man später einmal leben möchte. Identitäts-Diffusion dagegen beschreibt einen gegensätzlichen Zustand, in dem das Gefühl für sich selbst noch unbestimmt und schwammig ist. Man kann das Selbst noch nicht greifen, hat noch kein Bild davon, wie das Leben als erwachsene Frau ohne Mutter oder Vater aussehen könnte, eine Diffusion fühlt sich so an, als würde man den Boden unter den Füßen verlieren.

Die meisten Mädchen ahnen, vor welchen Herausforderungen sie stehen: Frauen heutzutage sollen gut und sexy aussehen, beruflich erfolgreich sein, sich durchsetzen können, einen attraktiven Partner und süße Kinder haben. Aber alles das kann in unerreichbare Ferne rücken, wenn man sich selbst noch wie ein kleines und hässliches Entlein fühlt, Probleme in der Schule hat, zu Hause ständig angemeckert wird und obendrein Angst davor hat, wie es nach der Schule weitergehen soll.

Um sich vor der eigenen Orientierungslosigkeit zu schützen, schaffen sich manche Mädchen eine eigene Moral, die mitunter recht rigide sein kann. Sie glauben ganz genau zu wissen, was rich-

tig und was falsch ist, und stellen die Eltern damit oft vor ein großes Rätsel. Ob mit harschen Urteilen über Aussehen und Attraktivität, dezidierten Vorstellungen zur Treue oder dem Vertreten
einer schonungslosen Ehrlichkeit: Mit solchen Haltungen, die vor
allem progressiv denkenden Eltern oft sehr streng und unflexibel
erscheinen, schützen sich Heranwachsende vor Orientierungslosigkeit. Und sie schaffen sich einen Rahmen, in dem Beziehungen
funktionieren können, denn die jugendliche Strenge bewahrt vor
der Wucht der Gefühle und der Verwirrung, die sie stiften können.

Dafür ? Dagegen ? Hauptsache: unabhängig !

Viele Jugendliche grenzen sich mit bestimmten Anti-Haltungen
deutlich von ihren Eltern und den gesellschaftlichen Bedingungen ab, indem sie kritische Fragen stellen: Ist es moralisch ver-
tretbar, dass wir im Luxus leben, während woanders auf der Welt
die Menschen an Hunger leiden? Will ich später in einer Gesellschaft leben, in der Leistungsdruck, Geiz und Gier im Vordergrund stehen? Muss ich mich als Frau dem Diktat der Mode und
Schönheit unterwerfen, um geliebt zu werden?

Dabei kann es durchaus sein, dass Ihre Tochter Ihr Leben in
Teilen oder vollständig hinterfragt, um dann zu dem Schluss zu
kommen: «Ich bin ich! Und ich werde später alles anders machen
als ihr!» Mit klaren Anti-Haltungen entwickeln Jugendliche ein
Gefühl für ihre eigene Autonomie, Pauline trägt ihre Haare pink
und bewusst zottelig, weil Mutters Bob so chic und trendy geschnitten ist. Zoe verachtet jede Art von Sport oder zu viel Bewe-
gung, weil ihr Vater so vehement auf dem Fitnesstrip ist. Und wie
viel cooler sind doch die Klamotten von Marlene, die sie auf dem
Flohmarkt gefunden hat, verglichen mit den klassisch langweiligen Markenklamotten ihrer Eltern?

Sie wissen ja: Über Geschmack lässt sich trefflich streiten, also nehmen Sie die töchterliche Abgrenzung, falls Sie damit gerade konfrontiert sind, nicht persönlich. Gönnen Sie Ihrer Tochter einen eigenen Geschmack und eine eigene Meinung. Es ist gut, wenn sie sich darin übt, denn in gar nicht allzu langer Zeit (spätestens mit 18 Jahren) wird sie sowieso nur noch tragen, sagen, tun und lassen, was sie will!

Vertrauen schafft Selbst-Vertrauen

Machtkämpfe, Widerspruch um des Widerspruchs willen, Abgrenzungsprozesse und Konflikte sind typische und belastende Themen in der Beziehung von jugendlichen Töchtern zu ihren Eltern. Bei allen diesen pubertären Auseinandersetzungen ist es für Sie als Eltern und ebenso für Ihre Tochter wichtig und hilfreich, die positiven Aspekte der Ich-Suche zu würdigen. Machen Sie sich klar und erkennen Sie an, was Ihre Tochter in dieser intensiven Entwicklungsphase erlebt, fühlt, leistet und bewältigt. Schauen und hören Sie genauer hin, dann können Sie bestimmt viele Eigenschaften und Fähigkeiten entdecken, die Ihre Tochter unabhängig und selbstbewusst werden lassen. Ja, sie ist vielleicht gerade sehr stur und aufmüpfig, und sie hat sich damit einen Platz als Klassensprecherin erobert. Sie verschwindet jeden Tag stundenlang im Bad, und sie ist auch wirklich attraktiv, wenn sie morgens das Haus verlässt. Sie hat plötzlich keine Lust mehr, im Sommer mit der Familie an die Nordsee zu fahren, und sie hat einen tollen Plan, wie sie stattdessen die Ferien verbringen will.

Vielleicht machen Sie sich, wenn Sie das nächste Mal wütend oder genervt vom Verhalten Ihrer Tochter sind, Ihre eigenen Gefühle klar. Und natürlich verdienen auch Sie als Eltern Anerkennung, was Sie in dieser Phase im Zusammenleben mit Ihrer Tochter alles dazulernen, erleben, fühlen, leisten und bewältigen.

Möglicherweise denken Sie darüber nach, was die Ich-Suche für Sie als Eltern bedeutet und wie Sie Ihre Tochter bestmöglich dabei unterstützen können. Hier sind ein paar Fragen, die in diesem Zusammenhang nachdenkenswert sind:

- Trauen Sie Ihrer Tochter zu, dass sie ihre Suche erfolgreich und gut bewältigt?
- Finden Sie, dass man als Heranwachsende von Anfang an alles richtig machen muss?
- Glauben Sie, dass Ihre Tochter aus Fehlern oder Fehleinschätzungen lernen kann?
- Wissen Sie auf Anhieb drei Dinge, die Sie an Ihrer Tochter nerven?
- Fallen Ihnen ebenso schnell fünf Dinge ein, die Sie an Ihrer Tochter gut oder toll finden?

Für Ihre Tochter ist es bei aller Abgrenzung wichtig, sich grundsätzlich von den Eltern ernst genommen und angenommen zu fühlen. Denn das elterliche Vertrauen in die eigene Tochter ist eine fundamentale Grundlage für das Selbstvertrauen, das jedes Mädchen in der Pubertät schrittweise ansammelt. Kinder und Heranwachsende spüren intuitiv, was ihnen Mutter und Vater zutrauen und was nicht. Um sich möglichst stark und mutig auf die Suche nach dem eigenen Ich begeben zu können, brauchen Töchter vor allem das elterliche Zutrauen, das schaffen zu können. Dieses positive Grundgefühl bei Streit nicht aus den Augen zu verlieren, das ist die neue Herausforderung für Eltern in dieser Phase.

Souverän unterwegs
Freundinnen und Mädchen-Cliquen

Soziales Verhalten und soziale Rollen üben Jugendliche vor allem mit Gleichaltrigen. Das heißt, sie orientieren sich während der Entwicklung ihres Sozialverhaltens in der Pubertät eher an Mädchen und Jungen ähnlichen Alters (der sogenannten Peergroup) als an den eigenen Eltern. Die Clique übernimmt also wichtige Sozialisationsfunktionen, und häufig dient sie auch der Emanzipation der Tochter von Mutter und Vater.

Wenn man sich das Elternhaus als Fitnessraum vorstellt, in dem Mädchen üben, sich selbst zu behaupten, Gefühle auszudrücken, Verhaltensweisen und Grenzen zu erleben, dann bieten Cliquen das Spielfeld unter freiem Himmel, auf dem es noch einmal vollkommen anders möglich ist, sich selbst auszuprobieren und den Umgang mit anderen Menschen zu lernen. So können Mädchen sich in einer Art jugendlichem Schonraum auf das Erwachsensein vorbereiten.

Warum gute Freundinnen und Cliquen so wichtig sind

Allein Shoppen gehen? Macht keinen Spaß. Ohne Freundin ins Kino? Macht auch keinen Spaß. Ganz klar: Ohne soziale Kontakte, ohne Freundin wäre das Leben als Teenager öde. Es tut einfach gut, nicht allein zu sein. Man kann zusammen Musik hören. Über alles Mögliche reden. Gemeinsam mit dem Fahrrad zur Schule fahren. Die langweilige Philosophie-Stunde überstehen.

Und mit der Clique unterwegs sein oder feiern? Vervielfacht das gute Gefühl und den Spaß! Wissen, dass die anderen ähnlich ticken wie man selbst, das verleiht Selbstbewusstsein. Auch Jugendliche sind soziale Wesen und finden ihre Identität in Gruppen, zunächst als Kind in der eigenen Familie, dann unter Gleichaltrigen. Eine Clique zu haben ist also so ziemlich das Beste, was einem Mädchen passieren kann. Das Dazugehören hat nämlich etwas von Familie. Nur ist es viel cooler, weil man sich die Clique auch noch selbst aussuchen kann. Jugendliche tun sich genau wie alle anderen Menschen vor allem mit den Leuten zusammen, die sie toll finden und die ihnen selbst ähnlich sind. Oder mit Leuten, die sich, was auch sein kann, vollkommen anders verhalten. Das ist faszinierend.

Auch in Phasen, in denen Jugendliche Probleme haben, übernimmt die Clique eine wichtige Funktion. Sie ermöglicht den Austausch über Stress in der Schule, Kummer und Sorgen mit dem Freund, und sie gibt Rückhalt, wenn man plötzlich von heute auf morgen zu Hause alles in Frage stellt oder sich dort einfach nicht mehr wohl fühlt, zum Beispiel, weil man sich ständig mit den Eltern streitet oder weil sich die Eltern gerade getrennt haben und man darüber sehr unglücklich ist. Wenn man gerade nicht genau weiß, wo man hingehört oder wer man eigentlich ist, dann ist die Clique ein fester Ankerplatz. Die Unsicherheitsgefühle des eigenen Ichs werden durch das Wir in der Gruppe abgefedert, sie gibt Sicherheit und oft unterstützt sie auch durch Solidarität. In der Shell Jugendstudie (2010) gaben Jugendliche auch darüber Auskunft, was sie tun, wenn sie Schwierigkeiten oder große Probleme haben. Die überwiegende Mehrheit (79 Prozent) vertraut sich immer oder öfter einer Freundin oder einem Freund an, um das Problem gemeinsam zu lösen, weniger den eigenen Eltern.

Wie soziale Rollen funktionieren

Gleichzeitig erfordert eine Freundschaft oder das Dazugehören zu einer Gruppe oder Clique immer auch Anpassung. So, wie Kinder sich dem Leben und den Regeln in ihrer Familie anpassen, so müssen sich Jugendliche auch ein Stück weit ihrer Clique anpassen. Soziologen wissen, wie das funktioniert: Bestimmte Rollenzuweisungen, die man in der Familie und in den meisten Gruppen vorfindet, werden verinnerlicht, und dadurch wird das Anpassen leichter. Soziale Rollen bestehen aus einer Vielzahl von Erwartungen und Verhaltensvorschriften, die sich an alle Menschen in einer bestimmten sozialen Position richten. Sie schränken dadurch einerseits den individuellen Entfaltungsspielraum ein, vermitteln aber andererseits soziale Geborgenheit. In der Clique bedeutet das Übernehmen einer bestimmten Rolle mit all ihren Vor- und Nachteilen eine gute Vorbereitung auf das Erwachsensein. Wenn sich Cliquen neu bilden, gibt es eine Art Orientierungsphase, in der die gegenseitigen Erwartungen und Verhaltensmöglichkeiten getestet werden. Dann probieren die Mitglieder verschiedene Verhaltensweisen aus, schmieden Pläne, setzen sie vielleicht auch in die Tat um und schauen gemeinsam, was passiert. Dies ist ein großartiges Experimentierfeld für Mädchen und Jungen.

Gruppenzwang und Zickenalarm

Neben der Anpassung an die Clique üben Mädchen in gleichaltrigen Gruppen aber auch, sich gegenüber bestimmten Verhaltensweisen durchzusetzen oder abzugrenzen. So kann es zum Beispiel sein, dass plötzlich ein Mädchen aus der Clique Dinge vorschlägt oder tut, mit denen die anderen nicht einverstanden sind. Dann ist jeder in der Gruppe gefragt, eine eigene Meinung zu vertreten. Das erfordert je nach Situation mal mehr, mal weniger Mut und ist auf jeden Fall immer eine gute Übung. Mädchen lernen so, bestimmte Regeln oder Gesetze zu vertreten, sich als Mitglied in einer Gruppe zu positionieren und den Platz zu finden, auf dem sie sich wohl und sicher fühlen. Manche Mädchen-Cliquen haben sehr feste und strenge Regeln, andere sind eher lässig und entspannt. Und jedes Mädchen muss selbst herausfinden, wo und mit wem es sich wohl fühlt und wann eher nicht.

Vor allem in reinen Mädchengruppen werden die Heranwachsenden manchmal auch mit negativen Gefühlen wie Neid, Konkurrenz oder Eifersucht konfrontiert. Auch diese Erfahrungen sind wichtig, um erwachsen zu werden. Jedes Mädchen hat die Wahl zu entscheiden, wie es sich dazu verhalten will. Den Konflikt ansprechen? Ignorieren? Eine versöhnliche Lösung anstreben? Oder das Feuer erst recht anfachen? In der Clique kann man nicht nur selbst verschiedene Verhaltensweisen ausprobieren, sondern man kann auch die anderen beobachten und Möglichkeiten des Umgangs von ihnen abschauen.

Als Mutter oder Vater bekommen Sie vielleicht den einen oder anderen Zickenalarm oder die Auswirkungen von Gruppenzwang mit. Vielleicht erzählt Ihnen die Tochter manchmal sogar etwas von ihren Erfahrungen. Es gibt nicht so viel, was man als Erwachsener zu gruppen- oder cliqueninternen Konflikten und Querelen sagen kann. Meistens ist es als Mutter oder Vater klug, sich herauszuhalten und dafür zu plädieren, dass die Freundinnen gemeinsam eine Lösung für das Problem finden werden.

Wenn die Clique stresst, helfen manchmal Gespräche

Hier finden Sie einige grundsätzliche Gedanken und Verhaltensregeln, die Sie Ihrer Tochter nahelegen können, falls sie gerade Stress mit ihren Freundinnen oder der Clique hat:

- Auch wenn man zu einer Clique gehört: Man bleibt trotzdem ein Mensch mit einem freien Willen, der sich nicht dem Willen der Gruppe unterordnen muss. Wenn man also plötzlich zu bestimmten Dingen keine Lust mehr hat, hat man jederzeit das Recht, nein zu sagen.
- Manchmal muss man vielleicht damit leben, dass andere einen als Spielverderberin hinstellen. Aber lieber das, als unter Zwang etwas zu tun, was man eigentlich nicht will.
- Klauen? Kiffen? Trinken? Wenn das in der Clique ein Thema ist, muss man sich entscheiden, wie man dazu steht, und entsprechend handeln. Bei allem, was man in einer Gruppe tut, sollte man sich genauso viele Gedanken über die Konsequenzen des eigenen Handelns machen, als wenn man allein handelt.
- Lästern über andere? In manchen Cliquen ein beliebter Sport. Aber gerade weil Mädchen in der Pubertät so verletzbar sind, sollten sie lieber zusammenhalten, statt über andere zu lästern oder sich gegenseitig schlechtzumachen. Zu bedenken ist auch: Will man wirklich zu einer Clique gehören, die ständig lästert?
- Style und Klamotten? In den meisten Cliquen wird viel Wert auf Äußerlichkeiten gelegt. Das ist Teil der Jugendkultur. Und man sucht sich ja meistens die Clique, die im Style zu einem passt. Aber manchmal wird man plötzlich komisch oder schief angeschaut. In solchen Momenten verhalten sich Cliquen auch nicht anders als die Eltern, nach dem Motto: «Also, wie du heute wieder aussiehst …» Jede sollte zu ihrem Style stehen. Er ist schließlich Ausdruck der Persönlichkeit und geht andere nichts an.
- Wenn Cliquen ihre Mitglieder missachten, mobben, unterdrücken oder ausnutzen, tut die Gemeinsamkeit nicht gut.

Anhaltspunkte dafür sind: Die anderen interessieren sich nicht für Ideen oder Probleme, sondern reagieren gleichgültig. Alle reden nur von sich oder über andere, bestimmte Mitglieder werden wie Luft behandelt, kommen nie zu Wort, werden lächerlich gemacht oder beschimpft. Versprechen werden nicht gehalten. Mitglieder werden angelogen, aggressiv behandelt, zu Dingen gedrängt oder gezwungen. In allen diesen Fällen sollte man das Verhalten in der Gruppe ansprechen und, wenn sich das Verhalten der anderen nicht ändert, die Clique verlassen. Denn: Neue Freunde findet man immer!

Beste Freundinnen, zusammen im Gefühlsbad

Eine Sonderrolle unter den Gleichaltrigen in der Pubertät nimmt die beste Freundin ein, die fast jedes Mädchen hat. Oder, wenn es sie nicht hat, oft schmerzlich vermisst. Die beste Freundin ist in der Vorpubertät und Pubertät häufig der erste Mensch außerhalb der Familie, zu dem man eine gefühlsmäßig reflektierte und innige Beziehung eingeht. Beste Freundinnen hegen oft ähnlich intensive Gefühle füreinander wie frisch Verliebte: Sie wollen am liebsten jede freie Minute miteinander verbringen. Kaum haben sie sich voneinander verabschiedet, treffen sie sich am Telefon oder im Internet schon wieder. Sie übernachten beieinander, fahren zusammen in die Ferien, erleben alle Höhen und Tiefen des Lebens gemeinsam und sind immer füreinander da! Sie teilen ihre Lachanfälle ebenso wie ihre T-Shirts und Schminke und lassen nichts auf die andere kommen, sondern halten zu ihr, egal, was passiert.

Zusammen mit der besten Freundin sammeln Mädchen wichtige Erfahrungen im Mitteilen von Gefühlen und im Gestalten von zwischenmenschlichen Beziehungen. Sie lernen, was eine gute Freundschaft auszeichnet (zum Beispiel Vertrauen, Respekt und Humor) oder wie sich eine Freundschaft entwickelt (indem man ganz viel zusammen unternimmt und sich gegenseitig sehr viel voneinander erzählt, auch Geheimnisse). Sie stehen zusammen die ersten kleineren Streits oder auch größeren Konflikte durch und erleben, wie eine Freundschaft nach einem Streit noch inniger werden kann oder auch zerbricht.

Alle diese Erfahrungen sind eine gute Vorbereitung auf spätere Liebesbeziehungen, die ähnlich innig sind wie die Beziehung zur besten Freundin. Mit einem kleinen Unterschied: Die meisten Liebesbeziehungen haben auch eine sexuelle Komponente, welche die Beziehungsgestaltung noch einmal bereichert, aber auch komplizierter macht.

Pubertät 2.0
Mädchen im Internet und in sozialen Netzwerken

Das Internet und seine sozialen Netzwerke sind im Leben von Jugendlichen heute zwei unverrückbare Größen und stellen die Ausweitung von Freundschaft und Cliquen-Leben in zeitgemäßer Form dar. Soziale Netzwerke spielen eine zentrale Rolle in der Kommunikation zu Gleichaltrigen, Informations- und Impulsgeber und bieten gleichzeitig die Möglichkeit, sich selbst zu produzieren, zu inszenieren und zu zeigen. Soziale Netzwerke sind für die meisten Mädchen heute Kontaktbörse, Poesiealbum, Organisationshilfe, Kalender und Tagebuch in einem. Kreativ, praktisch, rund um die Uhr zugänglich, eine tolle Möglichkeit, die man einfach nutzen muss!

Und genau das tun Mädchen und Jungen ungefähr ab dem Alter von 10 Jahren, in einer Zeit, in der bei vielen Kindern bereits die Vorpubertät beginnt. 12- bis 19-jährige Jugendliche besuchen aktuellen Untersuchungen zufolge mindestens einmal pro Woche ein soziales Netzwerk, nur 12 Prozent aller Mädchen wollen damit gar nichts zu tun haben. Rund 113 Minuten verbringen Neuntklässlerinnen Medienforschern zufolge im Durchschnitt pro Tag mit Chatten im Internet, nur dem Fernsehen- und Filmegucken (DVD) widmen sie noch mehr Zeit (ca. 200 Minuten), wobei auch beides gern und mit großem Vergnügen gleichzeitig betrieben wird (so kommen die hohen Minutenzahlen zustande).

Nähe und Distanz bekommen eine neue Bedeutung

Wie spannend, plötzlich mit der ganzen Welt da draußen vernetzt zu sein. Nähe und Distanz bekommen im Internet eine vollkommen neue Bedeutung. Man kann in Echtzeit mit der Freundin um die Ecke genauso verbunden sein und chatten wie mit der anderen Freundin, die gerade ein Auslandsjahr in Neuseeland verbringt.

Eltern wiederum fühlen sich manchmal bei all der Surferei und Chatterei alarmiert und denken, sie würden ihr Kind über kurz oder lang in der virtuellen Welt verlieren. Dabei verkennen sie, dass alle Jugendlichen und vor allem die Mädchen soziale Netzwerke nutzen, um ihre bestehenden Freundschaften und Beziehungen in der realen Welt zu pflegen und auszubauen, ein durchaus reales Bedürfnis.

Vielleicht sind Sie als Eltern auch deshalb besorgt, verunsichert oder überfordert, weil sie eben nicht genau wissen, was ihre Kinder eigentlich alles so im Netz treiben. Es gibt eine einfache Antwort darauf: Fragen Sie Ihre Kinder, zeigen Sie Offenheit und Interesse.

Vielleicht ist es für diese neue, heranwachsende Generation ja gerade existenziell wichtig, besonders gut und flexibel und global vernetzt zu sein? Immerhin stehen ihr auch besondere Herausforderungen bevor: Die Heranwachsenden heute werden in Zukunft für die Auswirkungen globaler Veränderungen (ob in der Wirtschaft oder in puncto Klima) ebenso Verantwortung übernehmen und Handlungskonzepte entwickeln müssen wie für unsere überalterte Gesellschaft, in der sich zukünftig wenige junge Menschen um viele alte Menschen werden kümmern müssen.

Medienkompetenz in der Pubertät, das ist (auch) Elternsache!

Es spricht nichts dagegen, als Mutter oder Vater eine wertschätzende und positive Haltung gegenüber den Chancen und tollen Möglichkeiten des Internets und seiner sozialen Netzwerke einzunehmen. Die meisten Eltern nutzen Computer heute ebenfalls so selbstverständlich wie ihre Kinder: Warum also nicht eine gemeinsame Familienkultur aufbauen, in der man sich regelmäßig und gern über Links unterhält, interessante Webseiten, persönliche Erfahrungen usw. austauscht?

Die Medienpädagogin Claudia Lampert verweist in diesem Zusammenhang auf einen spannenden Aspekt: Wenn heranwachsende Mädchen und Jungen spüren, dass sie in ihrer Medien- und Computernutzung anerkannt und ernst genommen werden, dann werden sie sich auch in kritischen Situationen oder mit schlechten Erfahrungen an ihre Eltern wenden und um Unterstützung fragen. Werden sie für ihr Verhalten dagegen ständig kritisiert und abgewertet («Na? Schon wieder am Chatten? Hast du nichts Besseres zu tun?»), so geschieht zwischen Eltern und Jugendlichen in Bezug auf das Medienverhalten schnell eine Art Kontaktabbruch, und dann ist es besonders schwer, sich auf gemeinsame und altersgerechte Regeln der Medien- und Internetnutzung zu einigen (mehr zu Regeln in Bezug auf Fernsehen und Computer lesen Sie im Kapitel «Den Alltag meistern»).

Am Ball bleiben, vor allem zu Beginn der Pubertät

Wichtig ist, dass Eltern in puncto Computer & Co im Gespräch mit ihren Kindern sind und am Ball bleiben, wenn ihre Töchter in die Pubertät kommen und zunehmend das Netz und seine vielen Chancen nutzen. Ob Handy, eigener Fernseher oder ein schnellerer und leistungsfähigerer Computer: Wenn Sie als Eltern neue Geräte für die Tochter anschaffen, sollten Sie sich gemeinsam mit Ihrer Tochter vorher gut über die Nutzungsmöglichkeiten, aber auch Risiken und Gefahren informieren. Zentrale Themen sind dabei:

- Nutzungszeiten (vor allem bei jüngeren Jugendlichen),
- persönliche Rechte (Wie schützt man im Netz am besten die eigene Privatsphäre? Wie nimmt man die Einstellungen konkret vor? Das Recht am eigenen Bild),
- persönliche Entscheidungen (Welche Bilder und Fotos kann man bedenkenlos posten? Welche lieber nicht und warum nicht?),
- Datenschutzbestimmungen (Welche Daten gebe ich preis? Welche nicht?),
- Urheberrechtsbestimmungen (Was darf jeder downloaden? Und welche Downloads sind illegal?).

Eltern können beim Medienkonsum eine positive Vorbild- und Leitungsfunktion übernehmen und ihrer Tochter so Sicherheit und Souveränität für zukünftige Herausforderungen und Aufgaben vermitteln.

Soziale Netzwerke, Mädchen in der Kommunikations-Domäne

Aus Studien zum Medienkonsum weiß man, dass Mädchen sich vor allem in sozialen Netzwerken wohl fühlen und engagieren, viele sind sogar in mehreren angemeldet. Dort suchen und finden sie einfach und unkompliziert Wertschätzung und Anerkennung von vielen Freunden. Wie aufbauend für das eigene Selbstbewusstsein, wenn ein Mädchen ein neues schönes Profilbild auf ihre Seite stellt und binnen weniger Minuten oder Stunden verschiedene anerkennende Komplimente und Kommentare von ihren Freundinnen und Freunden auf dem Bildschirm erscheinen.

Soziale Netzwerke sind, wie alle Gruppen, Cliquen oder Gemeinden, aber auch darauf angewiesen, dass sich ihre Nutzerinnen und Nutzer sozial kompetent verhalten. Gegenseitiger Respekt und Zivilcourage spielen dabei ebenso zentrale Rollen wie im Schul- und Familienalltag. Sensibilisieren Sie Ihre Tochter dafür, sich nicht an bösen Sticheleien, Lästereien oder negativen Aufrufen im Netz zu beteiligen, das macht man einfach nicht! Und ermuntern Sie Ihr Kind, bei Problemen wie zum Beispiel auch Cyber-Mobbing jederzeit als Ansprechpartner und Ansprechpartnerin zur Verfügung zu stehen (mehr dazu lesen Sie im Kapitel «Risikozone Pubertät» im Abschnitt Mobbing).

Mit dem «Gefällt mir!»-Button im Netz kann man schnell und unbürokratisch Sympathie und Zustimmung äußern, ebenfalls eine grundsätzlich tolle Sache! Da er aber mittlerweile fast flächendeckend eingesetzt wird, ist es vielleicht auch spannend, mit der Tochter gemeinsam zu überlegen, ob es wirklich sinnvoll ist, alles und jeden sofort zu bewerten. Es hat ja schließlich auch einen besonderen Charme, dass manche Dinge oder Menschen einfach so sind, wie sie sind. Unabhängig davon, wie andere das finden. Muss es also sein, dass man jeden und alles ständig bewertet und miteinander vergleicht? Gerät mit dieser Haltung möglicherweise die Individualität eines jeden Menschen in den Hintergrund?

Zusammen auf der grenzenlosen Spielwiese

Pubertät 2.0 und die grenzenlosen Möglichkeiten des Internets werden häufig auch mit dem Aufwachsen von Kindern und Jugendlichen in einer zunehmend sexualisierten und pornographisierten Lebenswelt diskutiert (mehr dazu auch im Kapitel «Erste Liebe, erster Sex»). In einer Stellungnahme der Kommission für Jugendmedienschutz (KJM) heißt es: «Je nach Quelle ist von weltweit bis zu einer Milliarde pornographischer Seiten im Netz die Rede. Tendenz steigend.» Sicher ist es vor diesem Hintergrund sinnvoll, vor allem die Computer- und Internetnutzung jüngerer Jugendlicher mit Hilfe von einem Kindersicherungs oder Jugendschutzprogrammen zu kontrollieren und zu steuern und auch mit der Tochter darüber zu sprechen, was sie tun kann, wenn sie im Internet plötzlich etwas entdeckt, das sie nicht versteht, ekelhaft oder beängstigend findet, nämlich die Eltern ansprechen.

Welche sexuellen und sozialen Beziehungserfahrungen ältere Jugendliche (17- und 18-jährige Frauen und Männer) im Internet gemacht haben, dazu gibt es sogar erste Studienergebnisse im Rahmen eines von der Bundeszentrale für gesundheitliche Aufklärung (BZgA) geförderten Forschungsprojekts am Institut für Sexualforschung der Universitätsklinik Hamburg. Hier die Ergebnisse im knappen Überblick:

- Die Nutzung des Internets für Flirts, Chats und das Kennenlernen von potenziellen Sex- oder Beziehungspartnern ist für die meisten jungen Frauen heute selbstverständlich.

- Sie nutzen das Internet als Probebühne, auf der sie mit geringem Risiko erste Erfahrungen mit den Regeln des Flirtens machen können, sich auf dem Partnermarkt positionieren und die eigene Attraktivität testen.
- Ein Fünftel der befragten 17- und 18-jährigen Mädchen hat schon mindestens einmal mit jemandem eine Beziehung angefangen, den es im Netz kennengelernt hat. Das verläuft meist in drei Etappen: Chatten, Telefonieren, zum ersten Mal treffen.
- Ebenso wie gelungene gehören auch misslungene sexuelle Begegnungen zum Alltag. Sexuelle Belästigung im Netz ist weit verbreitet, lässt sich aber in der Regel auch sofort beenden und löst mehr Irritation und Empörung aus als Angst oder Bedrohung.

Insgesamt zeigen die Ergebnisse, dass die modernen Medien heute, wie auch schon an anderer Stelle festgestellt, Mädchen und jungen Frauen neue Möglichkeiten und Chancen bieten, sich selbst zu erfahren und zu entwickeln. Sie sind also auch ein zeitgemäßes Mittel zur sexuellen Selbstfindung.

Rollenbilder in Bewegung
Mädchen und Jungen im Aufbruch

Rein äußerlich signalisieren Busen, Hüften, Schamhaare und die einsetzende Menstruation unmissverständlich, dass ein Mädchen zum weiblichen Geschlecht gehört. Bartwuchs, Stimmbruch und Penis zeigen dagegen genauso unmissverständlich, dass ein Junge zum männlichen Geschlecht gehört. Doch wenn es darum geht, zu bestimmen, welche Persönlichkeitsmerkmale und Verhaltensweisen eine «richtige junge Frau» oder einen «richtigen jungen Mann» ausmachen, gestaltet sich das Ganze schon weitaus schwieriger. Wie sollten sie denn idealerweise sein, die «richtige» Frau und der «richtige» Mann im neuen Jahrtausend?

Mädchen heute sind leistungsorientierter als die Generation ihrer Mütter

Die Bilder von Weiblichkeit und Männlichkeit sind in der Tat bei vielen Mädchen und Jungen nicht mehr so festgeschrieben, rigide und starr. Mädchen heute sind stärker und leistungsorientierter als früher, sie wachsen freier und unabhängiger auf als die Generation ihrer Mütter. Jungen sind im Gegensatz zur Generation ihrer Väter sensibler, konsensfähiger und empathischer. Dass Mädchen oder Jungen also in den vergangenen Jahrzehnten die ihnen zugeschriebenen Rollengrenzen überschritten haben, hat viele neue Impulse und eine neue Offenheit in unser Alltagsleben gebracht.

Der neue Auftrag für Jugendliche heißt: Selbstverantwortung!

Für pubertierende Mädchen wie Jungen existieren heutzutage weniger ein strenger Verhaltenskodex als vielmehr eine deutliche Botschaft, und die lautet: «Ihr habt alle Möglichkeiten, euch zu entwickeln, also macht etwas draus!» Selbstverantwortung ist das große Schlagwort, dem Jugendliche heute immer wieder begegnen. Aber in einer Welt, in der fast alles möglich und sehr viel erlaubt ist, ist es auch deutlich schwieriger, sich zu orientieren und als Heranwachsender sichere Anhaltspunkte für das eigene Verhalten und die eigenen Zukunftspläne zu finden.

Manche Mädchen und Jungen verfallen in der Pubertät deshalb manchmal auch in besonders starre Rollenbilder ihres Geschlechts. Da müssen emanzipierte Mütter, die immer dachten, sie hätten ihre Tochter zu einem selbstbewussten, kämpferischen Mädchen erzogen, plötzlich damit leben, dass sich ihre Tochter zum Beispiel von ihrem neuen Freund verbieten lässt, etwas mit anderen Jungen aus der Klasse zu unternehmen, und auch noch findet, dass er ein Recht hat, das zu tun.

Die eigene Rolle in der Gesellschaft selbstverantwortlich zu finden, zu gestalten und zu leben ist zwar einerseits eine tolle Möglichkeit, von der frühere Generationen von Mädchen und Jungen nur geträumt haben. Andererseits ist das aber auch eine gar nicht so einfache Angelegenheit, weil damit oft Angst und Unsicherheit verbunden sind. «Mach dein Ding!», heißt es aufmunternd, aber das ist viel schwieriger, als es klingt. Vor allem in einer Zeit, in der gut bezahlte Jobs und Ausbildungsplätze immer knapper werden und die Gesellschaft nach wie vor weit davon entfernt ist, ein zukunftsfähiges Modell dafür anzubieten, wie beide Partner, Frauen und Männer, bei gleicher Bezahlung ihre Karriere, das Familienleben und die Kindererziehung unter einen Hut bringen können. Im Jahr 2010 lebten noch 64 Prozent aller 18- bis 24-Jährigen mit ihren Eltern in einem Haushalt zusammen, teilte das Statistische Bundesamt mit. Die jährliche Haushaltsbefragung ergab aber auch, dass junge Frauen (57 Prozent) deutlich seltener im elterlichen Haushalt leben als ihre männlichen Altersgenossen (71 Prozent).

Optimismus macht das Leben leichter

Das Leben selbstverantwortlich zu gestalten und die eigene soziale Rolle als erwachsene Frau oder als erwachsener Mann einzunehmen und zufriedenstellend auszufüllen, das ist heutzutage ein langwieriger Prozess. Können Eltern, außer dass sie ihren Kindern geduldig und ausgiebig Unterschlupf im eigenen Haushalt gewähren, diesen Prozess unterstützen? Am ehesten, indem Sie Ihrer Tochter aus vollem Herzen zutrauen, dass sie sich zu einer starken, selbstbewussten jungen Frau entwickeln wird, die ihren Weg geht.

Vielleicht hilft es auch, wenn Sie als Eltern den jugendlichen Optimismus der jungen Generation teilen, die sich weder durch die Wirtschaftskrise noch durch die unsicher gewordenen Berufsverläufe und -perspektiven von ihrer zuversichtlichen Grundhaltung abbringen lässt. Dies hat die jüngste Shellstudie (2010) ergeben, für die mehr als 2500 Jugendliche im Alter von 12 bis 25 Jahren zu ihrer Lebenssituation befragt wurden. Danach blicken 59 Prozent der Jugendlichen ihrer Zukunft zuversichtlich entgegen. Allerdings kam auch heraus, dass die Zuversicht von Jugendlichen aus sozial schwachen Haushalten weiter gesunken ist, denn in dieser Gruppe äußerten sich nur 33 Prozent optimistisch, ein Hinweis, dass diese Jugendlichen besonders auf die wertschätzende Unterstützung von Erwachsenen angewiesen sind.

Vorbilder und Zukunftsträume: junge Frauen heute

Als Eltern können Sie Ihre Tochter zum Nachdenken anregen, wie es wohl wäre, später einmal eine Frau zu sein. Welche Vorbilder könnten sie interessieren? Welche Rollenmodelle würden ihr gefallen? Politikerinnen, Nobelpreisträgerinnen, Hausfrauen, Unternehmerinnen und Managerinnen, Künstlerinnen, Café-Besitzerinnen, Musikerinnen: In unserer Gesellschaft existiert eine enorme Fülle verschiedener Frauentypen und viele unterschiedliche Bilder von Weiblichkeit.

Lenken Sie als Mutter oder Vater selbst Ihre Aufmerksamkeit auf diese verschiedenen weiblichen Lebensentwürfe und Berufswege, und machen Sie Ihre Tochter darauf aufmerksam. Fragen Sie nach, ob sie sich schon mal Gedanken darüber gemacht hat, was für ein Typ Frau sie später gern einmal wäre. Interessieren Sie sich dafür, welchen Beruf sie gern ergreifen würde, wovon sie träumt oder was sie am allerliebsten aus ihrem Leben machen würde. Tauschen Sie sich mit Ihrer Tochter über die vielen Eigenschaften und Aktivitäten aus, die eine tolle und attraktive Frau ausmachen. Eine Frau kann klug, charmant und erfolgreich sein, cool und unkonventionell, sensibel und liebevoll, stur, eigenwillig, verständnisvoll, sexy, engagiert … und … und. Sie kann später einmal heiraten oder Single bleiben, sie kann sich Kinder wünschen, Karriere machen oder alles zusammen und noch viel mehr oder etwas ganz anderes.

Fest steht: Die heutige Generation junger Frauen ist die bislang am besten ausgebildete Frauengeneration. In Schule und Bildung haben Mädchen die Jungen schon seit einigen Jahren überholt, noch nie gab es so viele Studentinnen und Frauen mit Hochschulreife. Dennoch bewegen sich viele junge Frauen in einem recht engen Feld von Berufen, wobei die typischen Frauenberufe noch nach wie vor schlechter entlohnt werden als typische Männerberufe. Die durchschnittlichen Gehaltsunterschiede zwischen Frauen und Männern gehören ebenfalls nicht der Vergangenheit an, sondern sind nach wie vor aktuell. So beträgt die Gehaltslücke zwischen den Geschlechtern (Entgeltungleichheit) unabhängig von der Branche etwa 23 Prozent, wobei der Lohnabstand bei den jüngeren Frauen geringer zu werden scheint.

Besprechen Sie solche Themen immer mal wieder mit Ihrer Tochter, vielleicht auch, wenn Freundinnen zu Besuch sind (und Ihrer Tochter das nicht peinlich ist). Es ist spannend, die unterschiedlichen Ansichten zu hören. Machen Sie den Mädchen Mut, die Schule, ihre Ausbildung und die eigene Zukunft selbstbewusst und mit einer guten Portion Kampfgeist in die Hand zu nehmen.

Mädchen im Stress: wenn sich die Rollenerwartungen widersprechen

Wenn Ihre Tochter in der Pubertät ist, haben Sie es also nicht nur mit einem Kind zu tun, das sich körperlich und psychisch zur Jugendlichen entwickelt, sondern Sie haben auch ein Mädchen vor sich stehen, welches die Familie in den nächsten Jahren zunehmend hinter sich lassen wird, um sich in der Welt da draußen einen Platz zu erobern. Deshalb ist sie schon jetzt viel unterwegs, orientiert sich unter Gleichaltrigen und wird dabei Schritt für Schritt zu einer erwachsenen Frau.

Manchmal kann es dabei Phasen geben, in denen Sie Ihre Tochter plötzlich nicht mehr wiedererkennen, weil sich ihr Verhalten so sprunghaft verändert hat. Oder Zeiten, in denen sich Ihre Tochter so gut wie gar nicht mehr zu Hause blicken lässt. Ja, sie grenzt sich von Ihnen als Eltern und von ihrem bisherigen Leben als unmündige Tochter ab.

Das merkwürdige Verhalten oder ihre ständige Abwesenheit könnten damit zusammenhängen, dass eine ihrer neuen sozialen Rollen, die sie gerade ausprobiert, nicht besonders gut mit dem Leben zu Hause harmoniert. Zum Beispiel dann, wenn Ihre Tochter bis dato eher still und angepasst war und sich nun plötzlich in einer lebhaften, rebellischen Clique wohl fühlt, in der sie sich selbst auch viel lauter und selbstbewusster benimmt als zu Hause. In diesem Fall kann es sein, dass Ihre Tochter intuitiv spürt, dass etwas nicht stimmt. Ihre Rolle als stilles, braves Mädchen, das den Eltern keine Schwierigkeiten macht, und die Rolle als rebellische Jugendliche widersprechen sich. Deshalb muss sie entweder ihr Verhalten den Eltern gegenüber ändern und auch zu Hause plötzlich mal auf den Tisch hauen, oder sie muss dem Kontakt mit den Eltern, so oft und so weit es geht, ausweichen. Dass Pubertierende immer wieder Phasen durchmachen, in denen sie absolut keine Lust haben, Freundinnen oder Freunde mit nach Hause zu bringen, kann auch damit zusammenhängen, dass sie aus Unsicherheit eine Berührung der verschiedenen Welten verhindern wollen.

Egal, ob Ihre Tochter zur Polit-Aktivistin wird, zur Kämpferin für Tierrechte oder zum Superweib mit megalangen, knallrot lackierten Fingernägeln: Mädchen, die gerade etwas Neues ausprobieren, brauchen Ermutigung und das Gefühl, dass es vollkommen in Ordnung ist, ruhig mal in eine andere Rolle zu schlüpfen und verschiedene Verhaltensmöglichkeiten auszuprobieren. Erfahren sie in dieser Phase von ihren Eltern besonders viel Kritik oder Abwertung *(«Du hast ja von Politik keine Ahnung!», «Wen interessieren denn schon die Tiere?» oder «Du siehst ja mit den Fingernägeln aus wie eine Vorstadt-Tussi»)*, so ist es für Mädchen schwer, ein Selbstvertrauen aufzubauen, mit dem sie sich gern in eine neue Situation oder Rolle wagen.

Selbst wenn Sie als Eltern wenig begeistert davon sind, wofür sich die Tochter plötzlich interessiert oder engagiert: Gestehen Sie ihr zu, dass sie eigene Erfahrungen macht. Manchmal ist es als Mutter oder Vater hilfreich, selbst zu überprüfen, was man meint, wie sich ein Mädchen oder eine Frau zu benehmen hat. So macht man sich das eigene Frauenbild bewusst und kann überlegen, ob man die Tochter, die ja zu einer neuen Generation gehört, daran messen und bewerten will, oder ob man ihr einen eigenen Verhaltensspielraum zugestehen kann.

Erste Liebe, erster Sex
Aufklärung, sexuelle Orientierungen, Verhütung

Mit dem Eintritt in die Pubertät und der zunehmenden Ausschüttung von Geschlechtshormonen fängt auch ein neues Kapitel in der sexuellen Entwicklung von Mädchen an. Nachdem sie sich im Grundschulalter eher vom anderen Geschlecht abgegrenzt haben, erwacht in der Vorpubertät und Pubertät ein neues Interesse an Jungen. «Du bist süß!», «Ich steh auf dich», «Willst du mit mir gehen?» In der Schule werden jetzt manchmal kleine Zettel und Briefchen ausgetauscht, die ersten «Geh-Versuche», Flirts, Freundschaften oder «Beziehungen» zum anderen Geschlecht dauern allerdings meist nur wenige Tage oder Wochen.

Doch mit der Zeit werden Beziehungen intensiver, länger, körperlicher und sexuell. Händchen halten, Küsse und Umarmungen austauschen, sich gegenseitig berühren, Petting und den ersten Sex haben; das alles ist sehr aufregend. Auch lösen diese vielen neuen Erfahrungen eine Fülle von unbekannten Empfindungen aus, die zu bewältigen sind. Zugleich kommt mit dem Einsetzen der Geschlechtsreife eine neue Verantwortung auf die Jugendlichen zu, denn sie sind jetzt fruchtbar und können schwanger werden bzw. ein Kind zeugen.

Eltern sind heute geschätzte Gesprächs- und Ansprechpartner

Welche Gedanken, Fragen oder Sorgen Eltern beschäftigen, wenn es um die Sexualität ihrer Töchter geht, ist sehr unterschiedlich und hängt vom jeweiligen Alter und individuellen Entwicklungsstand der Mädchen ab. Die jüngste Studie zur Jugendsexualität der BZgA (2010) weist darauf hin, dass aus Sicht der Jugendlichen die meisten Eltern als Ansprechpartner für Sexualität und Aufklärung geschätzt werden, rund zwei Drittel aller Befragten sehen in mindestens einem ihrer Elternteile eine vertrauenswürdige Bezugsperson. Gleichzeitig ist die Zahl der Eltern, die ihre Söhne und Töchter selbst aufklären, die höchste bisher gemessene seit der ersten Umfrage im Jahr 1980. Heutzutage klären 78 Prozent aller Mädcheneltern ihre Töchter persönlich auf. Die große Mehrheit (90 Prozent) ist dabei mit ihren Kindern immer wieder je nach Alter oder Anlass im Kontakt. Die Zeiten, zu denen Vater oder Mutter die Aufklärung in einem einmaligen Gespräch hinter sich gebracht haben, gehören also längst der Vergangenheit an.

Wenn Sie als Eltern Ihrer Tochter gegenüber eine offene Haltung einnehmen, tun Sie ihr sicher einen großen Gefallen. Es ist schön, wenn Sie alle Fragen, die da kommen mögen, offen und ehrlich beantworten. Denn je besser Ihre Tochter informiert ist, desto sicherer wird sie sich fühlen. Sie dürfen und sollten aber auch sagen, wenn Ihnen bestimmte Fragen zu intim sind oder Sie nicht alles bis ins letzte Detail genau wissen. Schließlich sind Sie auch nur ein Mensch und kein wandelndes Sexlexikon. Je ehrlicher Sie sich verhalten, desto glaubwürdiger sind Sie als Vorbild. Viele junge Mädchen überspielen ihre Schamgefühle und glauben, sie müssten über alles reden können. Erleben Töchter aber die Grenzen ihrer Eltern, so finden sie selbst auch eher den Mut, zu ihren Grenzen zu stehen.

In diesem Zusammenhang ist es wichtig, zu wissen, woher Schamgefühle eigentlich kommen und welche Funktion sie haben. Schamgefühle treten immer dann auf, wenn Menschen im Miteinander Grenzen übertreten, mit Hilfe der Scham werden persönliche Grenzen markiert, aber auch die Grenzen anderer. Überraschen Sie Ihre Tochter mit ihrem Freund beim Sex, weil Sie spontan früher nach Hause gekommen sind, so ist ihr das wahrscheinlich sehr peinlich und Ihnen auch. Das Schamgefühl hat die Funktion, einen eigenen persönlichen Bereich abzustecken, ist also sozusagen die Hüterin der Privatsphäre.

Signalisiert Ihre Tochter wenig oder keinen Gesprächsbedarf, sollten Sie auch das respektieren. Wer sich gerade von den Eltern löst, möchte sich vielleicht nicht gleichzeitig durch die Offenbarung intimer Dinge neu binden und braucht deshalb Abstand zu Mutter oder Vater.

Von der kindlichen zur erwachsenen Sexualität

Die sexuelle Entwicklung in der Pubertät ist eingebettet in verschiedene körperliche Veränderungen und psychische Erfahrungen, über die Sie hier schon einiges erfahren haben. Sexualität als positive Lebensenergie begleitet uns Menschen ein Leben lang, von der Geburt bis ins hohe Alter. In der Pubertät kommen Jugendliche dabei in eine besondere Phase: Sie lassen ihre kindliche, unbefangene Sinnlichkeit und Sexualität Stück für Stück hinter sich und nähern sich schrittweise immer mehr der erwachsenen Sexualität an.

Kindliche Sexualität ist spontan und bezieht sich auf vielfältige sinnliche Erfahrungen des ganzen Körpers, während erwachsene Sexualität meistens zielgerichtet ist und bestimmten Vorstellungen, Phantasien oder inneren Drehbüchern folgt. Das bedeutet: Sie ist auf größtmögliche Erregung sowie den Orgasmus ausgerichtet. Sexualwissenschaftler haben herausgefunden, dass das sexuelle Erleben und die sexuelle Kompetenz im Erwachsenenalter vor allem mit vier großen Entwicklungs- und Erfahrungsbereichen von Kindern und Jugendlichen zusammenhängen, nämlich mit der Geschichte ihrer Bedürfnisse, ihres Körpers, ihrer Beziehungen und ihres Geschlechtes.

Alle diese Erfahrungen beeinflussen die sexuelle Entwicklung und Persönlichkeit. Jedes Mädchen und jeder Junge (und natürlich auch jede Frau und jeder Mann) hat ein ganz eigenes, individuelles Sexualleben. In der Pubertät ist es wichtig, dass sich Mädchen und Jungen in den vier Entwicklungsbereichen möglichst frei entfalten können, vorausgesetzt natürlich, sie fügen niemandem Schaden zu.

Einen Freund haben: Pubertät als Beziehungsschule

Haben Sie schon mal darüber nachgedacht, in welchem Alter Sie Ihrer Tochter erste Erfahrungen mit Jungen erlauben bzw. ermöglichen sollten? Wir finden: jederzeit, sobald es von ihr gewünscht wird. Die ersten erotischen Beziehungen sind ein vorsichtiges Herantasten an die Erwachsenenwelt. Sich zu verlieben und enttäuscht zu werden, Erfahrungen mit Nähe und Distanz zu sammeln, Erfolg bei Jungen zu haben, aber auch Misserfolge wegzustecken, Eifersucht auszuhalten oder zu erfahren, wie es ist, geliebt und begehrt zu werden, mit jemandem Schluss zu machen oder selbst verlassen zu werden; alle diese kleinen und großen Liebeserfahrungen sind von unschätzbarem Wert. Denn in Beziehungen zu Jungen und mit den ersten sexuellen Erlebnissen entdecken Mädchen und junge Frauen ihre Weiblichkeit. Zugleich erkennen sie, wo ihre persönlichen Grenzen sind; ob sie sich von einem Jungen verstanden fühlen; ob sie sich gut und sicher mit ihm fühlen oder nicht; ob eine Beziehung entspannt ist oder eher stressig und anstrengend; ob der Freund, den sie sich ausgesucht haben, ihnen guttut oder nicht und vieles mehr. Eltern sollten zu all diesen Erfahrungen eine positive Grundhaltung einnehmen und ihre Töchter möglichst wenig maßregeln oder einschränken, wenn sie sich in der Beziehungsgestaltung und in ihrer Sexualität ausprobieren.

Denn nur so können Mädchen erleben, dass Beziehung auch mal Alltag und Langeweile bedeutet, dass man sich miteinander streiten und versöhnen kann, dass man manchmal Kompromisse eingehen muss und dass in einer Beziehung jeder für seine eigenen Bedürfnisse verantwortlich ist und für die des anderen. Sie lernen ihren Körper kennen, entdecken, was Lust auslöst, was unangenehm ist oder Ängste weckt. Und sie merken, dass Beziehungen und auch Sex sich ganz unterschiedlich anfühlen können, je nachdem, ob es einem selbst gerade gut geht und mit wem man zusammen ist. So erobern sich Mädchen Stück für Stück einen neuen Bereich ihres körperlichen Selbstbewusstseins und gelangen zu sexueller Identität.

Hetero, lesbisch, bi? Sexuelle Orientierungen

Händchen haltende Jungs und sich küssende Mädchen in der Disco? Wie schon erwähnt, sind heutzutage nicht nur die Geschlechterrollen viel flexibler als früher, sondern auch die Toleranz in Bezug auf die sexuelle Orientierung von Mädchen oder Jungen, Frauen oder Männern hat deutlich zugenommen. Dies erkennt man auch daran, dass die vielfältigsten Möglichkeiten des Zusammenlebens gesellschaftlich akzeptiert sind.

Manche Mädchen in der Pubertät sind unsicher, ob sie tatsächlich auf Jungen stehen, und finden ihr eigenes Geschlecht viel attraktiver. Und klar, Mädchen können sich auch in Mädchen verlieben. Manche merken schon recht früh, dass sie lesbisch sind, andere finden das erst im Erwachsenenalter heraus. Oder sie verlieben sich nur in ein bestimmtes Mädchen, stehen aber sonst auf Jungen.

Viele Jugendliche, die homo- oder bisexuell empfinden, sind verunsichert oder schämen sich, weil sie glauben, anders zu ticken als die meisten ihrer heterosexuellen Freundinnen und Freunde. Doch gerade in der Pubertät ist es ziemlich normal, solche Gefühle zu haben. Das muss nicht zwangsläufig bedeuten, lesbisch oder schwul zu sein, denn die sexuelle Orientierung entwickelt sich erst im Erwachsenwerden. Eltern sollten ihre Tochter beruhigen, indem sie ihr vorschlagen, abzuwarten, was noch alles mit ihren Gefühlen passiert. Gleichzeitig sollten sie sie dazu ermuntern, zu ihren aktuellen Gefühlen zu stehen. Niemand muss sich für eine sexuelle Orientierung schämen! Gefühle sind einfach da, und sie lassen sich nicht an- und ausschalten wie eine Espressomaschine.

DIE PHASEN DES COMING-OUTS

Manche Mädchen sind schon in der Pubertät sehr sicher, lesbisch zu sein, und beschließen entsprechend früh, zu ihrer sexuellen Orientierung zu stehen, also ein Coming-out zu wagen. Das läuft meistens in verschiedenen Phasen ab.

Verwirrung: Die Betroffenen werden sich zögerlich ihrer homosexuellen Gefühle bewusst. Häufig gibt es dafür einen Auslöser wie eine Filmszene oder einen Gesprächsfetzen, den sie aufgeschnappt haben. Innerlich wehren sie sich dagegen und reden sich ein, sich zu täuschen.

Isolation: Gleichzeitig wird den Betroffenen klar, dass sie sexuell nicht so empfinden wie die Mehrheit der Gesellschaft und dass sie sich in dieser Hinsicht grundlegend von ihrer Familie und ihrem Freundeskreis unterscheiden. Sie haben nicht den Mut, sich als homosexuell erkennen zu geben, und wagen es auch nicht, Liebesbeziehungen aufzunehmen. Gefühle von Sehnsucht können nicht erwidert werden. Das führt zu Rückzug, Isolation und Depression.

Annäherung: Ist die Krise einmal überwunden, kann die homosexuelle Orientierung allmählich angenommen werden. Jetzt geht es um die Frage, ob man sich den Eltern oder den besten Freunden anvertrauen sollte.

Stolz: Schwule und Lesben haben heute ein positives Gefühl zu ihrer Homosexualität und outen sich zunehmend. Viele neigen allerdings zu einer Idealisierung von Homosexualität und finden, dass die ganze Welt lesbisch oder schwul sein sollte.

Integration: Die Betroffenen erkennen, dass die sexuelle Orientierung nicht die gesamte Persönlichkeit bestimmt, sondern nur ein Teil von vielen anderen Aspekten ist. Es gelingt ihnen, sich als Homosexuelle in eine heterosexuelle Gesellschaft zu integrieren und sich darin zurechtzufinden.

Das erste Mal: Verhütung geht immer beide etwas an

Erste Kuss- und Körperkontakte, das erste Mal T-Shirts und Hosen ausziehen, das erste Mal nackt nebeneinander liegen, das erste Mal miteinander schlafen: Alle diese Erfahrungen sind wahnsinnig aufregend. Wann sich ein Mädchen in der Pubertät dazu bereit fühlt, ist äußerst unterschiedlich. Die einen sind schon mit 13 Jahren sexuell sehr neugierig und aktiv, andere sind noch mit 20 Jahren Jungfrau, und beides ist vollkommen in Ordnung. Die meisten Mädchen, die mit 17 oder 18 Jahren noch keine sexuellen Partnerschaften eingegangen sind, sammeln ihre Beziehungserfahrungen in anderer Form, in platonischen Bindungen mit Freundinnen und Mitschülern oder im Zusammensein mit Gleichaltrigen in der Clique.

Wichtig ist, dass Sie als Eltern mit Ihrer Tochter rechtzeitig vor dem ersten Geschlechtsverkehr über die verschiedenen Möglichkeiten der Empfängnisverhütung sprechen und dabei auch thematisieren, dass Verhütung immer beide, das Mädchen und den Jungen, etwas angehen. Beruhigend sind auch hier die Ergebnisse der oben bereits zitierten Studie zur Jugendsexualität. Sie zeigen, dass sich die meisten Jugendlichen ihrer Verhütungsverantwortung durchaus bewusst sind: Bei beiden Geschlechtern sind es jeweils nur 8 Prozent, die nicht verhüten.

Verhütungsexperten empfehlen als sicherste Methode für jugendliche Paare, um nicht schwanger oder Vater zu werden, die Pille plus Kondom. Mädchen sollten wissen, dass man die Pille nicht frei kaufen und spontan benutzen kann wie ein Kondom, sondern dass man sich die Pille rechtzeitig vor dem ersten Sex von einem Frauenarzt verschreiben lassen muss. Für viele Mädchen ist der Wunsch nach einer Verhütungsberatung und/oder einem Pillenrezept auch der Anlass, zum ersten Mal einen Frauenarzt aufzusuchen. Gleichzeitig sollten Eltern ihre Tochter darüber informieren, dass die Pille sie nicht vor der Ansteckung mit sexuell übertragbaren Krankheiten schützen kann, sondern dass davor nur ein Kondom schützt.

Dass die Pille Nebenwirkungen haben kann und es bei der Einnahme manche Besonderheiten gibt, darüber wird sicher auch der Arzt mit Ihrer Tochter sprechen. Aber es wäre hilfreich, wenn auch Sie als Eltern bestimmte Informationen bei Bedarf noch einmal weitergeben, damit sie wirklich sicher und gut verstanden worden sind:

- Die Pille wird ärztlich verschrieben.
- Die Kosten für die Pille werden für Mädchen bis zum 20. Geburtstag von der gesetzlichen Krankenkasse übernommen (Kondome nicht, die muss man vom Taschengeld bezahlen).
- Die Pille kann Nebenwirkungen haben, z. B. Gewichtszunahme, Brustspannen oder Kopfschmerzen.

- Es ist gesundheitlich nicht ungefährlich, wenn junge Mädchen rauchen und gleichzeitig die Pille nehmen. Rauchen plus Pille erhöhen das Risiko lebensgefährlicher Blutgerinnsel (Thrombosen, Schlaganfall) und von Herz-Kreislauf-Erkrankungen.
- Die erste Pillen-Einnahme muss man planen: Nach dem Arzttermin nimmt man die erste Pille erst an dem Tag ein, an dem die Monatsblutung einsetzt. Nur dann wirken die Hormone zuverlässig.
- Die Pille wird meistens für drei Monate verschrieben, man muss sich beim Arzt immer rechtzeitig um ein neues Rezept kümmern.
- Am besten nimmt man die Pille immer zu einer bestimmten Uhrzeit (z. B. morgens oder abends). Die Erinnerungsfunktion im Handy kann dabei helfen, sie nicht zu vergessen!
- Bei Ferienreisen mit Zeitverschiebung sollte man die Einnahme der Pille vorher mit dem Arzt absprechen.
- Manche Medikamente (Abführmittel, Antibiotika, Schmerz- und Beruhigungsmittel oder entzündungshemmende Mittel) können die Wirksamkeit der Pille beeinträchtigen, genau wie Magen- und Darmprobleme, Durchfall oder Erbrechen. In allen diesen Fällen ist es am sichersten, zusätzlich mit einem Kondom zu verhüten!
- Es kann passieren, dass man die Einnahme der Pille vergisst. Dann wirkt sie nicht mehr zuverlässig, und man sollte mit dem Arzt absprechen, was zu tun ist. Die «Pille danach» ist ein Hormonpräparat, das man innerhalb der ersten 12 Stunden bis spätestens 72 Stunden nach einer «Verhütungspanne» einnehmen kann. Am besten, Ihre Tochter erkundigt sich schon beim ersten Verschreiben der Pille bei ihrem Arzt, was sie genau tun soll, wenn sie aus Versehen

eine vergisst. Denn: Das kann jeder mal passieren und ist bei Frauen aller Generationen keine Seltenheit, nobody is perfect!

Mädchensache: zum ersten Mal beim Frauenarzt

War Ihre Tochter schon einmal beim Frauenarzt? Etwa die Hälfte aller Mädchen zwischen 14 und 17 Jahren hat bereits eine gynäkologische Praxis besucht, bei den unter 14-Jährigen sind es 34 Prozent, bei den 17-Jährigen schon 85 Prozent. Die Gründe, warum Mädchen das erste Mal zum Frauenarzt gehen, hängen damit zusammen, ob sie bereits sexuell aktiv sind oder nicht. Bei den sexuell Aktiven spielt eindeutig das Thema Verhütung die zentrale Rolle, bei den sexuell unerfahrenen Mädchen sind es vor allem Probleme mit der Menstruation, Unterleibsbeschwerden, die Vorsorge zum Gebärmutterhalskrebs oder das Interesse an Verhütung.

Viele Mädchen befürchten vor ihrem ersten Arztbesuch, dass sie auf den gynäkologischen Stuhl müssen, aber dem ist längst nicht mehr so. Fragen zur Verhütung lassen sich gut in einem Gespräch klären, und es gibt Ärzte, die auch die Pille verschreiben, ohne dass ein junges Mädchen dazu unbedingt genital untersucht werden muss. Am besten ruft man vorher einfach in der Praxis an und erkundigt sich telefonisch, welches Vorgehen dort bei jungen Mädchen üblich ist. Grundsätzlich erfolgt eine Untersuchung auf dem Stuhl immer erst dann, wenn sich ein Problem nicht anders abklären lässt. Natürlich sollte die Patientin der Untersuchung zustimmen. Ermuntern Sie also Ihre Tochter, vor allem wenn sie noch jünger ist, für sich selbst zu entscheiden, ob sie eine Untersuchung möchte oder nicht.

Gleichzeitig sollten Sie als Mutter auch mit ihr darüber sprechen, ob sie allein oder in Ihrer Begleitung zum Arzt gehen möchte. Beruhigend sind sicher auch die Informationen, dass man vor der Untersuchung keine Angst zu haben braucht oder dass die Lage auf dem Stuhl zwar eher ungewohnt und vielleicht beim ersten Mal ein bisschen peinlich ist, aber dass es für Arzt oder Ärztin absolute Routine ist, täglich viele Frauen zu untersuchen. Die meisten erklären die verschiedenen Untersuchungen auch, und dann fühlt man sich schon gleich etwas sicherer.

Neues Terrain: Jugendliche und Pornographie

Gucken heutzutage wirklich so viele Jugendliche Pornos, wie man das immer wieder liest? Trifft das auch auf Mädchen zu? Und was ist dran an der zunehmenden Pornographisierung unserer Gesellschaft? All das sind Fragen, die in den Medien, unter Sexualwissenschaftlern und -pädagogen, in der Schule und auch unter Eltern kontrovers diskutiert werden. Die einen sind alarmiert und befürchten im Extremfall eine zunehmende Verwahrlosung der Jugend, die anderen bleiben eher gelassen und meinen, dass auch Sexualität sich einem sozialen Wandel unterzieht und es dabei immer wieder zu Verhaltensänderungen ganzer Generationen kommt. So warnten Ärzte und Pädagogen im 19. Jahrhundert vor den angeblich schrecklichen und dramatischen Folgen der Selbstbefriedigung. In den siebziger Jahren des 20. Jahrhunderts waren viele Eltern noch entsetzt darüber, dass sich schulische Lehrpläne mit Sexualaufklärung befassen oder dass minderjährige Mädchen die Pille nehmen.

Um sich selbst eine Meinung zum Thema Jugendliche und Pornos zu bilden, ist es vielleicht hilfreich, ein paar Zahlen und Studien zu kennen. So haben nach einer repräsentativen Studie (aus dem Jahr 2009) knapp 80 Prozent aller 14- bis 17-jährigen Jugendlichen und 42 Prozent der 11- bis 13-jährigen Kinder bereits pornographische Bilder oder Filme, meistens im Internet, gesehen. Was den regelmäßigen Konsum von Pornos betrifft, so gibt es neuen Studien zufolge keinen Bereich des jugendlichen sexuellen Verhaltens, in dem die Konsumgewohnheiten von Mädchen und Jungen so unterschiedlich sind. Sexualforscher schätzen, dass bei den jungen Männern etwa ein Drittel mindestens einmal pro Woche oder häufiger pornographische Clips oder Streams im Internet anklickt, bei den Mädchen hingegen sind es nur sehr wenige, die gezielt Pornographie konsumieren.

Die neue Sexualkultur existiert in zwei Welten

Die Hamburger Sexualwissenschaftler Gunter Schmidt und Silja Matthiesen haben sich intensiv mit dem Thema Jugendliche und Internetpornographie beschäftigt und verschiedene Untersuchungen dazu durchgeführt. Dabei stellten sie fest, dass die unterschiedliche Einstellung zu Pornos bei Jugendlichen durchaus bekannt ist und häufig thematisiert wird, auch um untereinander zu verdeutlichen, wie verschieden Mädchen und Jungen in ihrer Sexualität sind. Auf die Frage, was denn passiert, wenn diese «unterschiedlichen Wesen in einer Liebesbeziehung aufeinandertreffen», konstatieren die Forscher: «Es geht auch dann erstaunlich differenziert, unterscheidend zu, in dem Sinne, dass die Andersartigkeit respektiert wird: Männer reduzieren ihre Pornofrequenz wie die Masturbationsfrequenz, ohne den Konsum aufzugeben; sie versuchen nur sehr selten, ihr Interesse an den Filmen der Partnerin aufzuoktroyieren (das hätte auch wenig Erfolg); die Frauen sehen die Neigungen ihres Freundes gelassen. Aussagen wie diese sind typisch: ‹Ich hab kein Problem damit. Das sind nur Frauen auf dem Bildschirm, mit denen kann er nichts anstellen. Ich brauch das nicht, wenn er es braucht, ist es mir egal.› Wie die Masturbation wird auch der Pornokonsum in der Regel nicht als Untreue gesehen, und das von einer Generation, in der schon ‹Fremdküssen› oder ‹Fremdknutschen›, wie sie es nennen, heftige Eruptionen in der Beziehung auslösen können. Ein schönes Beispiel für die Unterscheidung virtueller und realer Sexwelten.»

Dies bedeutet, dass Jugendliche sich relativ selbstverständlich zwischen den verschiedenen Sexwelten und -kulturen bewegen, wobei die in den Medien und im Internet gezeigte Sexualität so präsent und vielfältig ist wie nie zuvor. Sind Pornos also mehr oder weniger harmlos und Ausdruck einer neuen, vielleicht unbefangener agierenden Generation? Einerseits. Andererseits weisen Journalisten, Psychologen und nicht zuletzt auch Insider aus der Pornoindustrie darauf hin, dass Pornographie kein «Konsummittel ist wie Schokolade oder Alkohol», sondern immer auch eine ethische Dimension hat, «weil es dabei um Menschen geht, denen vielfach schwerste körperliche und seelische Schäden zugefügt werden», wie die Psychologin Tabea Freitag feststellt. Sie zeigt auf, dass mit der ungebremsten Pornographisierung der Gesellschaft zunehmend auch Menschenhandel, Sexsklaverei sowie Verletzungen der Menschenwürde als Mittel zu Luststeigerung akzeptiert werden. Und sie plädiert dafür, dass in der zukünftigen Auseinandersetzung mit Pornographie die Würde eines jeden Menschen eine zentrale Rolle einnehmen muss. (Ratschläge zum Umgang mit jugendlichem Pornokonsum finden Sie im Ratgeberteil.)

TRAUMJOB ELTERN

Generation für Generation stellt die Pubertät Töchter und ihre Eltern aufs Neue vor eine vollkommen ungewohnte Situation. Süße kleine Mädchen, die noch vor kurzem begeistert Mensch ärgere dich nicht gespielt haben, gern in die Schule gegangen sind und sich mit allen ihren Fragen und kleinen wie großen Problemen vertrauensvoll an Mama oder Papa gewendet haben, gehen plötzlich auf Abstand und wollen immer öfter ihre Ruhe haben. Kommen sie einem doch mal wieder nahe, so registriert man erstaunt, dass der sanfte Kindergeruch verflogen ist. Die Malstifte werden in die Schublade gepackt, stattdessen liegt vielleicht schon der erste Lippenstift oder Lidschatten auf dem Schreibtisch, und der Spiegel, ob im Kinderzimmer, auf dem Flur oder im Bad, wird zu einem der wichtigsten Möbelstücke der kommenden Jahre.

Die neue Generation, die da heranwächst, prüft aber nicht nur das eigene Aussehen mit kritischem Blick, auch die Eltern müssen auf den Prüfstand und kommen somit nicht daran vorbei, einen eigenen Blick in den Spiegel zu werfen.

Auf dem Prüfstand
Der eigene Blick in den Spiegel

Lebensstil, Freizeitverhalten, Werte, Beziehungsfragen: In der Pubertät unterziehen viele Töchter ihre Eltern einer kritischen Prüfung und stellen sie gleichzeitig auf eine harte Beziehungsprobe, indem sie das pralle Leben mit allen Möglichkeiten in die eigenen vier Wände bringen! Mutter und Vater reagieren darauf oft mit einer Mischung aus Verwunderung (*«Was, so schnell ist unsere Kleine groß geworden?»*), angekratztem elterlichem Autoritätsempfinden (*«Na, da wollen wir doch erst mal sehen, wer am längeren Hebel sitzt ...»*) oder genervter Abwehr (*«Och bitte nicht schon wieder diese Diskussion, die hatten wir doch gestern erst, schon vergessen?»*). Man ist irgendwie verwundert, alarmiert oder aufgescheucht – und verunsichert.

Der Wirbelsturm der Pubertät erwischt die meisten Eltern in einer Lebensphase, in der es gerade anfängt, ein bisschen ruhiger und gemütlicher zu werden. Es ist anstrengend, ein oder mehrere Kinder großzuziehen, einem Beruf nachzugehen, sich um den Haushalt zu kümmern und auch noch die eigenen Freundschaften und Interessen zu pflegen. Gerade in den ersten Jahren brauchen kleine Kinder viel Zeit und Aufmerksamkeit. Sie müssen gestillt, gefüttert und gewickelt werden, die ersten Worte und die ersten Schritte lernen. Sie kommen in den Kindergarten, sie gehen in die Schule, und bei allen diesen Entwicklungsschritten ist elterliches Engagement gefragt. Dann neigt sich die Grundschulzeit dem Ende zu, vielleicht erfordert der Schulwechsel noch einmal besondere Aufmerksamkeit, aber trotzdem haben Eltern während dieser Phase oft das Gefühl, gemeinsam mit dem Kind sozusagen «aus dem Gröbsten heraus zu sein».

Doch kaum bequem zurückgelehnt und entspannt die Augen geschlossen, da wird man auch schon wieder aufgerüttelt: *«Ich hab keine Lust, Oma zu besuchen»*, *«Ihr könnt mir nicht vorschreiben, wann ich ins Bett soll …»*, *«Tschüss, ich gehe jetzt zu Melly, ich weiß noch nicht, wann ich nach Hause komme …»*, *«Wieso soll ich mich nicht auffällig schminken? Machen doch alle …»*

« Hallo Süße ? ! Mach mal langsam … »

«Hallo Süße, mach doch mal langsam!!!», möchte man der Tochter zurufen. *«Wir haben es doch alle gerade so schön gemütlich hier zusammen, jetzt bloß keine Hektik …!»*, denkt man und appelliert an die Vernunft. Damit mag man zu Beginn der Pubertät möglicherweise noch Gehör finden, aber sobald die Hormone Fahrt aufgenommen haben, ist es aussichtslos, pubertierenden Mädchen Ruhe und Gelassenheit abzufordern. Mal ehrlich: Wer lehnt sich schon entspannt zurück, wenn es doch gerade darum geht, die Welt zu erobern?

So bleibt Ruhe und Harmonie bedürftigen Eltern nichts anderes übrig, als genau das zu akzeptieren: Trubel und Aktion sind angesagt, man muss sich aus dem schönen Sessel erheben, sich dem Trubel stellen und auch, wenn es manchmal einfach nur anstrengend ist, den neuen Lebensabschnitt mit einer pubertierenden Tochter mit offenen Armen empfangen. Immerhin kann man sich damit trösten, dass die Pubertät nach Windeln, Legosteinen und Schulheften die letzte gemeinsame Entwicklungs-Etappe ist, die Kinder und Eltern in der Familie erleben und bewältigen dürfen, bevor sich dann eines Tages die Wege trennen werden und man sich fortan erwachsen und auf Augenhöhe begegnet.

Die Pubertät ist sozusagen das Sahnehäubchen auf einem großen Stück Torte, einer Schicht-Torte aus vielen kleinen und großen Entwicklungsschritten, die Sie als Eltern bereits erfolgreich unterstützt, geleitet und begleitet haben. Vertrauen Sie darauf, dass Sie auch die kommenden Herausforderungen gemeinsam managen werden. Schließlich haben Sie eine Menge Lebenserfahrung, da lassen Sie sich doch nicht von ein paar jugendlichen Dummheiten oder Provokationen erschüttern, oder?

Lebenserfahrung contra persönliche Kränkung

Trotzdem ist es nicht nett, wenn man sich von der eigenen Tochter anhören muss, dass «man ja überhaupt keine Ahnung hat», ein «schrecklicher Spießer» oder eine «Spaßbremse» ist, nur weil man nicht alles erlaubt, was das jugendliche Herz begehrt. Wie schnell kann es da doch mal passieren, dass man wider besseren Wissens die Vorwürfe persönlich nimmt, entsprechend beleidigt ist und ebenfalls persönlich wird. Und schon steckt man mitten in einem Streit um Recht oder Ungerechtigkeit, Spießertum und gegenseitige Ahnungslosigkeit.

So manches Mal wird sich das vielleicht nicht umgehen lassen, aber trotzdem sollten Sie als Eltern möglichst bedenken, dass vor Ihnen ein Mädchen steht, dem es vor allem ums Prinzip geht und weniger darum, Sie persönlich anzugreifen: Ihre Tochter baut sich gerade ein eigenes Leben auf und will dabei nicht vorrangig Ihre Vorgaben erfüllen. Sie hat eigene Vorstellungen vom Erwachsenwerden und möchte damit ernst genommen werden. Lassen Sie sich also nicht so schnell provozieren oder beleidigen, sondern achten Sie als Eltern vor allem darauf, dass bei Auseinandersetzungen in der Familie der gegenseitige Respekt und Ton gewahrt bleibt.

Mit der Pubertät der Kinder begegnen viele Mütter oder Väter auch noch einmal ihrer eigenen Pubertät. Erinnerungen kommen hoch, vielleicht tauscht man sich auch mit dem Partner, der Partnerin oder der eigenen Tochter darüber aus, wie das damals war, als die jetzigen Großeltern selbst noch Eltern waren. Erinnern Sie sich daran? Wie haben Sie sich damals gefühlt? Hatten Sie Freunde? Wie haben Sie Ihre Zeit verbracht? Was haben Ihre Eltern damals dazu gesagt? Haben Sie sich von Ihrer Mutter und Ihrem Vater anerkannt gefühlt? Gab es etwas, was Sie sich damals unbedingt von Ihren Eltern gewünscht hätten? Vielleicht kommt Ihnen jetzt der eine oder andere Konflikt, den Sie mit Ihrer Tochter austragen, bekannt vor. Oder Sie stellen fest, dass heutzutage doch alles vollkommen anders ist.

Kleine Reisen in die Vergangenheit ...

Denn auf welche Weise Eltern die Pubertät ihrer Kinder erleben, das hat auch mit ihrem eigenen Leben zu tun. Mit der Vergangenheit, in der eine Rolle spielt, wie man die eigene Pubertät verkraftet hat oder wie das Verhältnis zu den eigenen Eltern war. Aber auch mit der Zukunft und der Frage, wie Eltern damit zurechtkommen, selbst allmählich in der Generationenfolge aufzurücken und sich auf ihre zweite Lebenshälfte vorzubereiten, während der Tochter Tür und Tor offenstehen. In manchen Elternseminaren können Teilnehmer ihre Aufmerksamkeit auf die eigene Pubertät lenken. Viele Erwachsene haben vergessen, wie sie sich in der Pubertät gefühlt haben, die Launen, das merkwürdige Körpergefühl, die Sticheleien der Mitschüler, der strenge Geruch in der Klasse. Es ist schön, zu erleben, wie berührt sie reagieren, wenn ihnen klarwird, was sie als Jugendliche beschäftigt hat. Manche entdecken sogar Parallelen zu den eigenen Kindern. Eine Teilnehmerin erinnerte sich daran, dass sie in der Pubertät niemanden hatte, mit dem sie über ihre sexuellen Gefühle sprechen konnte. Zugleich fühlte sie sich sehr einsam und begriff plötzlich, warum die Pubertät ihrer eigenen Tochter sie so beunruhigte. Eine andere Mutter hatte als Jugendliche immer das Gefühl, sich am liebsten mit ihrem Körper verstecken zu wollen und trug grundsätzlich nur riesige T-Shirts. Ihr wurde plötzlich klar, warum sie deutlich weniger Probleme mit dem figurbetonten Styling hatte als ihr Mann und ihre Tochter immer wieder vehement verteidigte: Sie war einfach froh, dass sich die Tochter anders als sie selbst mit ihrem Körper offenbar sehr wohl und sexy fühlte.

Manche Eltern reagieren auf das pubertäre Verhalten ihrer Kinder mit Abwehr. Zum Beispiel, wenn die Jugendlichen etwas ausleben, was die Eltern damals selbst nicht durften. Vielleicht auch, weil sie sich damals nicht getraut haben, sich gegen die eigenen Eltern durchzusetzen. Sätze wie «Ich kann mich nicht entsinnen, dass ich meine Eltern je so angebrüllt habe» weisen auf einen solchen Zusammenhang hin.

Wenn Sie mit Ihrer Tochter immer wieder wegen derselben Dinge streiten, wenn ein bestimmtes Verhalten Sie immer wieder hilflos macht oder wenn Sie bestimmte Eigenschaften nicht mögen, die Sie an sich selbst kennen, dann kann Ihnen ein Ausflug in die eigene Vergangenheit vielleicht eine neue Perspektive auf diese Konfliktpunkte geben und zu einem neuen Verständnis helfen.

Und der elterliche Blick auf die Zukunft ...

Aber noch etwas ist bezeichnend für die Lebensphase, in der sich viele Eltern befinden, wenn ihre Kinder pubertieren. Während die Jugendlichen mit wehenden Haaren ins Leben ziehen, nähern sich Mutter und Vater ihrer zweiten Lebenshälfte. Der Nachwuchs hat Energie ohne Ende, während man selbst erste Konditionseinbußen verzeichnen muss. Auch intellektuell sind viele Heranwachsende unschlagbar, weil ihr Gehirn durch die Schule trainiert ist, während man selbst sich durch Stress und berufliche Routine oft müde und eingefahren fühlt. Die sind frisch verliebt und knutschen womöglich den ganzen Tag, während man selbst im Büro sitzt, um die eigene Zukunft und die der knutschenden Teenager zu sichern. Das frische und unbedarfte Leben der Kinder kann so zu einem Spiegel eigener unerfüllter Sehnsüchte oder nicht erreichter Ziele werden. Manche Eltern tragen jetzt Berufswünsche an ihre Tochter heran, die sie in ihrem eigenen Leben nicht verwirklichen konnten. Oder wünschen sich für ihr Mädchen einen Freund, der bei genauerer Betrachtung mehr den eigenen Erwartungen entspricht als den jugendlichen Idealen und Bedürfnissen.

Manchmal werden Eltern auch durch die jugendliche Sexualität verunsichert, die neuerdings im Haus präsent ist. Sie sind jetzt nicht mehr die einzigen sexuell Aktiven, und wie hat sich das eigene Beziehungs- und Sexualleben im Vergleich zu den ersten Jahren des Kennenlernens verändert? Eltern, durch die Pubertät ihrer Tochter mit dem Thema konfrontiert, können das Gefühl haben, im Sex- und Beziehungsleben etwas verpasst zu haben. Manche Jugendlichen machen ihren Eltern möglicherweise auch schmerzlich bewusst, dass in der eigenen Partnerschaft nur wenig oder keine Sexualität gelebt wird. All das kann traurig, neidisch oder wütend machen. Eltern sollten sich nicht vor solchen Gefühlen erschrecken und auch nicht dagegen wehren. Es ist völlig in Ordnung, so zu empfinden.

Wie leben wir eigentlich gerade? Und was ist uns wichtig?

Zum elterlichen Blick in den Spiegel gehört auch, sich das eigene Leben und die eigenen Beziehungen wieder einmal genauer anzuschauen. Ihre Tochter wird das wahrscheinlich im Verlauf ihrer Pubertät ebenfalls irgendwann tun. Oder hat sie Sie als Vater, Sie als Mutter und Ihre Familie bereits kritisch unter die Lupe genommen? Jugendliche beobachten zum Teil recht genau, wie Eltern miteinander umgehen: Verhalten sie sich respektvoll und partnerschaftlich oder haben sie oft Stress miteinander? Sind sie zärtlich zueinander oder eher nicht? Fällen sie Entscheidungen gemeinsam? Suchen sie Kompromisse? Wird in der Partnerschaft, aber auch in der Familie, über Gefühle geredet? Die meisten Jugendlichen bekommen das alles und eine Menge mehr mit, auch, wenn sie das oft nicht zeigen oder sich anmerken lassen.

Das heißt: Wie die aktuelle Situation zu Hause gerade ist, das geht weder an Ihnen noch an Ihrer pubertierenden Tochter spurlos vorbei. Je nachdem, welches Mädchen da gerade mit welchen Eltern, welcher Mutter oder welchem Vater, zusammenlebt, können sich die unterschiedlichsten Probleme und Konfliktsituationen ergeben, aber natürlich auch viele positive Möglichkeiten und Chancen.

Schaut man sich die persönliche Situation in Ruhe an, so kann man manches Verhalten, ob das der Tochter oder das eigene, vielleicht besser verstehen. Hin und wieder ist man eben einfach gestresst und angespannt und fährt deshalb selbst schnell aus der Haut. Oder man lebt allein mit der Tochter und hat zu Hause niemanden, der einen darin bestärkt, bei Konflikten konsequent zu bleiben. Vielleicht wohnt man auch in einer großen Patchwork-Familie mit mehreren pubertierenden Kindern in einem Haus (die wahrscheinlich dann auch noch mehrere Erziehungsberechtigte haben), und dann ist das in der Tat kompliziert, Regeln zu finden, mit denen alle leben können.

Es geht also im Prinzip um die Frage, welche Temperamente und Persönlichkeiten gerade in Ihrer Familie aufeinanderstoßen und tagtäglich miteinander klarkommen müssen. Und wie sich Ihre Familiensituation insgesamt gerade darstellt: sicher oder unsicher, friedlich oder angespannt, flexibel oder unflexibel? Fühlen Sie sich als elterliches Erziehungsteam gerade stark und verbündet oder arbeiten Sie eher gegeneinander?

Auch Eltern dürfen sich ruhig wertschätzen

Ob Gegenwart, Vergangenheit oder Zukunft: Je mehr Sie verstehen, an welcher Stelle das Verhalten Ihrer Tochter auf Ihr eigenes Leben und Ihre Erlebnisse und Wünsche trifft, desto besser können Sie als Eltern Ihrer Aufgabe nachkommen, Verantwortung abzugeben und auf das Selbstverantwortungsgefühl Ihrer Tochter zu vertrauen. Der eigene Blick in den Spiegel soll aber nicht zu einer superkritischen und strengen Selbstprüfung werden! Er soll Sie als Eltern vielmehr dazu ermuntern, mit sich selbst nachsichtig zu sein. Sie tun unter den gegebenen Möglichkeiten gerade Ihr Bestes, um Ihr Kind zu einer verantwortungsvollen jungen Frau zu erziehen, und dabei werden Sie sich nicht immer perfekt verhalten, und auch Ihre Familie wird nicht immer perfekt funktionieren.

Zum Glück! Denn erstens gibt es ein schönes Sprichwort, das heißt: «Wenn too perfect, lieber Gott böse!», *soll heißen: Wären wir noch Menschen, wenn wir alles perfekt könnten?* Zweitens sind Dinge und Situationen, die nicht perfekt funktionieren, oft ebenso gute und wichtige Entwicklungsmotoren, denn sie fordern dazu auf, Enttäuschungen zu verkraften oder Probleme zu bewältigen. Und drittens sind Menschen, die Fehler machen, kritisiert werden dürfen, gerade eine Krise durchleben, auch mit Enttäuschungen und Frust kämpfen müssen oder in Tränen ausbrechen, für Heranwachsende authentische Vorbilder. Wenn Sie das Gefühl haben, gerade mit Ihrem eigenen Leben oder dem der pubertierenden Tochter überfordert zu sein, dann scheuen Sie sich nicht, in einer Beratungsstelle oder einer psychotherapeutischen Praxis Rat und Unterstützung zu suchen. Auch das ist vorbildlich und signalisiert: Es ist manchmal klug und gut, Hilfe zu suchen, wenn man allein nicht weiterkommt.

Verantwortung haben, Verantwortung abgeben
Elterlicher Rollenwechsel

Im ersten Kapitel haben Sie bereits einiges darüber erfahren, wie Sie als Eltern Ihre Tochter durch die körperliche und psychische Entwicklungsphase Pubertät begleiten können. Was den «Traumjob Eltern» in der heutigen Zeit besonders macht, ist die Aufgabe, pubertierende Kinder auf eine partnerschaftliche und familiäre Art und Weise zu der allseits geforderten Selbstverantwortung zu erziehen. Das erfordert peu à peu einen elterlichen Rollenwechsel: Weg vom Verantwortungsträger- und Bestimmer-Dasein hin zu neuen Freiheiten, die man genießen kann, wenn nicht mehr ein kleines Kind neben einem steht, sondern eine volljährige junge Erwachsene.

Die Shell Jugendstudie (2010) hat gezeigt, dass die Familie für Jugendliche heute eine enorm wichtige Rolle spielt. Etwa drei Viertel meinen, dass man eine Familie braucht, um glücklich leben zu können, mehr als 90 Prozent haben ein gutes Verhältnis zu ihren Eltern. Sogar mit den elterlichen Erziehungsmethoden sind die meisten einverstanden, heißt es. Vorbei also die Zeiten großer Rebellionen und Aufstände gegen die Eltern: Fast drei Viertel aller Jugendlichen würden auch ihre eigenen Kinder so erziehen, wie sie selbst erzogen worden sind. Erstaunlich!

Erziehen in Zeiten der Pubertät, das ist eine Kunst. Und für die meisten Eltern auch eine emotionale Herausforderung, die über einen Zeitraum von mehreren Jahren sehr präsent ist. Eltern tragen in manchen Lebensbereichen noch die volle Verantwortung für das Verhalten ihrer pubertierenden minderjährigen Kinder, in anderen Lebenbereichen dürfen sie diese Verantwortung schrittweise abgeben und sich daran erfreuen, wenn die Kinder tatsächlich selbständig und verantwortungsbewusst handeln.

Verunsicherung in Zeiten des Übergangs

Weil vor allem die körperliche Reife heute deutlich früher einsetzt als noch vor 50 Jahren, fällt die Pubertät manchmal sozusagen mitten ins Kinderzimmer. In einer Zeit, in der schon 9- oder 10-jährige Mädchen sich wie junge Erwachsene stylen, ist es für Eltern besonders schwer, abzuwägen, was sie ihrem Kind schon zutrauen können und was nicht. Viele Eltern sind verunsichert, weil sie nicht zu streng sein wollen oder aber meinen, wenn sie ihrem Kind zu wenig erlauben, dann könne es ja auch nicht selbständig werden. Gedanken, die verständlich sind, die Sie selbst vielleicht auch kennen und die Sie mit vielen Eltern teilen.

Deshalb möchten wir Sie an dieser Stelle entlasten und Ihnen eine klare Orientierung geben: Auch 12-jährige Pubertierende sind noch weit davon entfernt, erwachsen handeln zu können, und so ist es zwar oft ihr Bedürfnis und ihr großer Wunsch, selbst auf sich aufzupassen, aber wirklich noch nicht ihre Aufgabe.

Selbstverantwortlich denken und handeln, das können selbst Jugendliche mit 13 oder 14 Jahren noch nicht. Sie als Eltern haben in dieser Zeit also nach wie vor die manchmal heikle Aufgabe, die Mädchen zu beaufsichtigen, zu schützen und zu fördern. Sie tragen (noch) die Verantwortung, sind aber als Eltern im Begriff, diese Verantwortung an Ihre Tochter abzugeben. Doch wie stellt man das am besten an? Wie kann man den Übergang sicher leiten? Und wie ein Mädchen ernst nehmen, an sein Verantwortungsgefühl appellieren und ihm gleichzeitig trotzdem ganz klar vorschreiben, was es zu tun hat?

Den Übergang sicher leiten und moderieren

Können Sie sich noch erinnern, wie das war, als Ihre Tochter zur Welt gekommen ist? Wie Sie sich als Mutter oder Vater gefühlt haben, mit diesem kleinen schutzlosen Bündel im Arm, für das Sie nun plötzlich sehr lange die Verantwortung haben? Wie ist es Ihnen damit gegangen? Neben dem großen Glücksgefühl, ein gemeinsames Kind zu haben und nach Hause zu tragen, bekommen viele Mütter und Väter auch einen Schreck. Das Bewusstsein, mit dem süßen Wesen auch die Verantwortung für ein neues Leben in die Hände zu nehmen, kann einem schon mal schlaflose Nächte bereiten oder einem den Atem nehmen.

Wie Sie als Eltern einer pubertierenden Tochter wissen, ändert sich daran auch nicht viel, wenn die Kinder 10, 12, 14, 16 oder 18 Jahre alt sind. Das Thema Verantwortung begleitet Eltern, solange ihre Kinder noch minderjährig sind und auch darüber hinaus. Selbst für Volljährige, die ja per Gesetz nun wirklich selbst für alles die Verantwortung übernommen haben, flackert immer noch mal wieder dieses Gefühl auf: «*Aber sie ist doch unsere Tochter, da können wir doch nicht einfach ...*»

In der Pubertät schwingt das Thema Verantwortung bei vielen Erlebnissen, Begegnungen und Konflikten zwischen Kindern und Eltern mit. Häufig wird dabei um die Verantwortung, darum, wer sie trägt oder zu tragen hat, gerangelt. Viele Eltern vergessen dabei, wie schön und erleichternd es doch ist, Verantwortung loszuwerden. War das nicht klasse, als die Kleine endlich Zähne hatte, alles essen konnte und man die elterliche Verantwortung los war, ständig Babybrei-Gläschen mit sich herumzuschleppen? Und wie angenehm, als die Windelzeit vorbei war. Großartig, wenn sich Kinder plötzlich gegenseitig kleine Geschichten vorlesen und man nicht mehr selbst jeden Abend ranmuss.

Verantwortung abgeben hat viele positive Seiten

Auch die Verantwortung, die Sie nun während der Pubertät schrittweise abgeben, hat für Sie viele positive Seiten: Sie müssen nicht mehr Gummistiefel einkaufen, sondern Ihre Tochter kauft sich die Pumps ganz allein. Keine anstrengenden Kindergeburtstage mehr, von denen Sie ein quengelndes Etwas abholen müssen, sondern auch das Party-Leben managt Ihre Tochter ganz allein. So wie die Hausaufgaben (idealerweise) und ihre Verabredungen im Alltag. Für Eltern bedeutet das jede Menge neue Freiräume und mehr Zeit für sich selbst, juchhu!!! Wenn man denn die Verantwortung guten Elterngewissens abgeben kann und das Gefühl hat, bei der Übergabe verschwindet diese nicht einfach im Nirwana. Das heißt: Da muss jemand sein, der die Verantwortung auch annimmt.

Deshalb ist es vielleicht sinnvoll und für Sie als Eltern entlastend, wenn Sie in einem kleinen Grundsatz-Gespräch mit Ihrer Tochter einfach mal über elterliche und jugendliche Verantwortung philosophieren und dabei vor allem die positiven Aspekte betonen. Vielleicht können Sie ihr mitteilen, wie toll Sie es finden, dass sie nun schon so viel weiß, kann und tut. Dass Sie es genießen, so eine große Tochter zu haben. Dass Sie sich auf die nächste Zeit freuen und gespannt sind, was alles passieren wird, jetzt, wo sie immer erwachsener wird. Dass Sie ihr gern etwas zutrauen und dass es dabei für Sie wichtig ist, zu spüren, dass sie als Mädchen diese Verantwortung versteht und übernimmt.

Ein guter praktischer Aufhänger, um die Verantwortlichkeiten in verschiedenen Bereichen auf einen Blick vor Augen zu haben, ist das Jugendschutzgesetz, sozusagen eine «höhere Instanz», die in der Öffentlichkeit und in allen Erwachsenen-Lebensbereichen regelt, welche Rechte Jugendliche haben und welche noch nicht. Erklären Sie Ihrer Tochter das Gesetz und sprechen Sie mit ihr darüber, dass es nicht gemacht worden ist, um Jugendliche wie sie zu gängeln, einzuschränken und in ihren Rechten zu beschneiden, sondern um sie ernst zu nehmen und zu schützen, wie der Name schon sagt.

Schauen Sie sich mit ihr zusammen an, wer bei welchen Tätigkeiten oder Aktivitäten die Verantwortung trägt oder die Aufsichtspflicht hat. Das Kennen der Jugendschutz-Vorschriften (den tabellarischen Überblick finden Sie im Kapitel «Den Alltag meistern») kann Ihnen sichere Anhaltspunkte und einen guten Orientierungsrahmen liefern, wann Sie als Eltern noch die Verantwortung für das Verhalten Ihrer Tochter haben. Und wann Sie sich darüber freuen dürfen, die Verantwortung abzugeben, vorausgesetzt, sie wird Ihnen auch ernsthaft abgenommen.

Wenn andere Eltern «besser» sind

Als pubertierende Tochter muss man das eigentlich mindestens einmal versuchen: Die Eltern mehr oder weniger deutlich darauf hinzuweisen, dass andere Eltern viel großzügiger, toleranter oder weniger streng sind, kurzum: EINFACH BESSER!!!

«Johanna darf aber so lange auf der Party bleiben, wie sie will. Und Maria auch. Nur ihr macht wieder so einen Stress …», so oder ähnlich lauten die Vorwürfe, die man sich als Mutter oder Vater anhören muss. Ist ja auch das gute Recht Ihrer Tochter, gegen elterliche Erziehungsmaßnahmen zu protestieren. Das sollte Sie natürlich nicht davon abhalten, konsequent weiter die eigenen Grundsätze und Linien zu vertreten. Trotzdem treffen solche Vorwürfe häufig einen wunden Punkt, weil viele Mütter oder Väter dazu neigen, sich und ihre Situation ohnehin immer mal wieder mit anderen Eltern zu vergleichen.

Und dann kommen sie, die inneren Selbstzweifel: *«Vielleicht hat sie recht und wir sind wirklich zu streng?»*, *«Na ja, wenn wir andere finanzielle Möglichkeiten hätten …»*, *«Die Zeiten haben sich ja auch geändert, bin ich vielleicht zu altmodisch und verklemmt?»* Sicher ist es sinnvoll, ab und zu allein oder mit dem Partner über die eigenen Erziehungsgrundsätze nachzudenken und zu reflektieren, was man tut. Aber bitte nicht in dem Moment, wenn die pubertierende Tochter unbedingt auf eine Party muss!

Deshalb: Lassen Sie sich bloß kein schlechtes Gewissen einreden! Johanna hat ihre Eltern, Maria hat ihre Eltern, und Ihre Tochter hat Sie als Eltern. Und alle Eltern haben ihre guten Gründe, warum sie ihrer Tochter etwas erlauben oder verbieten. Weder sind alle Töchter gleich, noch sind alle Eltern gleich. Selbstzweifeln wie diesen begegnet man am besten mit einem Realitäts-Check. Falls Sie Ihre eigenen häuslichen Regeln gern noch einmal überdenken möchten, können Sie sich dazu vielleicht mit den anderen Eltern austauschen. Und wer weiß: Vielleicht werden Sie dann im Gespräch feststellen, dass Sie tatsächlich das strengste Elternpaar in der Mädchen-Clique sind, was bis zu diesem Zeitpunkt ja gar nicht unbedingt von Nachteil für Ihre Tochter gewesen sein muss, und überdenken Ihre Erziehungsgrundsätze.

Vielleicht stellen Sie aber auch fest, dass Johannas und Marias Eltern im Grunde genommen ganz ähnlich denken wie Sie, aber angenommen haben, dass Sie Ihrer Tochter ja auch erlauben, so lange auf der Party zu bleiben, wie sie will, und deshalb Ihrer Erlaubnis in nichts nachstehen wollten. Kompliziert, aber wahr! Diese kleine Episode ist übrigens auch ein gutes Beispiel für kreatives Denken und Problemlösen heranwachsender Mädchen: Der Plan, allen Eltern von den freizügigen Eltern der anderen Freundinnen zu erzählen, war ja gar nicht schlecht. Grenzenlose Freiheit, Party ohne Limit! Zum Greifen nah. Fast.

Denn für die Eltern war der Austausch mit anderen Erziehungsberechtigten auch eine kreative Problemlösung, nicht in puncto Ausgehzeiten, da sind sie nämlich bei ihrem Standpunkt geblieben, sondern in Sachen Unsicherheit und Selbstzweifel. Es hat gutgetan, mit den anderen Eltern zu reden und zu hören, dass man mit seinen Ansichten, Sorgen oder Problemen nicht allein ist. Dadurch wird man zwar in den Augen der pubertierenden Tochter nicht zu einer «besseren» Mutter oder einem «besseren» Vater *(das wird man nur, wenn man alles tut, was die Prinzessin will …)*, aber man fühlt sich gleich viel besser, und das ist in diesem Fall die Hauptsache!

Abschied von der Bestimmer-Rolle

Je älter und verantwortungsvoller Ihre Tochter wird und agiert, desto mehr müssen Sie von Ihrer Verantwortung an die Tochter abgeben und in ihre Hände legen. Es heißt also über kurz oder lang, Abschied zu nehmen von dem süßen kleinen Mädchen und der elterlichen Erziehungs- und Bestimmer-Rolle. Sie stehen nun vor der Aufgabe, das Umsorgen und (Maß-)Regeln aufzugeben. Manches, was Sie Ihrer Tochter vorleben oder mit auf den Weg geben wollen, kommt plötzlich nicht mehr bei ihr an oder ist nicht willkommen. Ihre Führungs- und Vorbildfunktion verliert an Kraft, während die Tochter von Tag zu Tag mehr Eigenständigkeit und Selbstvertrauen gewinnt. Manche Eltern erleben das als Zeichen eigener Unzulänglichkeit und brauchen etwas Zeit, bevor sie stolz sein können auf die junge Erwachsene an ihrer Seite. Bei anderen Müttern oder Vätern kann die neue Rollen- und Verantwortungsverteilung im Haus zunächst eine Lücke hinterlassen. Denn wenn die Erziehungsaufgabe wegfällt, ändert sich ein Teil der Lebensaufgaben, und man hat plötzlich wieder viel mehr Zeit und Freiräume.

Eltern dürfen jetzt für sich herausfinden, wie sie ihre Zukunft gestalten wollen, und dabei anerkennen, dass sie fortan die Verantwortung nur noch für ihr eigenes Leben in der Hand haben. Das kann Erleichterung, Stolz und Freude auslösen, weil sie sehen, dass sich ihre Tochter prächtig entwickelt. Vielleicht aber auch Trauer, weil sie spüren, dass ihnen ein Abschied von der Tochter bevorsteht. Wut, weil die Tochter geht, oder Schuld, weil sie rückblickend möglicherweise das Gefühl haben, etwas in der Beziehung zu ihrer Tochter falsch gemacht zu haben. Eifersucht, weil sie spüren, dass der Freund oder die Clique ihrer Tochter mehr Aufmerksamkeit genießen als die eigene Familie. Sehnsucht und Nostalgie, weil es doch so schön war, sich um ein kleines Mädchen zu kümmern. Angst und Sorge, weil man nicht weiß, wie die Tochter allein zurechtkommen wird. Oder Angst und Sorge, weil man nicht weiß, wie man selbst ohne Tochter im Haus zurechtkommen soll. Gefühle des «Klammern-Wollens», weil sie sich nicht vorstellen können, ohne die Tochter zu leben.

All diese Gefühle können (müssen aber nicht) den Ablösungs-prozess begleiten. Dafür sollten sich weder Mutter noch Vater schämen oder schuldig fühlen, denn Gefühle sind eben Gefühle, und sie sind einfach da. Wenn man sie annimmt und nicht so tut, als ob es sie gar nicht gäbe, dann kann man viel besser mit ihnen leben.

Wir halten zusammen
Alleinerziehende, Patchwork-Familien – und Töchter

Mütter und Väter, die ohne Partner mit ihrer pubertierenden Tochter zusammenleben, sind mehr oder weniger allein für sie zuständig und tragen für alles, was zu Hause geschieht, die alleinige Verantwortung. Sie müssen Familienleben, Haushalt und Beruf miteinander vereinbaren, ohne jemanden zur Seite zu haben, der sie unterstützt, und haben dazu oft auch noch finanzielle Nachteile in Kauf zu nehmen. Für die Betroffenen bedeutet das, auf vielen verschiedenen Ebenen jederzeit flexibel sein zu müssen: die Tochter einerseits zum Selbständigsein zu ermuntern und gleichzeitig auf die Einhaltung von Regeln und Grenzen zu achten; die Freizeit mir ihr zu verbringen, aber ihre Freizeit manchmal auch zu kontrollieren. Und alle pubertäre Machtkämpfe müssen Mutter oder Vater auch allein bestehen.

Das ist sehr anstrengend, aber andererseits ist es auch in vielen anderen Familien oft nur ein Elternteil, auf dem das Hauptgewicht der Erziehung lastet. Und es hat auch etwas Gutes, wenn man alles allein zu entscheiden hat: Man muss wenigstens nicht ständig über die richtige Erziehung der Tochter streiten. Trotzdem kann es Phasen geben, in denen man sich fragt, ob man allen diesen Herausforderungen und Aufgaben wirklich gerecht werden kann. Oder ob es nicht gerade in der Pubertät wichtig wäre, dass die Tochter eine Mutter und einen Vater hat, ein Elternpaar eben, bei dem sich beide um sie kümmern.

Alleinerziehende leisten viel und sollten stolz darauf sein

Werfen Sie beherzt alle Schuldgefühle und Gedanken dieser Art über Bord, denn mit einem schlechten Gewissen überfordern Sie sich nur umso mehr. Und wie bereits festgestellt, sind auch in vielen Familien nicht ständig beide Elternteile präsent. Der anwesende Elternteil kann den häufig abwesenden oder fehlenden Partner nicht ersetzen, und das ist auch nicht seine Aufgabe. Wenn der Beruf viel Zeit und Aufmerksamkeit frisst, ist das nicht zu ändern. Heute werden Millionen von Jugendlichen mit nur einer Mutter oder einem Vater groß, ohne nennenswerten Schaden zu erleiden. Ein Viertel der 3,4 Millionen Jugendlichen zwischen 14 und 17 Jahren in Deutschland (im Jahr 2008) lebt mit Alleinerziehenden zusammen oder in einer Patchwork-Familie.

Wer für die Erziehung allein verantwortlich ist, hat genug zu tun und keinen Anlass, sich auch noch mit Selbstvorwürfen zu belasten. Seien Sie stattdessen stolz darauf, dass Sie Ihre Tochter bis jetzt so liebevoll und umsichtig aufgezogen haben, wie das in Ihrer Situation möglich war. Das ist eine großartige Leistung, die Sie sich gerade jetzt in der möglicherweise schwierigen Phase der Pubertät immer wieder vergegenwärtigen sollten.

Schwierig kann es werden, wenn der abwesende Elternteil zu Hause fortwährend schlechtgemacht wird, denn für Jugendliche und ihr wachsendes Selbstbewusstsein ist sehr wichtig, dass der jeweils andere Elternteil, der ja auch in ihnen steckt, anerkannt und gewürdigt wird. Sie tun Ihrer Tochter einen großen Gefallen, wenn Sie die Beziehung zu Ihrer abwesenden leiblichen Mutter oder Ihrem abwesenden leiblichen Vater nicht verleugnen oder ablehnen, sondern dazu stehen, dass Sie mit diesem Menschen zusammen waren, Sex hatten und/oder sich sogar geliebt haben, egal, wie es um Ihr persönliches Verhältnis heute steht.

Selbständig werden ist Programm

In einer interessanten Langzeituntersuchung des Max-Planck-Instituts für Bildungsforschung haben Entwicklungspsychologen 47 Normalfamilien und 20 Alleinerziehende durch die Pubertät begleitet. Die Kinder waren zu Beginn der Studie zwischen 11 und 12 Jahre alt und wurden mit ihrer Familie alle paar Monate von den Wissenschaftlern besucht.

Dabei haben die Psychologen verschiedene Beobachtungen gemacht: So beschrieben Alleinerziehende ihre Kinder im Vergleich zu denen aus Normalfamilien häufig als selbständiger. Gleichzeitig fühlten sich viele Kinder aus 1-Eltern-Familien bereits relativ früh als erwachsene und gleichwertige Partner ihrer Mütter oder Väter akzeptiert, obgleich sie sich noch mitten in der Pubertät befanden. Kinder mit nur einem Elternteil bekommen früher als andere Kinder eigene Aufgaben und Verantwortung übertragen. Alleinstehende Mütter oder Väter mit einer doppelten und dreifachen Belastung können vermutlich schon allein aus Zeitgründen ihre Kinder weniger verwöhnen und umsorgen als Mütter, die durch ihren Partner im Alltag entlastet werden.

Gleichzeitig ist den Forschern aber auch aufgefallen, dass es in den Familien der Alleinerziehenden viel weniger laut, turbulent oder chaotisch zuging als in den Normalfamilien. Bei Alleinerziehenden, so ein Fazit der Studie, geht es im Alltag oft viel friedlicher zu, es gibt weniger Zankerei um den Zustand des Badezimmers oder das ewige Thema eines unaufgeräumten Zimmers, Aufgaben im Haushalt werden auch selbstverständlicher übernommen.

Wenn die Generationen-Grenzen verschwimmen

Ein Lob auf die Selbständigkeit? Einerseits, denn sie hilft Pubertierenden, im Alltag sicherer und unabhängiger zu werden, sich in Beziehungen und im Umgang mit anderen gut zu behaupten und durchzusetzen. Aber andererseits übersehen Eltern dabei, dass es trotz früherer Selbständigkeit nach wie vor ein hierarchisches Gefälle zwischen Eltern und Kindern geben sollte: Eltern haben die wirtschaftliche und erzieherische Macht, verfügen über ein höheres Alter, mehr Lebenserfahrung und haben in vielen Dingen das Sagen. Es kann Heranwachsende überfordern, wenn diese zentralen Unterschiede in der Familienposition übersehen oder verleugnet werden zugunsten einer Partnerschaft und Gleichberechtigung, die in Wirklichkeit noch nicht erreicht ist.

Auch wenn Jugendliche sich von der Überlegenheit der Eltern oft eingeschränkt und in ihrem Wohlbefinden beeinträchtigt fühlen, brauchen sie diese Hierarchie. Schließlich geht es in der Pubertät darum, mit den Eltern um Gleichberechtigung, Anerkennung und um größere Rechte zu kämpfen. Wer zu früh aus dieser Hierarchie entlassen wird, hat auch keine Möglichkeiten, sich dagegen abzugrenzen und für die eigene Entwicklung zentrale Machtkämpfe auszutragen.

Für die Töchter verschwimmt so unter Umständen eine wichtige Grenze zwischen den Generationen. Statt mit ihrer Mutter müssen sie mit einer Mischung aus Mitbewohnerin, Freundin und großer Schwester verhandeln, und da ist es viel schwerer, die Opposition zu ergreifen. Mütter aus Normalfamilien haben tendenziell weniger Probleme damit, eine Grenze zwischen sich und der heranwachsenden Tochter zu ziehen. In Streitgesprächen legten sie Wert auf die Tatsache, einer anderen Generation anzugehören; sie betonten, dass sie über mehr Lebenserfahrung verfügen, pochten auf das Einhalten von Regeln und scheuten sich nicht, immer wieder in den Konflikt zu gehen. Alleinerziehende dagegen tendierten dazu, in Streitgesprächen eher die Beziehung zu thematisieren, wie Gleichaltrige das häufig tun, statt beim eigentlichen Streitthema zu bleiben.

Ein gutes Verhältnis: Harmonie und ihre Klippen

Manche Töchter haben eine sehr innige Beziehung zu dem Elternteil, der sie allein großzieht, und das ein gutes Gefühl für beide. Man verbringt viel Zeit miteinander, führt tolle Gespräche, gerät relativ selten in ernste Auseinandersetzungen und respektiert sich gegenseitig. Weil viel Vertrauen zueinander da ist, genießen Pubertierende alleinerziehender Eltern auch oft deutlich größere Freiheiten und finden das natürlich klasse.

Die Forscher haben aber auch herausgefunden, dass manche Kinder sich nicht wirklich trauen, Stress und Ärger zu Hause zu machen, weil sie befürchten, dann womöglich ganz ohne Eltern dazustehen.

Eine Belastungsprobe für Pubertierende ist, wenn sich der Elternteil, bei dem sie leben, plötzlich neu verliebt. Der neue Freund der Mutter oder die neue Partnerin des Vaters werden von Heranwachsenden oft als große Bedrohung erlebt, besonders, wenn das neue Paar dann auch noch ein gemeinsames Baby bekommt. Dann fühlen sich manche Jugendliche wie aus dem Nest geschubst. Für frisch verliebte Eltern kann diese Situation einiges an Konfliktpotenzial bergen, da geht es einem selbst nach langer, langer Zeit endlich mal wieder so richtig gut, man fühlt sich geliebt und begehrt und überhaupt im siebten Himmel. Und dann hat man neben sich eine Tochter, die sich einfach nicht richtig mitfreuen will, alles andere als begeistert ist oder sogar offen sagt, dass sie den «Neuen» oder die «Neue» irgendwie blöd findet. Für Sie als Eltern heißt es jetzt, aufmerksam zu sein. Lassen Sie sich nicht Ihre gute Laune von der Tochter vermiesen und bekommen Sie bitte auch kein schlechtes Gewissen, weil Sie verliebt sind! Denn: Verliebtsein ist das Beste überhaupt!

Aber erwarten Sie bitte von Ihrem Kind auch nicht, dass es wie eine Freundin reagiert und das Hochgefühl mit Ihnen zusammen feiert und genießt. Für Ihre Tochter ist die neue Situation nun einmal in erster Linie bedrohlich, und Ihre Aufgabe als Mutter oder Vater ist es, diese kindlichen Gefühle auf der Elternebene zu respektieren. Manche Jugendlichen flüchten sich auch in eine Art «Schein-Autonomie», sie lassen sich nicht anmerken, wie schwierig und kompliziert die neue Situation für sie ist und tun stattdessen so, als ob alles okay sei und sie ja sowieso ihren Weg gingen. Was können Sie tun?

Schenken Sie Ihrer Tochter möglichst gezielt und bewusst Ihre Aufmerksamkeit, damit sie sich nicht neben dem «Neuen» oder der «Neuen» zurückgesetzt fühlt, und lassen Sie ihr die Zeit, die sie braucht, um sich behutsam an die neue Familiensituation zu gewöhnen. Beachten Sie auch, dass diese Situation es Ihrer Tochter schwerer macht, sich von Ihnen zu lösen, und sie deshalb möglicherweise ungewohnt rebellisch und aufsässig oder aber gleichgültig agiert. Die Auseinandersetzungen bzw. Gleichgültigkeitsreaktionen helfen ihr dabei, sich an das «neue» Leben anzupassen.

Willkommen in der Patchwork-Familie: Nähe, Distanz, und Ablösungsprozesse

Pubertierende, die sich womöglich auch noch mit neuen Halb-Geschwistern in einer Patchwork-Familie anfreunden müssen, kann es gefühlsmäßig ähnlich gehen. Der Entwicklungspsychologe Prof. Kurt Kreppner hat gesagt, man könne sich die Situation der Jugendlichen als Mutter oder Vater folgendermaßen vorstellen: «Sie kommen auf eine Tagung, und es ist kein Einzelzimmer mehr frei, Sie können nur noch mit einem anderen Teilnehmer auf ein Doppelzimmer; so ähnlich geht es Patchwork-Kindern.»

Das bedeutet: Eben noch waren Mutter oder Vater relativ eng an ihrer Seite, nun fühlen sie sich wie Fremde im Hotel, oft auch ziemlich allein und verlassen. Die besondere psychische Herausforderung für Jugendliche, die sich überraschend in einer neuen Familie arrangieren müssen, weil Mutter oder Vater neu verliebt sind, besteht aber darin, dass es deutlich schwerer ist, den eigenen Weg zu gehen, wenn sich Mutter oder Vater genau in dem Moment von ihnen abwenden, sozusagen aus der vertrauten Zweier-Lebensgemeinschaft lösen. Die Heranwachsenden stehen plötzlich, gefühlt, allein da und kommen sich verlassen vor. Und dass in einer Lebensphase, in der ihre vorrangige Entwicklungsaufgabe ja gerade darin besteht, sich selbst von Mutter und Vater zu lösen. Verkehrte Welt! Mutter oder Vater lösen sich von der Tochter, bevor diese sich ablösen kann. Das bedeutet: Sie und Ihre Tochter müssen einen doppelten Ablösungsprozess durchstehen und psychisch verarbeiten.

Wir möchten Ihnen mit der Beschreibung dieser Situation keinen Schreck einjagen und Ihnen vor allem auch kein schlechtes Gewissen machen. Diesen «modernen» doppelten Ablösungskonflikt haben ebenfalls schon Millionen von Jugendlichen und ihre Eltern durchlebt.

Wichtig für Eltern, deren eigenes Leben sich gerade im Umbruch befindet und damit auch oft die gesamte Familiensituation, ist, von diesem Konflikt zu wissen und ihn bewusst wahrzunehmen. Sie, Ihre Tochter und die gesamte neue Familie, Sie alle befinden sich in einer besonderen Situation, einer Situation, in der Sie als Mutter oder Vater Zeit und Aufmerksamkeit einplanen sollten, die Sie ausschließlich ihrer pubertierenden Tochter schenken. Damit geben Sie ihr die Chance, sich langsam und schrittweise an die neuen Verhältnisse zu gewöhnen und tief in ihrem Herzen zu spüren: «Egal, was passiert, wir halten zusammen!»

Dieses Gefühl vermittelt Ihrer Tochter innere Sicherheit und hilft ihr dabei, sich in den nächsten Jahren vollständig von Ihnen abzulösen und ein eigenes, unabhängiges Leben aufzubauen.

Plötzlich auf Augenhöhe
Mütter und Töchter

«Zwei Dinge sollen Kinder von ihren Eltern bekommen: Wurzeln und Flügel» (Wurzeln, solange sie klein sind, und Flügel, wenn sie größer werden ...). Von wem dieser berühmte und kluge Spruch auch stammt: Er spricht beide Eltern an, die Mutter und den Vater. Beide haben die Aufgabe, ihre Tochter so zu erziehen, dass sie sich stark und sicher fühlt, also gut verwurzelt ist in ihrem Leben.

Die Beziehung zwischen einer Mutter und ihrem Kind ist bei diesem Verwurzelungsprozess aber noch einmal von besonderer Qualität, weil jede Mutter für ihr Kind die erste vertraute Bezugsperson ist. Neugeborene sind auf mütterlichen Schutz und mütterliche Liebe angewiesen. Sie genießen es, von der Mutter gestillt, gekuschelt und zuverlässig umsorgt zu werden. Diese erste und frühe Bindung, die ein Kind zu seiner Mutter aufbaut (und daneben natürlich auch zum Vater), ist so etwas wie ein prägender Kern, um den herum sich später alle weiteren Beziehungen gruppieren. Die Mutterbeziehung ist also sozusagen die «Mutter aller Beziehungen», und dieser Zusammenhang wiederum trifft auf Mütter und Töchter noch einmal in ganz besonderem Maß zu, weil sie das gleiche Geschlecht haben.

Oops, wir sind ja irgendwie gleich

Auch im Heranwachsen ist die Mutter für viele kleine Mädchen ihre erste große Liebe. Sie wird grenzenlos bewundert. Welche Ehre, wenn man in ihre schicken, hochhackigen, für kleine Mädchen viel zu großen Pumps schlüpfen und damit durch die Wohnung balancieren darf. Wenn Mama einem mit ihrem roten Nagellack die Fingernägel bunt malt. Oder wenn man sogar etwas im Partner-Look mit ihr besitzt. Eine schöne und wichtige Zeit für Mütter und Töchter, die spätestens mit der Pubertät abrupt endet.

Nachdem das (kleine) Mädchen sich in seinem ganzen bisherigen Leben an der Gleichheit zu seiner Mutter orientiert hat, will es mit der Pubertät auf einen Schlag nicht mehr gleich sein, sondern besteht mehr und mehr darauf, einen eigenen Style und eine eigene Persönlichkeit zu entwickeln. Für die Mutter dagegen, die jahrelang mit dem kleinen Mädchen unterwegs war, das um sie herumgesprungen ist oder zu ihr aufgeschaut hat, kommt eines Tages die Erkenntnis: Da steht ja plötzlich jemand auf Augenhöhe neben mir, ich bin hier nicht mehr die einzige Frau im Haus.

Eine Erkenntnis, die manchmal gar nicht so einfach zu verdauen ist. Sicher, man freut sich, dass die Kleine schon so groß ist. Aber andererseits: Jetzt hängt man plötzlich nicht mehr nur die eigenen BHs und Tangas auf, sondern auch die der Tochter. Im Badezimmer muss man peinlichst genau aufpassen, wem welche Kosmetika gehören, weil es sonst einen pubertären Proteststurm geben wird, und dabei hat man doch gerade erst kapiert, dass das Badezimmer kein normales Familienbadezimmer mehr ist, sondern (zumindest zeitweise) eine Sperrzone für Mütter, Väter und Geschwister.

Mütter, deren Töchter in die Pubertät kommen, gehen heutzutage häufig auf die 40, manchmal auch die 50 Jahre zu, und auch das macht die Mutter-Tochter-Beziehung noch einmal speziell. Da steht ein junges Mädchen neben einem, das jeden Tag schöner und weiblicher wird, mit glatter Haut, langen Haaren und einem wunderschönen Busen. Während man selbst die ersten Falten und Schatten unter den Augen registriert, manchmal unglaublich müde, kaputt und erschlagen vom ganz normalen Alltag ist und vielleicht sogar mit den ersten Anzeichen von Wechseljahresbeschwerden zu kämpfen hat. Da kann man schon mal neidisch oder eifersüchtig auf die Jugend werden. Keine Sorge, dass fühlt sich nicht schön an und löst manchmal die verschiedensten Gedanken über das eigene Leben aus, aber es ist verständlich und vollkommen normal!

Zwischen den Wechseljahren und der Pubertät gibt es übrigens eine interessante Parallele: Beide Lebensphasen sind «Übergangsphasen» und bereiten auf einen neuen Lebensabschnitt vor. Auch das ist etwas Verbindendes zwischen Mutter und Tochter. Es bedeutet aber auch, dass beide in bewegtem Fahrwasser unterwegs und ein Stück verunsichert sind, allerdings mit unterschiedlichen Zielen und dementsprechend auch mit unterschiedlichem Gepäck. Eine Phase, in der das eigene Selbstverständnis ein Stück erschüttert wird und sich vieles ändert. Das kann Mütter und Töchter gleichmaßen verunsichern.

Mütter heute, Familienmanagerinnen mit vielen Nebenjobs

Das Kinderhilfswerk World Vision Deutschland hat 2010 die Kinderstudie veröffentlicht: eine repräsentative Befragung von 2.500 6- bis 11-jährigen Kindern und ihren Eltern nach dem Vorbild der Shell Jugendstudie. Die Auswertung hat gezeigt, dass immer mehr Eltern und darunter vor allem immer mehr Mütter berufstätig sind. Damit dokumentiert diese Studie zum ersten Mal, dass das klassische Familienmodell (Vater erwerbstätig, Mutter Hausfrau) nicht mehr zeitgemäß ist. Heute lebt die Mehrheit aller Kinder mit Müttern und Vätern zusammen, die beide einer Berufstätigkeit nachgehen. Das alte Familienideal ist zu einem Minderheitenmodell geworden, nur noch 40 Prozent der Kinder leben in einer traditionellen 1-Personen-Verdiener-Familie. Einen Vollzeitjob hat aber anderen Untersuchungen zufolge nur etwa jede zweite erwerbstätige Frau. Durchschnittlich 18 Stunden pro Woche arbeiten weibliche Teilzeitkräfte in Deutschland und liegen im EU-Vergleich damit eher hinten.

Doch trotz neuer Rollenbilder und Erwerbsmöglichkeiten von Mann und Frau, trotz aller modernen Vorstellungen in den Köpfen der meisten Paare teilen sich Frauen und Männer in ihrer Familie immer noch bestimmte Aufgaben, was auch mit der unterschiedlichen Stundenbelastung der Erwerbstätigkeiten zusammenhängt. So obliegt die Organisation des Haushalts und die Erziehung der Kinder meist eher den Müttern. Sie sorgen dafür, dass immer etwas zu essen im Haus ist, leihen ihr Ohr, wenn es irgendwo Stress gibt, und kümmern sich, wenn Tochter oder Sohn krank im Bett liegen. Ob bei kleinen und großen Problemen oder Liebeskummer: Meist sind Mütter als Erste zur Stelle und leiden oft empathisch mit.

Da Mütter in den meisten Fällen häufiger zu Hause sind als Väter bieten sie ihren Töchtern auch eine größere Streitfläche. Denn vieles, was in der Pubertät durchgekämpft wird, dreht sich um alltägliche Dinge, dass der Müll immer noch nicht entsorgt wurde, die Spülmaschine aufs Leerräumen wartet und das Badezimmer geputzt werden will. Und fordern manche Mütter die Mithilfe dann mal schon einmal vehementer oder in größerem Umfang ein, so kann es ihnen glatt passieren, dass sie die geballte Wut eines langen und anstrengenden Schultags um die Ohren gehauen bekommen und von der Tochter der modernen Sklavenhalterei bezichtigt werden.

Auch Teenager wollen gern noch mal kuscheln

Aber nicht nur Diskussionen um Haushaltsführung und Alltagsorganisation, auch seelische Krisen bekommen Mütter meistens eher mit als Väter. Wenn sich Jugendliche antriebslos fühlen, erschöpft im Bett liegen, sich klein und hässlich fühlen, keine Lust auf Schule haben oder gerade überhaupt an sich und dem Rest der Welt verzweifeln, sind Mütter oft die Ersten und manchmal auch die Einzigen, die das mitbekommen. Durch die stärkere häusliche Präsenz haben sie eine intensivere Beziehung zu ihren Töchtern.

Darf man sich nicht auch als Teenager noch mal auf den Schoß der Mutter oder in ihre behütenden Arme kuscheln? Ein Aufmunterungs-Küsschen holen, bevor man auf die Party geht? Doch, man darf! Es ist vollkommen normal und in Ordnung. Beständiges Streiten und Vertragen ebenso wie fürsorgliches Mitfühlen schaffen Nähe, Vertrauen und vertiefen die Bindung. Das wiederum kann (muss aber nicht) dazu führen, dass sich Töchter von der Mutter heftiger ablösen wollen als vom Vater. Für die Töchter heißt das: Sie brauchen oft mehr Kraft, um sich vom erzieherischen Einfluss der Mutter freizustrampeln, und müssen mehr gegen sie kämpfen. Weil es viel schwerer ist, sich emotional von einer Person zu lösen, zu der man eine sehr vertraute Beziehung hat, als von einer Person, die vielleicht ohnehin etwas distanzierter ist, wie manche Väter es sind.

Muttertypen — und wie Töchter darauf reagieren

Fürsorglich, freundschaftlich oder streng: Die Mutterrolle hat viele verschiedene Facetten, die auch in fast allen Mutter-Tochter-Beziehungen zum Ausdruck kommen, mal mehr, mal weniger ausgeprägt. Schön, wenn Sie als Mutter flexibel mit diesen Facetten umgehen können. Wir haben sie überspitzt dargestellt, um zu zeigen, dass jede Art von mütterlichem Verhalten im Extremfall auch bestimmte pubertäre Reaktionen der Tochter provozieren kann. Vielleicht kommt Ihnen das eine oder andere bekannt vor.

• **Die fürsorgliche Beschützerin** räumt für ihre Tochter so gut wie alle Probleme aus dem Weg und betüttelt sie liebevoll vom ersten Wachwerden bis zum Gute-Nacht-Kuss am Abend. Wenn sie nur genug Zeit hätte, würde sie auch noch die Hausaufgaben für ihr Kind erledigen. Die Kehrseite dieser umsorgenden Haltung: Beschützer-Mütter machen sich ständig Sorgen um ihre kleinen Schätzchen und trauen ihnen wenig zu, sodass diese kaum Gelegenheit bekommen, eigene Erfahrungen zu sammeln, Selbstbewusstsein aufzubauen und an der Bewältigung von Problemen zu wachsen.
Typische Tochterreaktionen: Schuldgefühle («die arme Mami macht sich immer Sorgen») und Rücksichtnahme auf die Mutter. Gut im Sinn der Ablösung sind dagegen Reaktionen wie «Das kann ich alleine», «Behandele mich nicht die ganze Zeit wie ein Baby», «Lass mich doch einfach mal in Ruhe». Deshalb sollten sich fürsorgliche Beschützermütter in

der Pubertät ihrer Tochter kritisch überprüfen: Umsorge ich meine Tochter so sehr, dass sie möglicherweise selbst ständig besorgt ist und zu wenig eigene Erfahrungen sammeln kann? Trauen Sie Ihrer Tochter ruhig etwas zu. Sie kann und weiß bestimmt schon mehr, als Sie denken.

• **Die kumpelhafte Freundin** ist locker, witzig, offen und tolerant. Sie erzählt ihrer Tochter viel aus ihrem Leben und hört sich im Gegenzug gern an, in wen die Tochter gerade verliebt ist oder wie die letzte Party genau gewesen ist. Zusammen Shoppen gehen oder Cocktails trinken, Hauptsache, es macht Spaß! Allerdings: Wenn Mütter und Töchter fast wie Freundinnen sind, dann können sie auch schnell in eine Konkurrenz zueinander geraten. Plus: Vielen Töchtern fällt es schwer, sich von der «besten Freundin» abzugrenzen.
Typische Tochterreaktionen: Die Tochter darf nicht wirklich rivalisieren («Darf ich heute Abend deine neue Bluse haben?») und wachsen, weil die Mutter dann gekränkt sein könnte, die Mutter- und Erziehungsrolle verwischt vor allem bei jüngeren Mädchen («Ich weiß noch nicht, wann ich nach Hause komme, ich schicke dir eine SMS»). Gut im Sinn der Ablösung wären Reaktionen wie Abgrenzung und Ärger: «Lass mich meine eigenen Sachen machen», «Häng dich nicht immer so an mich dran» oder «Akzeptier doch mal, dass du zu einer anderen Generation gehörst als ich». Für Freundinnen-Mütter steht die selbstkritische Frage an, ob es sein könnte, dass sie in der Beziehung zu ihrer Tochter eigene jugendliche Bedürfnisse ausleben und sich deshalb selbst als sehr jugendlich definieren. Falls dem so sein sollte, bringen Sie Ihre Tochter in eine schwierige Situation: Wie soll sie wissen, wer hier die Mutter und wer die Tochter ist? Die Grenze

zwischen den Generationen verschwindet. Am besten, Sie beziehen wieder einen etwas klareren Standpunkt als Mutter, dann wird sich Ihre Tochter in ihrer Rolle auch sicherer fühlen und eher von Ihnen lösen können, um auf eigenen Füße zu stehen.

- **Die strenge Autorität** ist eine energische Person, die stets genau weiß, wie was zu tun oder zu lassen ist und ihre Tochter gern herumkommandiert. Schule, Freizeit oder Freunde: Es gibt fast keinen Lebensbereich, in dem die Tochter frei entscheiden kann, was sie mag und was nicht. Denn stets ist Mutter zur Stelle und hat schon im Voraus bestimmt oder klargemacht, wo der Hase langzulaufen hat.

  Typische Tochterreaktionen: Anpassung an die Wünsche und Werte der Mutter, Gefühle der Schüchternheit, Entmündigung und Angst wie «Ich weiß nicht, ob ich kommen kann, ich muss erst zu Hause fragen», «Ich würde ja so gern, aber meine Mutter ...», «Das kann ich nicht selbst entscheiden». Im besten Fall wagt die Tochter Widerspruch und Auflehnung und grenzt sich deutlich ab, indem sie möglicherweise sogar alle bisherigen Ansagen und Werte in Frage stellt. Strenge und autoritäre Mütter nehmen wenig Rücksicht auf die Bedürfnisse ihrer Töchter, stattdessen hat sich die Tochter rund um die Uhr den mütterlichen Maßregeln, Vorgaben und Verhaltenskontrollen unterzuordnen. Dermaßen entmündigt, ist es für Töchter schwer, ein gesundes Selbstwertgefühl aufzubauen. Schenken Sie Ihrer Tochter mehr Anerkennung, Vertrauen und Mitsprache. Pubertierende bereiten sich auf ihr Selbstbestimmungsrecht vor und müssen dazu auch das Gefühl haben: Ja, ich bin es wert, über mein eigenes Leben selbst zu bestimmen.

Was können speziell Mütter ihren Töchtern mitgeben?

Heranwachsende Mädchen versuchen nicht nur, von ihrer Mutter unabhängig zu werden. Sie möchten auch hören und spüren, ob ihre Mutter sie als heranwachsende junge Frau anerkennt und akzeptiert. Manche Töchter verpassen keine Gelegenheit, ihrer Mutter vorzuführen, wie schön, cool und sexy sie doch sind. Andere ziehen sich eher zurück und lassen sich kaum anmerken, was eigentlich alle pubertierenden Töchter nur zu gern hören würden: «Du bist wirklich ein tolles Mädchen. Und du wirst später bestimmt eine wunderbare Frau!» Mütter können ihren Töchtern Anerkennung mitgeben, und speziell Mütter sind als Frauen wichtig für ein positives weibliches Selbstbild ihrer Töchter.

Mütter können ihre Töchter noch für zwei weitere speziell weibliche Probleme sensibilisieren: Da ist einerseits die Erwartung an sich selbst, alles perfekt machen zu müssen. Eine Überzeugung, die vielen Frauen im Beruf und im Haushalt das Leben verdammt schwer macht. Ersparen Sie Ihrer Tochter den Stress, alles hundertzwanzigprozentig erledigen zu müssen oder gar selbst hundertzwanzigprozentig toll sein zu wollen. Leben Sie ihr vor, dass man manchmal auch einfach «fünf gerade sein» lassen kann.

Andererseits ist da das Problem, nicht nein sagen zu können. Eine weibliche Schwierigkeit, die vielen Männern vollkommen fremd ist. Erlauben Sie Ihrer Tochter deshalb im Alltag, klar und selbstverständlich nein zu sagen, wenn sie etwas nicht möchte oder will. Das ist eine wichtige Fähigkeit! Geben Sie Ihrer Tochter die Chance, nein sagen zu lernen, und leben Sie ihr als Mutter vor, dass auch Sie eine Frau sind, die ab und zu klar und deutlich nein sagt. Zeigen Sie Ihrer Tochter: Wer nein sagt, wird trotzdem weiter geliebt, das eine hat mit dem anderen nichts zu tun.

Es darf ruhig mal ohne Sie pubertiert werden!

Als Mutter können Sie die Belastungen der Pubertät ab und zu hinter sich lassen, wenn Sie sich eine kleine Familienauszeit gönnen. Väter beanspruchen solche Freiräume oft ganz selbstverständlich, wenn sie mit Arbeitskollegen oder alten Freunden einen trinken gehen, ins Fitnessstudio fahren oder am Sonntag auf dem Fußballplatz frische Luft schnappen. Gut so, denn jeder Mensch braucht einen Bereich, zu dem die Familie keinen Zugang hat. Eine kleine Oase, die es möglich macht, sich innerlich zu distanzieren, neue Energie zu tanken und sich wieder auf den eigenen Standpunkt zu besinnen, ohne dass die Familie an einem zerrt.

Haben Sie also kein schlechtes Gewissen, wenn auch Sie als Mutter sich neue, eigene Freiräume erobern. Zeigen Sie Ihrer heranwachsenden Tochter, dass auch Mütter Flügel haben und sich damit über den Alltag mit allen Aufgaben und Pflichten hinwegsetzen können. Um nicht nur rund um die Uhr eine Mutter zu sein, die das Familienleben managt, sondern auch eine unabhängige Frau, die das Leben genießt. Breiten Sie Ihre Flügel aus und ermöglichen Sie Ihrer Tochter, ebenfalls ein paar eigene, schöne große Flügel auszubilden. Nebeneinander, aber unabhängig voneinander abzuheben, das ist das Schönste überhaupt!

Ich bin stolz auf dich!
Väter und Töchter

Was ist ein guter Vater? Über diese Frage haben sich schon Generationen von Kindern, Vätern, Müttern und Forschern den Kopf zerbrochen. Hier sind einige Antworten. Der Schriftsteller Martin

Walser hat zum Beispiel zehn Sätze aufgeschrieben, die ihm von seinem Vater geblieben sind:

- Vor einem guten Vater hat ein Kind keine Angst.
- Ein guter Vater spielt Klavier.
- Ein guter Vater singt mit den Kindern.
- Ein guter Vater liest Bücher, in denen Engel vorkommen.
- Ein guter Vater fährt Rad.
- Ein guter Vater kann staunen über das, was seine Kinder können.
- Ein guter Vater wird für einen Vegetarier gehalten.
- Ein guter Vater hat keine Theorie.
- Ein guter Vater kann von seinem Vater nur Schönes erzählen.
- Ein guter Vater weiß nicht, dass er ein guter Vater ist.

Für die Literaturwissenschaftlerin Barbara Vinken muss ein guter Vater «eigentlich nur eins: die Verlockungen des Lebens vor den Kindern ausbreiten, die Herrlichkeiten der Welt eröffnen, die Schönheit des Lebens zeigen. Ihnen das Vertrauen geben, dass sie stark genug dafür sind. Und gleichzeitig das Scheitern der Träume erträglich machen, an denen er auch ein bisschen gescheitert ist, und trotzdem lacht.»

(Beide zitiert nach einer Umfrage von Zeit online ©; www.zeit.de/2010/22/Freud-Umfrage-Vater)

Die Vaterrolle hat viele Facetten, und sie hat sich gewandelt

Väter haben also viele verschiedene Talente, Aufgaben, und sie spielen im Leben ihrer Töchter und Söhne immer eine zentrale Rolle. Die allerdings hat sich in den vergangenen 300 Jahren kräftig gewandelt, wie der Familienforscher Wassilios E. Fthenakis in dem für das Familienministerium erstellten Gutachten «Facetten der Vaterschaft» aufzeigt: vom Patriarchen im 18. Jahrhundert über den an Autorität verlierenden Arbeitervater des 19. Jahrhunderts, den stolzen Alleinernährer im Wirtschaftswunder der 1950er Jahre, den ums Sorgerecht kämpfenden Scheidungsvater der 1980er bis hin zum partnerschaftlichen «neuen Vater» der Gegenwart.

Auch wenn in vielen Familien im Alltag noch immer vor allem die Mütter für Erziehungsaufgaben und den Haushalt verantwortlich sind, verfolgen doch viele Paare das Ideal partnerschaftlicher Aufgabenverteilung. Die meisten Väter versuchen heute ebenfalls, die Berufstätigkeit möglichst gut mit ihrem Erziehungsauftrag und dem Familienleben zu vereinbaren. Aber diese Doppelbelastung zu tragen, das ist nicht einfach, weder für Frauen noch für Männer. Allerdings: Männer verbringen bei voller Berufstätigkeit oft deutlich mehr Stunden am Arbeitsplatz als Frauen und haben somit schon rein zeitlich gesehen weniger Gelegenheit, sich mit ihren Kindern zu beschäftigen. Oft heißt es dann, Väter würden sich mehr für die Arbeit interessieren als für ihre Kinder oder die Familie. Doch Untersuchungen zeigen: Wenn beide Eltern etwa gleich oft außer Haus sind, verbringen sie mit ihren Kindern auch etwa gleich viel Zeit. Das Desinteresse an Kindern nach einem langen Arbeitstag ist also weniger vater- oder mutterspezifisch als vielmehr typisch für erschöpfte Eltern!

Was können Väter ihren Töchtern mit auf den Weg geben?

Engagierte Väter können ihren Töchtern ein besonderes und starkes Selbstvertrauen schenken, das ohne Vater schwerer zu entwickeln ist. Die soziale Rolle des Mannes ist in unserer Gesellschaft immer noch eng mit Macht, Geld, Einfluss und Autorität verknüpft. Die meisten Entscheidungsträger sind Männer, die nach wie vor auch deutlich mehr Geld verdienen als Frauen. In der Familie sind Väter die Vertreter dieser Außenwelt, und wenn ein Mädchen Lob und Anerkennung von dem Mann in der Familie bekommt, dann hat das für sie eine andere Bedeutung als Lob und Anerkennung von der Mutter.

Pubertierende Mädchen, die zu Hause diese väterliche Wertschätzung vermissen, suchen häufig woanders nach männlicher Anerkennung: Sie haben ständig neue Freunde, beschäftigen sich intensiv damit, was Jungen von ihnen denken, oder grübeln darüber nach, wie sie möglichst viel männliche Aufmerksamkeit einheimsen können.

Töchter beobachten im Alltag natürlich auch, wie ihr Vater als Mann mit seiner Partnerin bzw. Frau umgeht oder wie in der Elternbeziehung Konflikte ausgetragen werden. Wie man dabei als Mann oder als Frau mit Siegen und Niederlagen fertig wird, auch das beschäftigt pubertierende Töchter. Übernimmt ein Vater dabei Verantwortung und Fürsorge für seine Partnerin und die Familie, so lernt die Tochter, auf solche Eigenschaften auch bei Jungen oder Männern zu achten, denen es später begegnet. Mit einem im Alltag zugewandten und aufmerksamen Vater hat ein Mädchen die Chance, ein differenziertes und positives Männerbild aufzubauen.

Bewunderung und Aufmerksamkeit kommen immer gut an

Mädchen möchten von ihrem Vater bewundert werden und möchten ihn selbst gern bewundern. Sie sehen, wie er seinen Job managt, das Geld verdient und in der Welt da draußen besteht. Viele Töchter können auch bei der Suche nach einem geeigneten Beruf von väterlicher Unterstützung profitieren. Berufliche Orientierung in der Pubertät wird nicht nur mit Neugier, sondern auch mit kleinen Sorgen oder großen Ängsten erlebt. Väter können ihre Töchter in dieser Phase besonders gut beruhigen und ermuntern, auf die eigenen Fähigkeiten zu vertrauen und ihren Weg zu gehen. Es ist schön, wenn man dabei geduldig bleiben kann und nicht verlangt, dass sich ein Mädchen zügig entscheidet (wie so oft in der Arbeitswelt gefordert). Pubertät und Adoleszenz sind eine Zeit des Suchens, in der Mädchen vieles ausprobieren müssen, bis sie ihren eigenen Weg gefunden haben. Manche wollen gern ein freiwilliges soziales oder kulturelles Jahr machen, andere ins Ausland gehen oder reisen, bevor sie eine Ausbildung oder ein Studium beginnen. Manche jobben auch erst mal eine Zeitlang, bis sie ein Gefühl dafür bekommen, was ihnen liegt. Je geduldiger und aufmerksamer Väter die Pläne ihrer Töchter begleiten, desto hilfreicher sind sie für ihre Entwicklung.

Väterliche Distanz hat auch ihre Vorteile

Wie schon erwähnt sind in vielen Familien die Mütter nach wie vor häufiger zu Hause als die Väter und werden dementsprechend von ihren Kindern auch als der präsentere und anstrengendere Elternteil wahrgenommen. Mütter sind in ihrer Funktion als Erziehende, aber auch in Gefühlsfragen meistens viel enger mit ihren Töchtern verbunden. Sie organisieren und unterstützen mehr, aber sie meckern und schimpfen auch mehr als die Väter.

Wenn es zwischen Mutter und Tochter dann mal so richtig kracht, können Väter das ausgleichen, indem sie vermittelnd einschreiten. Gerade weil Väter häufig weniger anwesend sind und von vielem Kleinkram, der Auseinandersetzungen schürt, verschont bleiben, haben sie auch mehr Abstand zu solchen Konflikten und können besser überschauen, wie man sie lösen könnte.

Väter haben oft auch eine größere emotionale Distanz zu ihren

Töchtern. Ihnen geht es nicht so schnell zu Herzen, wenn irgendetwas in der Schule nicht geklappt hat und die Tochter weinend in ihrem Zimmer sitzt, sondern sie ermuntern sie einfach zum Aufstehen und Weitermachen. Auch das ist eine besondere Form der Zuwendung und eine forsche Reaktion auf Gefühle, die Mädchen von ihren Müttern vielleicht nicht unbedingt kennen. Väter fühlen sich weniger verantwortlich für die Erfolge oder Misserfolge ihrer Kinder und bekommen deshalb auch nicht so schnell Schuldgefühle, wenn etwas misslingt.

Manche Sorgen wie zum Beispiel unnötiger Stress zwischen Freundinnen prallen vielleicht sogar vollkommen am Vater ab, weil ja Mädchenfreundschaften nun doch etwas ganz anderes sind als Freundschaften unter Männern. Das ist ebenfalls eine wichtige Erfahrung für die Tochter, denn dadurch erlebt sie den Freundinnen-Konflikt möglicherweise weniger bedrohlich und dramatisch.

Wenn die Pubertät das Vater-Tochter-Verhältnis plötzlich ändert

Während die meisten Mädchen im Kindergarten- und Grundschulalter unbefangen mit ihrem Papa schmusen, spielen und ihn sogar heiraten wollen, kommt es in der Pubertät oft zu einem Bruch oder einer abrupten Veränderung in der Tochter-Vater-Beziehung. Die Mädchen verändern sich körperlich und fühlen sich deshalb oft unsicher, auch im Körperkontakt. Häufig ziehen sie sich dann vom Vater zurück.

Die Väter wiederum nehmen deutlich wahr, dass ihre Tochter von einem kleinen Mädchen zu einem sexuellen Wesen herangereift ist, das viele neue Reize ausstrahlt, die auch an ihm als Mann nicht spurlos vorbeigehen. Darf man als Vater die eigene Tochter sexy finden? Viele Väter erschrecken sich, wenn sie solche Gefühle plötzlich bemerken. Aber als Psychologen können wir Sie absolut beruhigen. Es ist vollkommen normal, solche Gefühle zu haben, vielen Müttern geht es mit ihren Söhnen auch nicht anders.

Eine Folge der erschreckten Gefühle ist, dass viele Väter plötzlich deutlich weniger Zeit mit ihrer Tochter verbringen, ihre Aufmerksamkeit sicherheitshalber anderen Dingen zuwenden als dem pubertierenden Mädchen und die Hauptbeziehung zur Tochter lieber der Mutter überlassen. Manchmal ziehen sich Väter sogar so weit zurück, dass sie ihre Töchter in allen Sphären, die auch nur annähernd «sexuell» sein könnten, fast ein bisschen wie Luft behandeln. Oder über ihre körperlichen Veränderungen den einen oder anderen Witz machen, der von Mädchen schnell als Abwertung interpretiert werden kann.

Und was geschieht daraufhin bei den Töchtern? Für die ist es genauso schrecklich, wenn ihnen die väterliche Liebe und Zuneigung plötzlich so ohne erkennbaren Grund entzogen wird oder wenn sie meinen, ihr Vater fände sie total unattraktiv. Beides kann eine große Verunsicherung auslösen.

Lassen Sie sich also bitte nicht erschrecken und zeigen Sie Ihrer Tochter weiterhin, was für ein tolles Mädchen sie ist und wie sehr Sie als Vater sie lieben und schätzen. Gerade in der Pubertät und in Bezug auf ihr Aussehen und ihren veränderten Körper sind Mädchen besonders auf die Zuwendung und Wertschätzung ihrer Väter angewiesen. Wenn Sie also finden, dass Ihre Tochter attraktiv und sexy ist, dürfen Sie ihr das ruhig sagen. Sie braucht diese männliche Bestätigung, um ein gesundes und starkes weibliches Selbstbewusstsein aufzubauen.

Die Eifersucht auf den ersten Freund

Wenn die Tochter ihren ersten Freund hat, muss jeder Vater noch einmal besonders tapfer sein! Die einzigartige Position als «der Mann» im Leben der Tochter wird plötzlich angekratzt, und da steht der Rivale auch schon an der Haustür! In schlacksigen Jeans, mit Kopfhörern auf den Ohren und einem knappen «Hallo» auf den Lippen verschwindet er mit ihr in ihrem Zimmer und dann … Man will es sich nicht wirklich vorstellen!!!

Es gibt nicht wenige Väter, die in dem Moment an den letzten Western denken, den sie spätabends im Fernsehen gesehen haben. Da war doch dieser große, starke, gerechte und selbstbewusste Farmer, der seine hübsche Tochter, ohne mit der Wimper zu zucken, mit dem Schrotgewehr gegen dahergelaufene Schurken verteidigt hat …

Auch hier möchten wir Sie beruhigen. Ihre väterlichen Gefühle und Gedanken sind ebenfalls vollkommen normal. Sie dürfen alles fühlen und denken, was Ihnen in so einer Situation in den Sinn kommt. Aber Sie sollten als Vater davon absehen, tatsächlich zu sagen, was Sie denken. Manche Väter wissen sich aus hilfloser Verwirrung oder Verzweiflung nicht anders zu behelfen, als ihrer Tochter erst einmal mitzuteilen, was sie von dem jungen Mann halten. Ob nur ein Wort oder eine differenzierte Einschätzung: In den seltensten Fällen sind diese väterlichen Eindrücke wertschätzend und positiv, sondern häufig eher von oben herab oder sogar abwertend. Der psychologische Rat ist klar: Behalten Sie Ihre Meinung am besten für sich und finden Sie sich damit ab, dass Ihr kleines Mädchen eigene Wege geht.

Die kleine Große würde vermutlich ohnehin sofort in die Opposition gehen. Denn: Je stärker und unabhängiger sich ein Mädchen fühlt, desto mehr wird es sie auch reizen, den starken Vater vom

Sockel zu stürzen. Irgendwann ist es nicht mehr selbstverständlich, dass er immer recht hat und alle Führung und Wahrheit für sich beansprucht. Schließlich ist die Pubertät eine Zeit, in der Mädchen ausprobieren, was sie können und wo ihre Grenzen liegen. Wie schön und bereichernd, dann einen Vater neben sich zu haben, von dem man weiß: Er hat mich lieb, und gerade deshalb kann ich mich so gut an ihm reiben und alle meine Kräfte an ihm messen.

DEN ALLTAG MEISTERN

Der Alltag hat's in sich. Als Eltern einer pubertierenden Tochter sind Sie oft gefordert, zu reagieren und Entscheidungen zu treffen. Zum Beispiel, wenn Ihre Tochter unbedingt ein Nasenpiercing braucht. Oder wenn sie stundenlang vor dem Computer sitzt. Wenn sie sich hartnäckig weigert, das Zimmer aufzuräumen oder sich an vereinbarte Ausgehzeiten zu halten. Manche Mädchen wollen auch im tiefsten Winter mit Sandalen zur Schule, einfach, weil's cool aussieht. Alkohol, Schulprobleme, überhöhte Handyrechnungen, die Pubertät ist ein Lebensabschnitt, der niemals schläft. Und der bei Eltern immer wieder die Fragen aufwirft: Wie setze ich mich durch, was ist für meine Tochter das Beste, soll ich mehr Strenge und Konsequenz zeigen, oder soll mich zurückhalten? Anregungen und Handlungsvorschläge für die gängigsten Problemlagen finden Sie in den folgenden Kapiteln.

Regeln durchsetzen, Regeln lockern

Es kann Eltern ganz schön verunsichern, wenn die pubertierende Tochter plötzlich rebellisch wird. Wenn sie Regeln missachtet, Absprachen umgeht und ein klares «Nein!» nicht mehr akzeptiert. Wenn sie ihr Leben selbst in die Hand nehmen will und sich nicht mehr vorschreiben lässt, was sie zu tun und was sie zu lassen hat.

Eltern haben oft einen anderen Blick auf die Autonomie ihrer Tochter als diese selbst. Wenn die Tochter meint, sie dürfe nächtelang ausgehen oder auch mal dem Unterricht fernbleiben, sehen sie das natürlich anders. Die zentrale Frage, die sich für Eltern durch die gesamte Pubertät zieht, lautet: Braucht meine Tochter mehr oder weniger Freiraum? Soll ich die Zügel lockern oder anziehen? Soll ich das Piercing erlauben, die Ausgehzeiten verlängern, bei Haschischkonsum ein Auge zudrücken, oder soll ich mich durchsetzen und standhaft bleiben, auch wenn es deswegen heftig kracht?

Susann, Mutter der 15-jährigen Meike, sagt, das Schlimmste sei dieses «verdammte schlechte Gewissen», das sie immer dann verspüre, wenn sie es wage, konsequent zu sein. Vor kurzem wollte ihre Tochter ihr Make-up und die Haarkuren nicht mehr vom Taschengeld bezahlen. Ihr Argument: Die Mutter würde ihren «Kosmetiksalon» ja auch aus der Haushaltskasse bestreiten! Und überhaupt: Solange die Tochter wegen der Schule kein eigenes Geld verdienen könne, habe sie ein Recht auf «elterliche Versorgung». «Es ist zum Verzweifeln», sagt Susann und schüttelt den Kopf. «Wie sie sich vor mir aufbaut und mich im Brustton der Überzeugung anmacht. Da sind meine Argumente futsch, und ich komme mir vor wie eine Rabenmutter. So kriegt sie mich jedes Mal!»

Hanno und Gerhild müssen fast jedes Wochenende um die Ausgehzeiten mit ihrer 14-jährigen Tochter Frida feilschen. «Immer dieselbe Diskussion», sagt Hanno und rollt mit den Augen. «Eigentlich hatten wir zehn Uhr abgemacht, aber Madame quengelt ohne Unterlass, ob es nicht auch zwölf werden dürfe.» – «Dabei sind ihre Argumente nicht von der Hand zu weisen», ergänzt Gerhild. «Wenn sie bei Freunden ist und wir uns keine Sorgen zu machen brauchen, warum sollte sie nicht länger wegbleiben? Mein

Mann kann sich ganz gut durchsetzen, aber ich frage mich oft, ob wir nicht zu streng sind. Natürlich spürt sie meine Unsicherheit und versucht dann, meinen Mann und mich gegeneinander auszuspielen.»

Es ist nicht leicht, das rechte Maß zu finden. Als Elternteil müssen Sie, was den Umgang mit Regeln und Absprachen betrifft, einen Spagat vollbringen. Einerseits gilt es, der Tochter so viel Autonomie wie möglich zuzugestehen, sie eigene Entscheidungen treffen, eigene Erfahrungen machen zu lassen. Schließlich soll sie innerlich wachsen dürfen. Eltern, die zu sehr kontrollieren, maßregeln, sich sorgen und einmischen, hemmen ihre Tochter in ihrer Entwicklung zu mehr Selbständigkeit und Unabhängigkeit. Andererseits: Heranwachsende brauchen Kontrolle, Regeln und elterliche Einmischung.

Eltern, die aus Bequemlichkeit, aus Zeitmangel oder aus Scheu vor Konflikten alles erlauben, die nie Grenzen setzen und keine Konflikte um die Einhaltung von Regeln wagen, lassen ihre Tochter allein. Eine 13-Jährige, die sich herumtreiben darf, wo und mit wem sie will, ist mit dieser Freiheit schlichtweg überfordert. In solchen Fällen sind Mutter und Vater gefragt: Jugendliche brauchen Vorgaben und Reibungsflächen, denn die verleihen ihnen Halt. Wie sonst sollen sie lernen, einen eigenen Willen zu formulieren, sich zu wehren und sich eigene Regeln anzueignen, wenn nicht im geschützten Rahmen der Familie?

Wie gesagt, es ist nicht leicht, das rechte Maß zu finden, insofern: Erlauben Sie sich Unsicherheiten und seien Sie nachsichtig mit sich, wenn Sie übers Ziel hinausgeschossen sind; wenn Sie den Eindruck haben, zu streng zu sein, und dann wieder glauben, die Tochter tanze Ihnen auf der Nase herum. Solche Unsicherheiten sind typisch für die Eltern Pubertierender. Dies spiegelt den inneren Zustand von Heranwachsenden, die sich, und das ist deren Dilemma, in einem Vakuum zwischen Autonomie und Abhängigkeit befinden und sich im einen Moment grenzenlos überschätzen, nur um sich kurz darauf klein, wertlos und abhängig zu fühlen.

Um für sich selbst eine klarere Linie zu finden und um Konflikte möglichst klein zu halten, könnten Sie folgende Anregungen ausprobieren:

Entscheidungskompetenz überprüfen! Hinterfragen Sie immer wieder: Was kann die Tochter alleine entscheiden, und in welchen Bereichen ist sie auf Ihre Mitsprache angewiesen? Mischen Sie sich nur dann ein, wenn Sie das Gefühl haben, Ihre Tochter sei noch nicht in der Lage, das für sich Richtige zu tun. Sprechen Sie mit anderen Eltern, wenn Sie unsicher sind. Das Ziel sollte sein, der Tochter so viel Selbständigkeit wie möglich zuzugestehen.

Die Entwicklung im Auge behalten! In Konflikten kann es leicht passieren, dass man den Überblick verliert. Treten Sie innerlich ein paar Schritte zurück und fragen Sie sich: Was braucht Ihre Tochter, was würde sie in ihrer Entwicklung unterstützen? Ein schüchternes Mädchen, das kaum Widerstand wagt, sollte im Nein-Sagen unterstützt werden. Dagegen sollte eine Rebellin vielleicht eher lernen, sich auch mal anzupassen. Auch das Alter Ihrer Tochter spielt eine Rolle. Eine 17-Jährige, die ständig zu spät zur Schule kommt, weil sie den Wecker überhört, sollte lernen, selbst die Verantwortung für Pünktlichkeit in der Schule zu übernehmen. Hier gälte es, sich als Eltern zurückzuhalten und höchstens die Tochter darauf hinzuweisen, dass die Schule in ihrer Verantwortung liegt und dass es anderen gegenüber unfair ist, immer zu spät zu kommen und den Unterricht zu stören. Dagegen bräuchte eine 14-Jährige die direktive Einmischung der Eltern. Wenn Sie schlecht einschätzen können, was für Ihre Tochter das Beste wäre: Sprechen Sie mit anderen Eltern, holen Sie sich Impulse von außen, vergleichen Sie deren Meinung mit Ihrer.

Vereinbarungen treffen! Aushandeln statt anordnen. Besprechen Sie mit Ihrer Tochter, welche Heimkommzeiten gelten sollen, was im Haushalt von ihr übernommen werden könnte und wie lange der Computer genutzt werden darf. So bekommt Ihre Tochter das Gefühl, an der Aufstellung von Regeln mitgewirkt zu haben, und sie fühlt sich als Mit-Entscheiderin ernst genommen. Womöglich fällt es ihr dann auch leichter, sich an Absprachen zu halten. Dies könnte auch für Sie von Vorteil sein: Regeln, die Sie gemeinsam erarbeitet haben, lassen sich besser einfordern als solche, die Sie alleine erdacht haben.

Regeln transparent machen! Jugendliche können sich besser an Regeln halten, wenn sie deren Sinn begreifen und nachvollziehen können. Sonst laufen Sie Gefahr, dass Ihnen die Tochter Willkür und autoritäres Verhalten unterstellt und sich erst recht widersetzt. Begründen Sie die Regeln gegenüber Ihrer Tochter, aber lassen Sie sich nicht auf ellenlange Diskussionen ein!

Orientieren Sie sich am Jugendschutzgesetz. So sehen Sie auf einen Blick, wo elterliche Verantwortung gefragt ist und wo jugendliche Selbstverantwortung. Vielleicht gehen Sie die Tabelle sogar gemeinsam mit Ihrer Tochter durch, das kann eine Art Bezugsrahmen schaffen, in dem Sie sich als Eltern mit Ihrer Tochter bewegen.

Keine Diskussion, sondern Gesetz,
die Jugendschutz-Vorschriften im Überblick

	Unter 16 Jahren	*Ab 16, aber unter 18 Jahren*
Tabak	Darf nicht gekauft werden	Darf nicht gekauft werden
Rauchen	Nicht in der Öffentlichkeit	Nicht in der Öffentlichkeit
Bier und Wein	Darf weder gekauft noch getrunken werden. Ausnahme: Jugendliche ab 14 in Begleitung Erziehungsberechtigter	Gesetzlich nicht geregelt. Darf also gekauft und getrunken werden
Härtere alkoholische Getränke (Spirituosen, Alkopops)	Darf weder gekauft noch konsumiert werden	Darf weder gekauft noch konsumiert werden
Aufenthalt in Gaststätten	Nur mit Erziehungsberechtigten. Von 5 bis 23 Uhr darf aber eine Mahlzeit und ein Getränk konsumiert werden	Gestattet bis 24 Uhr
Aufenthalt bei öffentlichen Tanzveranstaltungen und in Diskotheken	Nicht gestattet. Ausnahme: Partys für unter 16-Jährige oder ein Volksfestbesuch mit den Eltern	Gestattet bis 24 Uhr
Kino (vorausgesetzt, der Film ist für das jeweilige Alter freigegeben)	Ab 12: gestattet bis 20 Uhr Ab 14: gestattet bis 22 Uhr	Gestattet bis 24 Uhr
Filme und Computerspiele	Nur, wenn das Alter freigegeben ist	Nur, wenn das Alter freigegeben ist
Nachtclubs und Bars	Nicht gestattet	Nicht gestattet

Spielhallen	Nicht gestattet	Nicht gestattet
Glücksspiele mit Gewinnmöglichkeit	Nicht gestattet. *Ausnahme:* Schützenfeste, Jahrmärkte, wenn der Gewinn aus Waren von geringem Wert besteht	Nicht gestattet. *Ausnahme:* Schützenfeste, Jahrmärkte, wenn der Gewinn aus Waren von geringem Wert besteht
Jugendgefährdende Orte (Drogen, Prostitution, …)	Nicht gestattet	Nicht gestattet
Pornographie	Sowohl der Besitz als auch die Verbreitung von Magazinen, Filmen usw. ist verboten	Sowohl der Besitz als auch die Verbreitung von Magazinen, Filmen usw. ist verboten

MÜSSEN ELTERN IMMER EINER MEINUNG SEIN?

Häufig sind sich Eltern in Erziehungsfragen uneinig, auch in Gegenwart der Kinder. Heike, Lehrerin und Mutter zweier pubertierender Töchter, sagt, dass sie zu Hause die Regeln aufstellen müsse, während ihr Mann die Eigenschaft habe, dies dann hinterrücks wieder aufzuheben. «Meine Kinder wissen ganz genau, zu wem sie gehen müssen, wenn sie für irgendetwas eine Erlaubnis brauchen», sagt sie gereizt. «Mein Mann will es immer allen recht machen, und das nutzen meine Töchter gnadenlos aus.» Heikes Mann Wolfgang, ein Diplomingenieur, hat dazu eine ganz andere Meinung. Er findet, dass seine Frau ein «Kontrolletti» sei. «Heike kann nicht loslassen, muss immer ganz genau wissen, wo die Mädchen hinwollen, mit wem sie unterwegs sind, welche Schulaufgaben sie aufhaben, wie ihre Tagesplanung aussieht und so weiter.» Häufig kommt es zum Streit, auch in Gegenwart der Töchter. Beide

Elternteile finden das erzieherisch falsch. «Wir sind doch keine guten Vorbilder, wenn wir selbst nicht wissen, was für unsere Kinder das Richtige ist», sagt Wolfgang.

Normalerweise sollte es kein Problem sein, wenn sich Eltern in Erziehungsfragen uneinig sind und Jugendliche dies mitbekommen. Unterschiedliche Positionen bewirken, dass Jugendliche ihre Eltern nicht als unangreifbare Front erleben, sondern als Menschen mit individuellen Erziehungsansichten, über die man diskutieren kann. Heike und Wolfgang ergänzen sich in ihrer Verschiedenheit sogar ganz gut. Während Heike eher durch das Regelaufstellen und die Kontrolle Halt verleiht, tut Wolfgang dies durch sein erlaubendes, ausgleichendes Wesen. Warum sollten die Kinder nicht mitbekommen, dass es deswegen zu Konflikten kommt? Uneinigkeit wird immer dann zu einer Gefahr, wenn sich ein Elternteil als Verlierer fühlt; wenn sich heimliche Bündnisse oder Koalitionen bilden, die den Vater oder die Mutter innerhalb der Familie entwerten und ausgrenzen. Die Sicht eines jeden Elternteils sollte ausgewogen Gewicht erhalten. Mal sollte die Mutter im Recht sein, mal der Vater, sodass die Kinder sich an beiden orientieren können. Wenn Sie merken, dass es zu Entwertungen und Ausgrenzungen kommt, sollten Sie sich als Eltern zusammensetzen, um unter sich eine Lösung zu finden.

Streiten mit Kultur

Dass Eltern um Auseinandersetzungen mit ihren heranwachsenden Töchtern nicht herumkommen, sollte inzwischen deutlich geworden sein. Dennoch bleibt die Frage, ob Sie einen Einfluss darauf haben, *wie* die Konflikte verlaufen. Können Sie verhindern, dass Streite eskalieren oder dass die Atmosphäre allzu sehr vergiftet wird? Gibt es Regeln, die helfen, Streitigkeiten in «vernünftige» Bahnen zu lenken?

Bettina, Mutter der 15-jährigen Marie-Luise, erzählte in einer Beratungssitzung, dass sie so gut wie alle Ratschläge zu einer konstruktiven Streitkultur ausprobiert hatte, leider oft erfolglos. Unter einer konstruktiven Streitkultur versteht man die Fähigkeit, sich mit dem Streitgegner und dessen Meinung respektvoll und wertschätzend auseinanderzusetzen. Konstruktiv heißt, sich zu streiten, ohne zu verletzen.

«Wenn Marie-Luise dagegen ist, ist sie dagegen», sagte die Mutter und seufzte. Vor kurzem stand ein Gespräch an, weil sich die Tochter nicht an die Abmachung hielt, wenigstens zweimal wöchentlich die Toilette zu putzen. Bettina hatte sich innerlich gut vorbereitet, denn meistens endeten Streitgespräche im gegenseitigen Anschreien. «Dieses Mal wollte ich es anders machen», sagte Bettina, «in vernünftigem Ton, nicht so streng, sonst hätte sie mir wieder vorgeworfen, ich sei autoritär.» Sie beschloss, dass es das Beste sei, ruhig zu bleiben, Vorwürfe zu vermeiden und den Argumenten der Tochter geduldig zuzuhören. Doch es half alles nichts. Marie-Luise war schon genervt, dass überhaupt geredet werden musste, zog einen Flunsch, rollte bei jedem Wort, das Bettina bedacht vortrug, mit den Augen. «Da war überhaupt kein Durchkommen», sagte Bettina. Obwohl sich die Mutter alle Mühe gab, sachlich zu bleiben, wurde ihr vorgeworfen, ihr Ton sei «voll aggro». Schließlich begann sie, sich, wie es so schön heißt, in «Ich-Botschaften» auszudrücken, also von ihren Gefühlen zu sprechen, ihr Befinden mitzuteilen; dass sie sich mit der Verweigerung der Tochter überfordert sehe, dass sie keine Lösung mehr wisse und sich manchmal ausgenutzt vorkomme. Und weil sie irgendwo noch gelesen hatte, dass man Anliegen immer auch positiv formulieren sollte, fügte sie hinzu: «Ich wünsche mir einfach mehr Entgegenkommen von dir.» Marie-Luise blieb von alledem unbeeindruckt. «Fertig?», sagte sie schnippisch. «Dann kann ich ja wieder in mein Zimmer», stand auf und wollte gehen. Da platzte der Mutter der Kragen, und sie verlangte Respekt und das Einhalten von Vereinbarungen. Ein Wort ergab das andere, es eskalierte wieder, und Marie-Luise verließ türenknallend den Raum.

Machen Sie sich bewusst, dass die Pubertät sämtliche Gesetze einer vernünftigen Kommunikation außer Kraft setzen kann. Wenn Ihre Tochter auf Krawall gebürstet ist und beschlossen hat, Sie auflaufen zu lassen, dann helfen keine Gesprächsregeln, keine Streitkultur, keine wohlüberlegten Worte. Dann können Sie Ihr Anliegen oder Ihre Kritik noch so sanft, empathisch und mit allerhand Ich-Botschaften gespickt vorbringen, Ihre Tochter wird rebellieren, provozieren, diskutieren, wonach ihr eben gerade ist.

Dennoch: Es ist richtig und wichtig, gewisse Streitregeln einzuführen, denn nur so können Sie Ihrer Tochter einen konstruktiven Umgang mit Ärger und Wut vermitteln. Aufzustehen und ins Zimmer gehen zu wollen, obwohl sich die Mutter gerade in ihrem Anliegen geöffnet hat, ist nicht konstruktiv. Gerade in der Pubertät, wenn Jugendliche unter Stimmungsschwankungen leiden, wenn man das Gefühl hat, mit allem und jedem im Konflikt zu sein, kann es hilfreich sein, von den Eltern aufgezeigt zu bekommen, wie man sich streiten kann, ohne dass einer am Ende als Verlierer dasteht. Durch eine vernünftige Streitkultur können Jugendliche lernen, wie man Ärger in Worte fasst, dass man verschiedener Meinung sein darf, wie man sich durchsetzt, aber auch, sich anpasst, sich in den anderen hineinfühlt und, ganz wichtig, sich am Ende wieder versöhnt. Übrigens: Damit Bettina nicht als Verliererin dastand, ist sie ihrer Tochter in deren Zimmer gefolgt und hat darauf bestanden, sich am nächsten Tag erneut zusammenzusetzen und zu versuchen, eine Einigung zu erzielen.

Hier sind einige Gesprächsregeln, mit denen es sich einigermaßen vernünftig streiten lässt:

Ja zum Streit. Überwinden Sie Ihre eigene Konfliktscheu und gehen Sie Streitigkeiten aktiv an. Schlucken Sie Ihren Ärger nicht ständig herunter, sondern sprechen Sie die Dinge an. So sind Sie Ihrer Tochter ein gutes Vorbild. Motivieren Sie sie im Sinne einer effektiven Kommunikation, ebenfalls Streitgespräche zu initiieren sowie Bedürfnisse und Ärger auszudrücken.

Zuhören. Achten Sie in Streitgesprächen darauf, dass man den anderen ausreden lässt. Platzen Sie nicht gleich mit einer Antwort heraus, sondern lassen Sie das Gesagte auf sich wirken und versuchen Sie, sich gegenseitig in den anderen einzufühlen.

Ich-Botschaften. Vermeiden Sie Vorwürfe und sprechen Sie stattdessen von Ihren Gefühlen oder Ihrem Befinden. Statt: «Du hilfst nie im Haushalt!», könnten Sie auch sagen: «Ich bin ratlos und weiß nicht, wie ich dich zu mehr Mithilfe im Haushalt bewegen könnte» oder «Ich fühle mich mit der Hausarbeit überfordert». Auch längere Vorträge oder Moralpredigten, wie man sich zu verhalten hat oder wie die Welt funktioniert, schrecken Heranwachsende ab und erzeugen Widerstand, weil sich der andere schnell nicht ernst genommen fühlt. Gleiches gilt für Allgemeinplätze. «Das gehört sich nicht» oder «Das tut man nicht» erreichen das Gegenüber oft nicht. Sprechen Sie lieber die persönlichen Gefühle an, die das Streitthema auslöst.

Konflikt eingrenzen. Klären Sie nur einen Streitpunkt und nicht alles auf einmal. Wenn es darum geht, dass Ihre Tochter in der Schule Probleme hat, thematisieren Sie nicht auch das Dutzend anderer Pubertätsvergehen. Sonst fühlt sich Ihre Tochter in die Ecke gedrängt und überfordert.

Stufenweise Konfliktlösung. Konflikte müssen nicht sofort und in einem Gespräch gelöst werden. Lassen Sie sich Zeit. Bleiben Sie über bestimmte Themen im Kontakt, indem Sie sich immer wieder zu einem Gespräch zusammenfinden. Vereinbaren Sie nach jedem Gespräch einen neuen Termin.

Auszeit. Gönnen Sie sich eine Auszeit, wenn Sie merken, dass der Konflikt eskaliert. Machen Sie eine Pause, gehen Sie um den Block oder vereinbaren Sie einen Termin für ein weiteres Gespräch. Es hat keinen Zweck, Probleme lösen zu wollen, wenn die Atmosphäre aufgeheizt ist.

Metaebene. Darunter versteht man ein Gespräch über ein Gespräch. Wenn Sie sich zu sehr verstrickt haben oder wenn das Gespräch eskaliert, können Sie innerlich einen Schritt zurücktreten und mit dem Streitpartner besprechen: «Was machen wir hier gerade?», «Worum geht es eigentlich?», «Warum eskaliert es schon wieder?» Manchmal hilft das, um innerlich ruhiger zu werden und wieder Zugang zueinander zu finden.

Typische Alltagskonflikte

Das Zimmer

Nun sind Mädchen oft nicht ganz so chaotisch wie Jungen, und dennoch: Auch so manches weibliche Jugendzimmer erweckt den Eindruck, als dürfe man nichts fallen lassen, weil man es ansonsten nicht mehr wiederfinde. Verkrustetes Geschirr, CDs und Kartoffelchips, oft muss man auf Zehenspitzen durchs Zimmer tänzeln, um nicht irgendwo draufzutreten. Gelinde gesagt haben Jugendliche einen anderen Maßstab als Erwachsene, was Ordnung und Sauberkeit betrifft, und so verwundert es nicht, dass die Chaosbuden in vielen Familien zu den Konfliktherden Nummer eins gehören.

Doch bevor Sie sich mit Ihrer Tochter ums Aufräumen streiten, sollten Sie sich einmal mehr die Frage stellen: Was kann die Tochter allein entscheiden, und wobei ist sie auf Ihre Entscheidungshilfe angewiesen? Das eigene Zimmer sollte eigentlich im Hoheitsbereich Ihrer Tochter liegen, denn schließlich muss *sie* darin wohnen. Trauen Sie Ihrer Tochter diesbezüglich ruhig mehr Autonomie zu. Wenn Sie ständig Druck machen, das Zimmer aufzuräumen, nehmen Sie Ihrer Tochter die Lust dazu, denn wer will schon gerne etwas Unliebsames erledigen, wenn ihm der Befehl dazu erteilt wird (und das obendrein in der Pubertät)?

Achten Sie darauf, dass Sie das Aufräumen nicht zu Ihrem eigenen Problem machen. Sonst hat die Tochter keine Chance, selbst ein Gefühl für Ordnung und Unordnung zu entwickeln. Hören Sie sich mal im Freundes- und Bekanntenkreis um: Viele Eltern kommen ganz gut damit zurecht, Pop- und Beautymagazine oder die schmutzige Wäsche auf dem Boden liegen zu lassen. Wenn die Lieblingsjeans zerknüllt in der Ecke liegt, wird die Tochter sie wohl oder übel zum Waschen rauslegen müssen, sonst bleibt sie dort eben liegen. Lehnen Sie sich innerlich zurück und überlassen Sie Ihrer Tochter die Verantwortung für ihr Zimmer. Damit unterstützen Sie nicht nur ihre Autonomie. Sie verhelfen auch dem Pubertätschaos zu einem Ventil. Bedenken Sie: Chaotische Jugendzimmer spiegeln immer auch den inneren Zustand des Jugendlichen. Staubfreie Regale und sorgfältig nach Farben zurechtgelegte T-Shirts passen nicht in eine Zeit des Umbruchs, wenn Körpergefühl, seelisches Gleichgewicht und die Beziehung zu den Eltern durcheinandergewirbelt werden. Jugendliche haben in der Schule schon genug damit zu tun, sich an Regeln und Strukturen anzupassen. Gönnen Sie der Pubertät einen Bereich, in dem sie sich ungehemmt austoben kann.

Andererseits: Jugendliche Unordnung im eigenen Zimmer kann auch Auswirkungen auf die gesamte Familie haben. Wenn Geschirr nicht mehr zur Verfügung steht, weil es seit Tagen im Zimmer der Tochter gehortet wird, dann ist das Ordnungsverhalten der Tochter nicht mehr allein deren Angelegenheit. Jugendliche haben auch die Aufgabe, ihre Egozentrik zu überwinden und sich soziale Kompetenz anzueignen. Sie sollten lernen, ihre Umwelt wahrzunehmen. Das heißt für Sie als Eltern: Beschränken Sie den Konflikt um das Zimmeraufräumen nur auf jene Aspekte, von denen Sie selbst und andere Familienmitglieder betroffen sind, zum Beispiel wenn Essensreste schimmeln, wenn Ungeziefer angezogen wird oder wenn es riecht. Dies unterstützt nicht nur Ihre Tochter im Erlernen ihrer sozialen Kompetenz, das verhilft auch Ihnen zu einer besseren Argumentation: Es ist leichter für Sie, wenn Sie sich im Streitfall auf Ihre eigene Betroffenheit berufen können, als wenn Sie Ihrer Tochter mühsam erklären müssen, dass sie grundsätzlich Ordnung zu lernen habe.

AUFRÄUMEN LIGHT

Es kann ganz schön überfordernd sein, ein Zimmer aufräumen zu müssen, das an eine Müllhalde erinnert. Manche Jugendliche sind kleine Messies. Bringen Sie Ihrer Tochter bei, in kleinen Schritten zu denken. Das entlastet und führt viel schneller zum Ziel, als wenn man sich zu viel vornimmt und dann gar nichts mehr geregelt bekommt. Hier sind ein paar Tipps, wie Sie Ihre Tochter motivieren können:

Unterstützung anbieten. Statt Druck zu machen, könnten Sie Ihrer Tochter auch vorschlagen, ihr mit Rat und Tat zur Seite zu stehen.

Aber achten Sie darauf, dass Sie das Aufräumen nicht zu Ihrer eigenen Sache machen. Lassen Sie Ihre Tochter in der Verantwortung.

Eines nach dem anderen. Motivieren Sie Ihre Tochter, dass sie nicht alles auf einmal aufräumen muss. Ordnung lässt sich oft besser herstellen, wenn man sich kleine Einheiten vornimmt.

Rascher Erfolg. Am besten, Ihre Tochter beginnt dort, wo man am schnellsten ein Resultat sieht, und das ist meistens der Fußboden. Also erst einmal den gröbsten Mist entfernen, bevor man sich mit dem chinesischen Nippes im Regal beschäftigt.

Nur ein paar Minuten. Man muss nicht gleich ein ganzes Wochenende fürs Aufräumen einplanen, oft reichen auch schon 10 Minuten, die man mal eben einschieben kann. Dann hat man zumindest einen Anfang geschafft. Dies an mehreren Tagen hintereinander, und das Zimmer ist wieder begehbar.

Belohnen. Schenken Sie Ihrer Tochter eine Kleinigkeit fürs Zimmer, wenn es wieder wohnlich geworden ist. Das motiviert, dranzubleiben.

Styling und Outfit

Wenn der Kleiderschrank zur Kampfzone wird: In vielen Familien kracht es, weil Eltern plötzlich das Gefühl haben, ihre Tochter nicht mehr wiederzuerkennen. Lackstiefel mit hohen Absätzen, superenge Tops, Nietenhalsbänder, grell gefärbte Haare,

Netzstrümpfe oder zentimterdickes Make-up, die Pubertät kann aus dem süßen kleinen Mädchen ein völlig anderes Wesen machen. Kein Wunder, dass viele Eltern Anpassungsschwierigkeiten haben.

Doch bevor Sie sich mit Ihrer Tochter über deren Aussehen streiten, sollten Sie eines bedenken: Das Experimentieren mit Styling und Outfit ist eine wichtige Lernerfahrung, die Jugendlichen zu mehr Autonomie verhilft. Versetzen Sie sich einmal in die Lage Ihrer Tochter: Deren Körper hat sich in der letzten Zeit rasant verändert, ist vielleicht für eine Weile unproportioniert, aber auch weiblicher, sexueller geworden. Das kann in hohem Maße verunsichern. Zugleich spielen Gleichaltrige plötzlich eine größere Rolle als zuvor. Es ist viel wichtiger, was die Freundin oder die Jungen aus der Klasse schön finden als das, was den Eltern gefällt. Schließlich geht es jetzt darum, sich von den Eltern zu lösen und in der Außenwelt sein Glück zu suchen, Liebespartner zu finden, sich zu präsentieren, den Marktwert zu testen. Um aufzufallen und gut anzukommen, wird alles Mögliche ausprobiert, von ausgeflippter Kleidung über bunt gefärbte Haare bis hin zu Piercings und Tattoos (die im nächsten Kapitel besprochen werden). Es braucht eben eine Zeit, bis das Make-up stimmt oder die passenden Klamotten für den jeweiligen Typ gefunden sind.

Darüber hinaus drücken Jugendliche durch die Gestaltung ihres Äußeren vor allem auch Wünsche nach Abgrenzung von den Eltern aus. Wenn sich Ihre Tochter die Haare rot färbt, dann nicht nur, weil es ihr gefällt, sondern weil sie Ihnen damit implizit mitteilen will: «Ich bin anders als ihr!» Viele Jugendliche demonstrieren durch ihr Aussehen, dass sie einer bestimmten Jugendkultur (Gothic, Punk, Hip-Hop) angehören oder dass sie sich an Idolen wie Stars oder Schauspielerinnen orientieren.

Insbesondere Mädchen sehen sich in der Abgrenzung zur Mutter häufig vor eine große Herausforderung gestellt. Dadurch, dass Mutter und Tochter dasselbe Geschlecht haben und die Mutter im Vergleich zum Vater zumeist die engere Bezugsperson für die Tochter ist, fällt es vielen Mädchen schwer, sich unabhängig vom inneren Bild, das sie von der Mutter haben, als Frau zu fühlen und eine von der Mutter unabhängige Identität zu entwickeln. Eigentlich will sich die Tochter in der Unterschiedlichkeit zur Mutter erleben, aber sie hat noch keine innere Vorstellung, wie sie das bewerkstelligen soll, wenn sich beide so ähnlich sind. So kann ein eigenes, von der Mutter unterschiedliches Aussehens- und Kleidungsverhalten auch die unbewusste Botschaft an die Mutter enthalten: «Lass mich anders sein als du und erlaube mir die Ablösung!»

Mütter, die ihrer Tochter kleidungsmäßig hinterherlaufen, indem sie sich jugendlich anziehen und insgeheim vielleicht auch mit der Tochter ums Aussehen rivalisieren, erschweren der Tochter die Ablösung und die Bildung einer eigenen Identität.

Deshalb: Überlassen Sie es Ihrer Tochter, wie sie ihr Aussehen gestaltet, auch wenn es Ihrer erwachsenen Ästhetik zuwiderläuft. Andernfalls geraten Sie nur in einen Machtkampf. Allerdings sollten Sie sich immer dann einmischen, wenn Sie das Gefühl haben, Ihre Tochter schade sich selbst oder gefährde sogar ihre Gesundheit. Mal angenommen, Ihre Tochter will im Punk-Outfit zu einem Vorstellungsgespräch erscheinen, weil sie, wie viele Jugendliche, die Folgen ihres Verhaltens nicht richtig einschätzen kann. In diesem Fall wäre es wichtig, mit der Tochter zu reden. Manche Mädchen wollen bei Minusgraden im Minirock oder mit Sandalen nach draußen, logisch, dass Sie auch dann ein klares Wort sprechen müssen.

Hier sind ein paar Tipps, wie Sie sich in Mode- und Aussehensfragen einbringen können, ohne übergriffig zu sein:

- Stehen Sie Ihrer Tochter beratend zur Seite, wenn dies von ihr gewünscht wird, jedoch ohne Ihren eigenen Geschmack durchsetzen zu wollen.

- Erkennen Sie Ihre Tochter für ihr Äußeres an, machen Sie ihr Komplimente, sagen Sie ihr, wie hübsch sie ist und wie schön ihre Figur ist. Vor allem auch Väter sollten sich anerkennend einbringen, denn, wie bereits an anderer Stelle erwähnt, braucht die Tochter zur Förderung des Selbstbewusstseins ein positives väterliches Feedback.

- Geben Sie ehrliche Rückmeldungen, wenn Sie zum Beispiel das Gefühl haben, das Outfit der Tochter sei zu brav, zu sexy oder einem bestimmten Anlass nicht angemessen.

- Interessieren Sie sich für den Modegeschmack Ihrer Tochter, reden Sie mit ihr über Trends. Seien Sie für die jugendliche Welt Ihrer Tochter aufgeschlossen.

- Erinnern Sie sich an Ihre eigene Jugend, was Sie damals getragen haben und auf welche Weise Sie sich abgegrenzt haben und kommen Sie mit Ihrer Tochter darüber ins Gespräch.

MARKENKLAMOTTEN

Jugendliche können ganz schön hartnäckig sein, wenn es darum geht, eine Markenjeans oder das T-Shirt oder Top der Firma Soundso zu tragen. Das Hauptargument: «Wenn ich nicht auch so ein Teil bekomme, werde ich ausgelacht oder gehöre nicht mehr dazu!» Meistens lassen sich Eltern damit erweichen, auch wenn es ihnen finanziell nicht immer leichtfällt. Kein Wunder: Der Druck unter Jugendlichen, nur angesagte Klamotten zu kaufen, ist in der Tat sehr groß, und oft werden diejenigen, die kein Geld haben, ausgegrenzt und verspottet. Es ist wichtig, dass Sie Ihre Tochter für solche Konflikte sensibilisieren. Aber nicht, indem Sie ihr jeden Kleidungswunsch erfüllen, sondern indem Ihre Tochter lernt, materielle Einschränkungen auszuhalten. Sie sollte ein Gefühl dafür bekommen, dass es letztendlich auf das Wesen und die Ausstrahlung ankommt und nicht so sehr auf die Marke, die sie trägt. Jugendliche aus einem wohlwollenden und wertschätzenden Familienklima haben weniger Probleme, solchem Kleidungsdruck standzuhalten als Jugendliche, die sich von ihren Eltern grundsätzlich nicht verstanden fühlen.

Deshalb: Sprechen Sie mit Ihrer Tochter, zeigen Sie Verständnis für die Kleidungswünsche, aber seien Sie auch konsequent, wenn Sie sich bestimmte Dinge nicht leisten können oder das Gefühl haben, Ihre Tochter habe zu hohe Ansprüche. Sie könnten Ihrer Tochter auch vorschlagen, dass sie die Differenz zwischen einem namenlosen und einem Markenprodukt von ihrem Taschengeld begleicht, denn so lernt sie, selbst für ihre Wünsche Verantwortung zu übernehmen. Meistens sind dies jedoch erhebliche Mehrkosten, die eine Jugendliche noch nicht aufbringen kann, es sei denn, sie verdient sich etwas dazu. Tipp: In Secondhandläden und auf Flohmärkten gibt es auch Markenklamotten.

Piercing und Tattoo

Knifflig wird es, wenn sich Jugendliche ein Piercing oder ein Tattoo machen lassen wollen. Wie sollten Sie als Eltern reagieren? Ist es in Ordnung, der Tochter ein Zungenpiercing zu erlauben, auch wenn damit Risiken verbunden sind? Sollten Sie ein

Tattoo gestatten, das vielleicht sexy aussieht, Ihre Tochter aber auch ein Leben lang mit sich herumtragen muss?

Ilona (35) ist strikt dagegen, dass sich ihre 16-jährige Tochter Marina mehrere Nasenpiercings machen lässt. «Wenn sie nur einen von diesen Knöpfen und Ringen tragen wollte, okay», sagt Ilona, «aber gleich mehrere, da mach ich nicht mit!» In ein paar Monaten hat Marina ihren mittleren Schulabschluss und wird sich einen Ausbildungsplatz suchen müssen. «Was macht das denn für einen Eindruck, wenn sie da wie ein Zirkuspferd aufläuft?!», sagt Ilona empört. Argumente ihrer Tochter, dass man die Piercings für die Dauer eines Vorstellungsgespräches ja auch entfernen könne, überzeugen Ilona nicht. «Die Löcher bleiben, und das sieht einfach bekloppt aus!» Conny (43) fragt sich, ob sie ihrer Tochter Rebekka (16) ein Tattoo erlauben soll, eine fliegende Taube am Oberarm. In Rebekkas Clique haben alle ein Tattoo, und nun mutmaßt die Mutter, dass die Tochter befürchten könne, sich ohne Tattoo ausgegrenzt zu fühlen. «Nicht, dass ich etwas gegen eine Tätowierung hätte, ganz im Gegenteil», sagt Conny, «und ich kann auch verstehen, dass solch ein Gruppendruck enorm wichtig sein kann. Aber Jugendliche sind so wahnsinnig sprunghaft. Was heute noch angesagt ist, kann morgen schon wieder völlig out sein.» Solange Rebekka noch minderjährig sei, trage die Mutter die Verantwortung für den Körper des Mädchens. «Sonst heißt es hinterher: ‹Warum hast du mir die blöde Taube nicht verboten?›, und dann bin ich es, die sich die Vorwürfe macht.»

- **Was spricht für, was spricht gegen Piercings und Tattoos?**

Dafür spricht, dass Ihre Tochter über ihr Aussehen selbst entscheiden sollte. Denn, wie bereits im vorherigen Abschnitt betont, es gehört zur Pubertät, sich mit Klamotten, Make-up und Körperschmuck auszuprobieren. Insofern ist der Wunsch nach einem Piercing oder Tattoo ein positives Signal. Er zeigt an, dass Ihre Tochter ihren Körper mag und ihn schmücken und präsentieren will. Dies sollten Sie als Eltern unterstützen. Darüber hinaus lässt sich ein Nasen-, Lippen- oder Zungenpiercing im Gegensatz zu einem Tattoo jederzeit wieder entfernen, sodass Sie als Eltern keine bleibende Veränderung des Körpers Ihrer Tochter befürchten müssen.

Dennoch haben viele Eltern Bedenken, und das zu Recht. Schließlich sind Sie als Mutter oder Vater für die Gesundheit und die körperliche Unversehrtheit Ihrer minderjährigen Tochter mitverantwortlich. Bei einem Zungenpiercing zum Beispiel kann es zu Entzündungen, Blutungen, starken Schmerzen bis hin zu Erstickungsanfällen kommen. Längerfristig können die Geschmacksnerven beeinträchtigt und die vorderen Zähne geschädigt werden. Außerdem können sämtliche Piercings Abstoßungsreaktionen hervorrufen und Narben hinterlassen.

Tattoos haben den Nachteil, dass eine Entfernung kaum möglich ist, ohne Narben zu hinterlassen, und dass sie viel Geld kosten. Eine sichtbare Tätowierung kann in Berufen mit Publikumsverkehr zur Einstellungshürde werden. Auch verändern sich Tattoos, die in der Jugend gestochen werden, in späteren Jahren durch die Hautalterung ungünstig. Hinzu kommt, dass ein Tattoo-Motiv, das in der Jugend cool daherkommt, im Erwachsenenalter ganz andere Gefühle auslösen kann. Die Fee, das Höllengesicht oder die Schlange können der Trägerin irgendwann gehörig auf die Nerven gehen.

Als Eltern sollten Sie die Vor- und Nachteile eines Piercings oder einer Tätowierung gut abwägen. Falls Sie sich dafür entscheiden: Lassen Sie den Körperschmuck nur von einem Fachmann oder einer Fachfrau anfertigen. Wenn Sie ein ungutes Gefühl dabei haben, bringen Sie ruhig den Mut zu einem Nein auf.

Es ist Ihrer Tochter durchaus zuzumuten, noch ein paar Jahre bis zur Volljährigkeit zu warten. Dann kann sie selbst über ihren Körper entscheiden. Sie könnten sich auch gemeinsam mit Ihrer Tochter ein seriöses Piercing-Studio ansehen, sich dort beraten lassen und anschließend eine Entscheidung treffen.

DAS SOLLTEN SIE BEACHTEN:

- Jugendliche unter 16 Jahren dürfen sich seitens des Gesetzgebers weder piercen noch tätowieren lassen. Auch nicht mit der Einverständniserklärung der Eltern.
- Jugendliche zwischen 16 und 18 Jahren brauchen für Piercings oder Tattoos die schriftliche Einwilligung der Eltern. Manche Studios verlangen gar, dass die Eltern bei den Sitzungen anwesend sind. Wenn ein Studio dies ohne elterliche Einverständniserklärung vornimmt, können Eltern das Geld zurückverlangen und Schadensersatz geltend machen.
- Achten Sie darauf, dass Sie an einen professionellen Piercer oder Tätowierer geraten. Der Behandlungsraum sollte sauber, der Hygiene wegen gefliest und durch Türen von anderen Räumen abgetrennt sein. Auch sollten Sie bzw. Ihre Tochter ausführlich über Risiken, Komplikationen, Verhaltensmaßregeln und Pflegemaßnahmen aufgeklärt werden.
- Erkundigen Sie sich nach den Modalitäten für die Haut. Zum Beispiel sollten Sie bedenken, dass eine frisch tätowierte Haut nicht der Sonne ausgesetzt werden darf. Dann wäre es ratsam, sich im Herbst oder Winter tätowieren zu lassen.

Haushalt und soziale Kompetenz

Es ist nicht immer leicht, Jugendliche zur Mitarbeit im Haushalt zu motivieren. Martin (41), alleinerziehender Vater eines Sohnes (15) und einer Tochter (14), hat nach einem langen Arbeitstag oft keine Lust mehr, sich darum zu streiten, ob die nasse Wäsche aufgehängt, das Wohnzimmer aufgeräumt oder der verkrustete Herd saubergemacht worden ist, selbst wenn er vorher darum gebeten hat. «Bevor ich lang diskutiere, mach ich's lieber selber», sagt Martin. Wenn er seine Kinder zur Mitarbeit auffordert, geschieht fast immer dasselbe: Der Sohn stellt sich taub, und die Tochter sagt in stereotypem Genervtsein: «Ja, gleich …», ohne dass dieses «gleich» jemals zur erlebten Realität würde. Zugleich hat Martin nicht das Gefühl, dass seine Kinder aus Bösartigkeit so schluderig sind. «Pubertät und Sauberkeit, das passt irgendwie nicht zusammen», sagt er gelassen. «Dass der Müll überquillt oder dass noch Haare im Waschbecken kleben, das bemerken die beiden nicht. Wahrscheinlich könnten sie ein Salonzimmer nicht von einem Hühnerstall unterscheiden.»

Viele Jugendliche sind in Haushaltsdingen nachlässig, weil sie noch nicht über die nötige Reife verfügen, Verantwortung in sozialen Bezügen zu übernehmen, und weil sie vermutlich auch ein anderes Sauberkeitsverständnis haben als Erwachsene. Aber das macht die Sache nicht besser. Es ärgert viele Eltern, weil sie sich vorkommen wie Hotel Mama oder Papa. Juliane (38), Mutter einer 14- und einer 12-jährigen Tochter, fühlt sich regelrecht hilflos bei der Frage, wie sie ihre Töchter zu mehr Mithilfe im Haushalt motivieren soll. «Ich kann die Mädels doch nicht zwingen», sagt sie. «Wenn ich von der Arbeit nach Hause komme, hab ich schon genug damit zu tun, mich um die Schulaufgaben zu kümmern. Oft bin ich dann so erschöpft, dass ich mich nicht auch noch um Haushaltsdinge zoffen will.»

So wie Martin und Juliane reagieren viele Eltern: Sie erledigen die Dinge lieber selber, bevor sie sich in lange Streitigkeiten verstricken lassen. Dennoch wäre es wichtig, Heranwachsende zunehmend mit mehr häuslichen Pflichten zu betrauen.

Entwicklungspsychologisch betrachtet ist die Pubertät eine Durchgangsstation zwischen dem Alter eines Säuglings, der ausschließlich um seine eigenen Bedürfnisse kreist, und dem Alter eines Erwachsenen, der altruistische Eigenschaften wie Einfühlung, soziale Verantwortung und die Übernahme von Pflichten zum Wohle einer Gemeinschaft erlernt haben sollte. Zugespitzt formuliert: Die Pubertät befindet sich inmitten eines Prozesses vom Ich zum Wir. Viele Jugendliche machen den Eindruck, als seien sie in ihrer Egozentrik verfangen, drehen sich häufig um sich selbst und sind mit ihrem Lebensmittelpunkt ganz woanders, jedenfalls nicht bei den zu erledigenden alltäglichen Dingen zum Wohle des Familienlebens. Die Aufgabe der Eltern ist es nun, Jugendliche nach und nach in häusliche Pflichten einzubinden, um ihnen soziale Kompetenz beizubringen. Unter sozialer Kompetenz versteht man Fähigkeiten, die für ein Gemeinschaftsleben notwendig sind, wie Einfühlung, Rücksichtnahme, Teamgeist und die Übernahme von Verantwortung für andere.

Was können Sie tun? Führen Sie Ihre Tochter sachte an häusliche Pflichten heran. Vereinbaren Sie mit ihr eine Aufgabe, die sie übernehmen könnte, zum Beispiel am Abend den Tisch abzuräumen oder einmal wöchentlich die Toilette zu reinigen. Lassen Sie es zunächst dabei bewenden und sehen Sie über andere Nachlässigkeiten hinweg. So halten Sie Konflikte klein. Erweitern Sie die Pflichten Ihrer Tochter nach und nach. Sparen Sie nicht mit Lob, aber bleiben Sie auch im Konflikt, wenn die Tochter ihre Aufgaben für die Gemeinschaft nicht erledigt.

Noch einmal zurück zur sozialen Kompetenz. Darunter versteht man auch die Fähigkeit, sich durchsetzen und sich wehren zu können. Manchen Mädchen fehlen genau solche Eigenschaften. Nicht alle halten sich aus Haushaltsdingen heraus, ganz im Gegenteil. Im Vergleich zu Jungen verfügen Mädchen viel häufiger über die Fähigkeit, die Bedürfnisse anderer wahrzunehmen und Verantwortung für die Familie zu übernehmen. Oft sind sie vom Typ her eher angepasst als rebellisch. Ulla (47) muss vier Kinder großziehen und ist dabei auf die Mithilfe ihrer ältesten Tochter Meike (17) angewiesen. Schon immer hat Meike ohne Murren familiäre Pflichten übernommen, hat den jüngeren Geschwistern bei den Hausaufgaben geholfen oder den Hund ausgeführt. Seit einiger Zeit jedoch zieht sie sich immer mehr aus der Familie heraus, hat einen Freund, will möglichst viel Zeit mit ihm verbringen, übernachtet häufig bei ihm. Darüber ärgert sich Ulla, denn als berufstätige und alleinerziehende Mutter ist sie mit der Erziehung und Versorgung der drei jüngeren Geschwister überfordert. «Ich fühle mich von meiner Tochter alleingelassen», sagt sie in einer Mischung aus Wut und Verzweiflung. «Meinetwegen soll sie einen Freund haben, aber ist es zu viel verlangt, wenn sie mir trotzdem weiterhin unter die Arme greift?»

Ja, das wäre tatsächlich zu viel verlangt. Eine 17-Jährige hat ein Recht auf Ablösung und eigene Bedürfnisse. Mädchen, die zur Anpassung neigen und keine Schwierigkeiten haben, sich unterzuordnen, vernachlässigen oft ihre rebellischen, kämpferischen, sich durchsetzenden Anteile. Sie bleiben auf eine brave, fürsorgliche und verpflichtende Weise an ihre Familie gebunden, übernehmen ein hohes Maß an häuslicher Verantwortung und laufen dabei Gefahr, selbst zu kurz zu kommen. Meike ist gerade dabei, sich von zu Hause abzulösen, während ihre Mutter versucht, sie durch Schuldgefühle und Rollenumkehr, die Tochter soll sich um die Mutter kümmern, an sich zu binden.

Achten Sie gut darauf, was für ein Typ Ihre Tochter ist und was sie für ihre Entwicklung braucht. Ist Ihre Tochter noch sehr in ihrer pubertären Egozentrik verhaftet und widersetzt sie sich sozialer Verantwortung, dann binden Sie sie mehr in häusliche Pflichten ein. Ist sie aber eher angepasst und übernimmt sie ein hohes Maß an familiären Pflichten, dann unterstützen Sie sie darin, öfter nein zu sagen, verstärkt auf ihre eigenen Bedürfnisse zu achten und sich allmählich von Ihnen und der Familie abzulösen.

Taschengeld

Es ist pädagogisch sinnvoll, Kindern und Jugendlichen regelmäßig Geld zu zahlen, über das sie selbst verfügen können. Wenn Ihre Tochter Taschengeld bekommt, wird sie in die Lage versetzt, selber zu entscheiden, ob sie sich ein sexy Top kaufen oder lieber auf einen neuen Computer sparen soll. Eigenes Geld fördert Eigenverantwortung und Autonomie. Und es konfrontiert Ihre Tochter mit der bitteren Tatsache, dass man nicht alles im Leben haben kann. Eltern, die das Taschengeld verweigern oder ihre Kinder finanziell zu knapp halten, nehmen ihnen die Chance zu mehr Autonomie. Eltern, die zu freigiebig sind, auch, denn so lernt ihre Tochter nicht, eigenverantwortlich mit Geld umzugehen. Selbstverständlich haben viele Jugendliche das Gefühl, zu wenig Taschengeld zu bekommen, und sie feilschen mit ihren Eltern um jeden Cent oder schaffen es, dass die Eltern für Dinge aufkommen, die sie sich eigentlich selber kaufen könnten. Warum auch nicht: Verhandeln und Kämpfen gehört zum Erwachsenwerden dazu. Wichtig ist nur, dass Sie die Höhe des Taschengeldes an Ihrer finanziellen Situation bemessen und sich diesbezüglich nicht auf lange Diskussionen einlassen sollten. Wenn Sie über eine bestimmte Summe nicht hinausgehen können, dann muss

Ihre Tochter dies akzeptieren. Begründen Sie Ihre Entscheidung über die Höhe des Taschengeldes und machen Sie Ihrer Tochter klar, dass nicht nur ihr als Jugendlicher, sondern auch Ihnen als Eltern finanzielle Grenzen gesetzt sind. Im Internet finden Sie allerhand Taschengeldtabellen, die Ihnen monatliche Richtbeträge vorschlagen. Die Jugendämter empfehlen (Stand 2012):

10 Jahre: 12 bis 14 Euro / Monat
11 Jahre: 14 bis 16 Euro / Monat
12 Jahre: 16 bis 20 Euro / Monat
13 Jahre: 20 bis 22 Euro / Monat
14 Jahre: 22 bis 25 Euro / Monat
15 Jahre: 25 bis 30 Euro / Monat
16 Jahre: 30 bis 35 Euro / Monat
17 Jahre: 40 bis 45 Euro / Monat
18 Jahre: 60 bis 70 Euro / Monat

Beachten Sie bitte: Dies sind nur Orientierungswerte, von denen Sie sich keinesfalls unter Druck setzen lassen sollten. Sie können eben nur das zahlen, was Sie zu zahlen in der Lage sind. Hier sind ein paar Tipps, was Sie beim Taschengeld bedenken sollten:

- 16-, 17- oder 18-Jährige, die eine Ausbildungsvergütung bekommen, brauchen nicht unbedingt auch noch das Taschengeld der Eltern. Sie sind auf gutem Wege, sich selber zu finanzieren.

- Das Taschengeld sollte eine feste Größe sein, mit der Ihre Tochter kalkulieren kann. Wenn sie sich also durch Jobs etwas dazuverdient oder wenn sie von Verwandten Geldgeschenke erhält, sollte dies keine Auswirkungen auf die Höhe des Taschengeldes haben.

- Ihre Tochter sollte sich grundsätzlich von ihrem Geld kaufen dürfen, was sie will.

- Essen, Schulsachen und Kleidung sollten nicht vom Taschengeld bestritten werden müssen. Nur wenn Ihre Tochter zum Beispiel ausgefallene Kleidungswünsche hat oder wenn sie immer wieder ihr Schulmaterial verschlampt, sollten Sie sie auch mal zur Kasse bitten.
- Zahlen Sie den Betrag regelmäßig und unaufgefordert. Setzen Sie das Taschengeld nicht als Druckmittel ein, indem Sie es zur Bestrafung kürzen oder streichen. Ihnen wird ja auch nicht das Gehalt gekürzt, weil sie häufiger zu spät kommen oder Ihren Chef angemotzt haben.

Schlafenszeiten

Seit einigen Wochen kommt Jelina (14) morgens früh nicht mehr aus dem Bett. Und zwar immer dann, wenn sie am Abend zuvor spät eingeschlafen ist. Eigentlich haben die Eltern mit ihr abgemacht, dass sie sich um 21 Uhr hinlegen, noch etwas lesen und ab 22 Uhr schlafen soll. «Doch das klappt nicht immer», seufzt die Mutter. «Manchmal sieht sie fern oder hört Musik und ist danach total aufgekratzt. Und wenn sie nach zehn noch wach ist, weiß ich: Das mit der Schule morgen kannst du vergessen!» Es ist nicht so, dass Jelina am nächsten Morgen nicht aufstehen will. Nein, sie schafft es tatsächlich nicht, ihre Augen zu öffnen, wenn die Mutter vor ihrem Bett steht und sie wachzurütteln versucht. «Einmal hab ich ihr ein Glas Wasser ins Gesicht geschüttet», sagt die Mutter, «aber das hat auch nicht geholfen. Sie ist mir dann am Frühstückstisch weggenickt.»

Während Säuglinge um die 16 Stunden Schlaf benötigen und ältere Menschen mit 5 bis 6 Stunden auskommen, sollten Jugendliche zwischen 8 und 10 Stunden pro Nacht schlafen. Von Jugendlichen selbst wird dieses Schlafbedürfnis oft unterschätzt. Spätabends fühlen sich viele Jugendliche noch fit, hocken vor dem PC, hören Musik, machen Hausaufgaben oder telefonieren mit der besten Freundin oder dem Kumpel. Es scheint, als würde der Tag für Pubertierende erst mitten in der Nacht so richtig beginnen. Nur leider hat dies zur Folge, dass viele Jugendliche morgens nicht aufstehen oder dem Unterricht vor Müdigkeit kaum folgen können.

Die spätabendliche Aktivität hat etwas mit den veränderten Lebensumständen zu tun, die das Erwachsenwerden mit sich bringt. Im Vergleich zur Kindheit haben Heranwachsende mit Schule, Hausaufgaben, Hobbys, Sport und einem verstärkten Bedarf an außerfamiliären Beziehungen einen vollen Tagesplan, der sich durchaus mit dem eines Erwachsenen messen kann, und da bieten sich die Abende an, Dinge nachzuholen, zu denen man am Tag nicht gekommen ist. Aber auch das müde machende Hormon Melatonin spielt eine Rolle.

Die Frage ist, wie Sie als Eltern mit den Schlafzeiten Ihrer Tochter umgehen sollten. Vielleicht hilft es, den Fokus zu verschieben: Entscheidend ist ja nicht, wann Ihre Tochter zu Bett geht. Entscheidend ist, ob sie die Tagesanforderungen einigermaßen wach und konzentriert bewältigen kann; ob sie trotz Müdigkeit pünktlich zur Schule kommt, dem Unterricht folgt und ihre Hausaufgaben erledigt. Wenn Sie das Gefühl haben, Ihre Tochter habe ihren Tag Nacht Rhythmus im Griff, sollten Sie sie ruhigen Gewissens die Schlafenszeit selbst bestimmen lassen. Schafft sie jedoch ihre Tagesanforderung wegen chronischer Übermüdung nicht, braucht Sie Ihre Unterstützung. Dann vereinbaren Sie mit ihr eine Zeit und achten Sie darauf, dass diese auch eingehalten wird. Manche Jugendliche behelfen sich damit, dass sie nach der Schule einen kurzen Mittagsschlaf von 30 Minuten halten. Dies hat nicht nur den Vorteil, dass sie anschließend wieder wach und konzentriert sein können, sondern dass sich das in der Schule Gelernte auch besser setzen kann. Lassen Sie Ihre Tochter eine Zeitlang selbst ausprobieren, wie sie am besten ihren Tag-Nacht-Rhythmus finden kann.

Nun sollten Heranwachsende ab einem gewissen Alter ohnehin selbst über ihre Schlafenszeit bestimmen, unabhängig davon, ob sie ihr Tagespensum schaffen oder nicht. Denn schließlich sollen Jugendliche im Verlauf der Pubertät zunehmend mehr Eigenverantwortung übernehmen. Dazu ein Extrembeispiel: Die 17-jährige Jessica hatte einen Ausbildungsplatz in einem Einzelhandelsunternehmen bekommen. Dies war umso erfreulicher, da sie die Schule nur mit Ach und Krach hinter sich gebracht hatte und sowohl ihre Eltern als auch sie selbst Sorge hatten, dass sie keinen Ausbildungsplatz finden würde. Sie arbeitete sich schnell und gründlich ein, der Geschäftsführer war begeistert von ihr, und ihr wurde eine steile Laufbahn in Aussicht gestellt. Doch dann geschah etwas Unerwartetes: Jessica kam häufiger zu spät, weil sie verschlafen hatte. Irgendwann hieß es: «Wenn Sie noch einmal unpünktlich sind, fliegen Sie raus!» Von da an übernahm die Mutter das Wecken, und mit ihrer Hilfe schaffte es Jessica, eine Weile wieder pünktlich zu kommen, bis sie dieses eine entscheidende Mal erneut verschlief. Die Drohung wurde wahrgemacht, und Jessica verlor ihren Ausbildungsplatz. Man kann sich das Entsetzen, die Wut und die Verzweiflung der Eltern gut vorstellen. Und dennoch: Es ist nicht die Aufgabe einer Mutter, eine 17-Jährige allmorgendlich zu wecken. Was auch immer es für einen tieferen Sinn hatte, dass Jessica diesen Ausbildungsplatz verlor, vielleicht wehrte sie sich unbewusst gegen den Erfolg, vielleicht war der Einzelhandel nicht die richtige Berufswahl, vielleicht lehnte sie sich insgeheim gegen die Erwartungen der Eltern auf, sie sollte lernen, selbst die Verantwortung für ihren

Beruf und letztendlich auch für ihr Scheitern zu übernehmen. Dies kann Jugendlichen aber nur gelingen, wenn Eltern ab einem gewissen Alter loslassen, sich zurückziehen und aushalten, dass Kinder eigene Wege gehen, auch wenn diese nicht den elterlichen Vorstellungen entsprechen.

Freizeit, Freunde, Feiern

Im gleichen Maße, wie sich Heranwachsende von ihren Eltern lösen, intensivieren sie häufig ihre Kontakte zu Gleichaltrigen. Es wird gefeiert, stundenlang telefoniert, und das, was Eltern denken und sagen, hat mitunter nicht mehr den Stellenwert wie das, was die beste Freundin oder die Clique zu vermelden hat. Diese zunehmende Orientierung nach außen kann Eltern die eine oder andere Sorgenfalte auf die Stirn treiben. Wir haben im Folgenden die häufigsten Gründe für Streit und elterliche Bedenken sowie unsere Ratschläge hierzu zusammengestellt:

- **Unsere Tochter jagt von einer Party zur nächsten. Sollen wir das durchgehen lassen?**
Ja, sofern Ausbildung oder Schule nicht darunter leiden. Es ist ganz normal, dass heranwachsende Mädchen ihre Abende lieber mit Freunden und ohrenbetäubender Musik als mit den Eltern vor dem Fernseher verbringen. Beschränken Sie Ihr Augenmerk darauf, dass Ihre Tochter weiterhin in der Lage ist, ihren schulischen Pflichten nachzukommen, und dass sie nicht mit Drogen und zu viel Alkohol in Berührung kommt. Erst, wenn Sie sich diesbezüglich berechtigte Sorgen machen müssen, sollten Sie sich regelnd einschalten. Berücksichtigen Sie dabei das Alter: Eine 14-Jährige braucht elterliche Kontrolle, eine 17-Jährige dagegen kaum noch. Und selbstverständlich sollte für die Wo-

chenenden eine freizügigere Regelung getroffen werden als unter der Woche.

• **Wie setzen wir feste Ausgehzeiten durch?**

Die meisten Eltern möchten gern wissen, wann, wo und mit wem ihre Tochter die Zeit verbringt, besonders am Abend. Deshalb werden in den meisten Familien Ausgehzeiten vereinbart, die nach Alter der Tochter variieren sollten. Eine 14-Jährige ohne geregelte Zeiten abends sich selbst zu überlassen heißt, die Erziehungsverantwortung eigentlich nicht zu übernehmen. Dagegen wäre eine 16-Jährige, die am Wochenende konsequent um 23 Uhr zu Hause sein müsste, in ihren sozialen Kontakten eingeschränkt. Sie könnte sich nicht altersgerecht entwickeln.

Es gehört zur Pubertät, dass feste Zeiten aus Sicht der Jugendlichen häufig als beschränkend und bevormundend wahrgenommen werden. So entstehen immer wieder Streit und Diskussionen, in denen Jugendliche gegen begrenzte Ausgehzeiten protestieren oder sich schlicht nicht an die Vereinbarungen halten. Es erweist sich oft als hilfreich, wenn Ausgehzeiten nicht einfach vorgeschrieben, sondern gemeinsam mit der Tochter besprochen und vereinbart werden. Machen Sie Ihrer Tochter klar, dass Sie als Eltern eine Fürsorgepflicht haben, und dass Sie keine Ruhe finden, wenn Sie nicht wissen, wo und mit wem sich Ihre Tochter aufhält. Entscheiden Sie gemeinsam, mit welchen Zeiten beiden Seiten am besten leben können. So verhindern oder verringern Sie die Gefahr eines Machtkampfes. Außerdem lassen sich Zeiten, die Sie zusammen besprochen haben, besser einfordern, falls sich Ihre Tochter nicht daran halten sollte.

Seien Sie mit der Regelung von Ausgehzeiten nachsichtig, wenn Sie Ihre Tochter bei Freunden wissen, die Ihnen bekannt sind. Eine 16- oder 17-Jährige muss sich auch auf Partys aufhalten können, ohne dass die Eltern jeden einzelnen Gast kennen. Manchmal aber ist Vertrauen eben doch besser als Kontrolle. Gefahren auf Heimwegen kann man vorbeugen, indem Sie die Tochter ab einer bestimmten Zeit mit dem Auto abholen. Oft hilft es auch, sich mit den Eltern der Freunde auf bestimmte Zeiten zu einigen. So verhindern Sie, dass die Clique der Tochter am Wochenende, wie häufig beklagt, «viel länger» ausbleiben darf als die eigene Tochter.

- **Bin ich gesetzlich verpflichtet, darauf zu achten, dass meine minderjährige Tochter zu einer bestimmten Zeit zu Hause sein muss?**

Anders, als viele Eltern glauben, regelt das Jugendschutzgesetz nicht, wie lange Kinder und Jugendliche draußen bleiben dürfen. Dies zu entscheiden ist Aufgabe der Eltern. Das Jugendschutzgesetz verbietet lediglich den Aufenthalt an jugendgefährdenden Orten, wo Kinder und Jugendliche beispielsweise mit Drogen oder Prostitution in Berührung kommen könnten. Zeiten spielen aber insofern eine Rolle, als dass der Besuch von Gaststätten, zu denen auch Diskotheken und Cafés gehören, geregelt ist. Demnach dürfen Kinder und Jugendliche unter 16 Jahren nur in Begleitung von Erziehungsberechtigten eine Gaststätte aufsuchen, es sei denn, sie wollen nur eine Mahlzeit zu sich nehmen. Dies dürfen sie ohne Begleitung bis 23 Uhr. 16- und 17-Jährige dürfen sich ohne Begleitung Erziehungsberechtigter bis Mitternacht in Gaststätten aufhalten. Nachtbars und -clubs sind für Jugendliche unter 18 Jahren generell verboten.

- **Unsere Tochter ist am Wochenende ständig unterwegs – und die Familie ist ihr völlig egal**

Machen Sie sich keine Sorgen: Es zeugt von Autonomie, dass Ihre Tochter nicht mehr so viel Zeit mit der Familie verbringen will.

Gemeinsame Besuche bei der Oma und Familienausflüge am Wochenende werden irgendwann uncool. Dennoch: Lassen Sie Ihre Tochter nicht völlig aus der «Pflicht», solange sie noch minderjährig ist. Familienrituale wie gemeinsames Abendessen oder eine Aktivität hin und wieder am Sonntag setzen den Autonomietendenzen etwas Haltgebendes entgegen. Ablösung bedeutet ja nicht, die Tochter ganz sich selbst zu überlassen, sondern die Zügel nach und nach zu lockern. Vereinbaren Sie mit Ihrer Tochter, wie viel gemeinsame Zeit Sie sich von ihr wünschen und wie viel sie zu investieren bereit ist. Und seien Sie nicht enttäuscht oder gekränkt, wenn Ihre Tochter mit ihrem Entgegenkommen geizt. Es gehört nun mal zur Pubertät, dass Vereinbarungen ausgekämpft werden müssen.

- **Unsere 15-jährige Tochter will allein zu einem Popkonzert – sollen wir das erlauben?**

Das könnte schwierig sein. Da man bei Popkonzerten immer auch tanzen kann, werden solche häufig als «öffentliche Tanzveranstaltung» eingestuft. Dies hat die rechtliche Konsequenz, dass Heranwachsende unter 16 Jahren nur in Begleitung eines Elternteils (oder eines anderen Erziehungsberechtigten) dorthin dürfen. Erst Jugendliche ab 16 Jahren können sich bis 24 Uhr alleine auf Tanzveranstaltungen aufhalten. Sollte das Popkonzert jedoch als «Musikkonzert» eingeordnet worden sein, darf sich eine unter 16-Jährige auch alleine dort aufhalten. Wenn Sie ein gutes Gefühl dabei haben, Ihre 14- oder 15-jährige Tochter auch ohne Ihre Begleitung zu einem Popkonzert gehen zu lassen, sollten Sie sich beim zuständigen Jugendamt über die Einstufung bzw. Einlassbedingungen des Konzertes informieren und danach entscheiden.

- **Unsere 17-jährige Tochter will unbedingt auf eine LAN-Party – sollen wir sie gehen lassen?**

Eine LAN-Party ist ein Zusammenschluss von Rechnern, die durch ein lokales Netzwerk (LAN) miteinander verbunden werden. Die Teilnehmenden spielen jeweils an Computern sitzend gegeneinander, wobei Geschicklichkeit, Strategie und Gemeinschaftssinn gefordert werden. Bisher existieren keine gesetzlichen Jugendschutzregelungen für solche Partys. Aber: Da die Spiele, die auf LAN-Partys gespielt werden, in der Regel erst ab 18 Jahren freigegeben sind, dürfen Jugendliche unter 18 Jahren an den meisten LAN-Partys gar nicht erst teilnehmen. Ansonsten würde sich der Veranstalter strafbar machen.

- **Unsere Tochter findet keine Freunde und/oder wird aus der Clique oder in der Schule ausgeschlossen – was sollen wir tun?**

(Zu Ausgrenzung bzw. Mobbing siehe Abschnitt «Mobbing»)

Verständlicherweise betrübt es viele Eltern, wenn die Tochter keinen Anschluss findet oder von anderen ausgeschlossen wird. Die meisten Eltern leiden regelrecht mit. Vergegenwärtigen Sie sich, dass alle Erfahrungen, die Ihre Tochter mit Gleichaltrigen macht, auch die schmerzhaften, ein wichtiger Selbsterfahrungsprozess sind. Auf diese Weise lernt Ihre Tochter, Enttäuschungen zu verarbeiten und zu reflektieren, wie ihr Verhalten auf andere wirkt. Machen Sie sich gemeinsam mit ihr auf Ursachensuche, warum man sie nicht dabeihaben will. Manche Jugendliche werden ausgeschlossen, weil sie unsportlich sind oder äußerlich nicht den Merkmalen eines Super-Models entsprechen. Wenn Sie das Gefühl haben, dass derartige Gründe für die Ausgrenzung verantwortlich sind, sollten Sie Ihre Tochter darin bestärken, nach anderen Freunden Ausschau zu halten. Ihre Tochter sollte lernen, nicht den falschen Kontakten hinterherzulaufen. Manchmal, besonders unter Mädchen, spielen auch Eifersucht und Konkurrenz eine Rolle. Sensibilisieren Sie Ihre Tochter dafür, sodass sie ein Gespür dafür bekommt, dass Ausgrenzung nicht unweigerlich etwas mit ihr zu tun haben muss. Vielleicht bemerken Sie aber auch Verhaltensweisen an Ihrer Tochter, die andere tatsächlich stören könnten. Möglicherweise ist sie überheblich, altklug, angeberisch, oder sie versucht sich zu sehr anzupassen und wirkt dadurch ungeschickt. Geben Sie ihr eine möglichst ehrliche Rückmeldung, wie Sie sie in sozialen Kontakten erleben und wie sich ihr Verhalten auf andere auswirken könnte. So kann sich Ihre Tochter besser kennenlernen und an ihrem Auftreten etwas verändern.

- **Unsere Tochter ist schüchtern – wie können wir ihr helfen?**

Schüchternheit ist kein Makel. Schüchterne sollten ihre scheuen und zurückhaltenden Anteile annehmen und sich nicht dafür schämen oder verurteilen. Zum Ausgleich verfügen sie oft über ein hohes Maß an Empathie, Intuition und sozialer Kompetenz. Bestärken Sie Ihre Tochter darin, ein positives Gefühl zu ihrer Schüchternheit zu entwickeln. Loben Sie sie häufig, sodass sie in ihrem Selbstwertgefühl sicherer wird. Kitzeln Sie zugleich ihre rebellische Seite heraus, indem Sie sie zu Meinungsverschiedenheiten und Streit herausfordern. So lernt sie, sich zu behaupten und mehr aus sich herauszukommen. Achten Sie darauf, dass sie hin und wieder recht behält und sich bei Ihnen durchsetzt. Grundsätzlich aber gilt auch hier: Ihre Tochter muss ihre eigenen Erfahrungen machen. Im Endeffekt wird sie an Problemen und Konflikten wachsen, und davor können und sollten Sie sie nicht bewahren.

- **Unsere Tochter hat kaum Interessen und hockt
  andauernd zu Hause herum**

Einige Heranwachsende sträuben sich unbewusst gegen die Ablösung vom Elternhaus, indem sie die Wohnung oder das Haus kaum verlassen. Statt nach draußen zu gehen, ziehen sie sich immer mehr in ihr Zimmer und in sich selbst zurück, hören Musik, sitzen am Computer und machen den Eindruck, als nähmen sie nicht am Leben teil. In Maßen ist solch ein Rückzugsverhalten normal, doch es können sich auch depressive Tendenzen dahinter verbergen (siehe Abschnitt «Depressionen»). Wenn Sie beobachten, dass Ihre Tochter weder sozialen Kontakten noch außerhäuslichen Interessen nachgeht, sollten Sie mit ihr darüber sprechen. Finden Sie gemeinsam mit ihr heraus, warum sie so oft zu Hause ist und was es ihr schwermacht, die Außenwelt für sich zu entdecken. Versuchen Sie, sie zu Kontakten und Hobbys zu motivieren. Manchmal helfen auch organisierte Jugendreisen, um Kontakte zu anderen zu finden und die Lust an der Welt da draußen zu bekommen. Hinterfragen Sie sich zugleich selbstkritisch, ob Sie Ihre Tochter insgeheim an zu Hause binden, zum Beispiel, indem Sie von ihr zu viel Mithilfe im Haushalt verlangen, zu hohe Erwartungen an sie haben, ihr zu wenig zutrauen oder in ihr einen Partnerersatz sehen. Denn bekanntlich fällt es nicht nur Jugendlichen schwer, loszulassen, sondern auch vielen Eltern.

Liebe und Sexualität

Irgendwann wird Ihre Tochter das erste Mal in einen Jungen verliebt sein oder, wer weiß, vielleicht auch in ein Mädchen. Mit Liebesbeziehungen und Sexualität beginnt eines der aufregendsten Kapitel der Pubertät, nicht nur für Ihre Tochter, sondern auch für

Sie als Eltern. Wir haben die häufigsten Elternsorgen und -fragen hierzu für Sie zusammengestellt:

- **Seit unsere Tochter einen Freund hat, ist sie kaum noch zu Hause. Sollen wir das erlauben?**

Das hängt vom Alter Ihrer Tochter ab und davon, was der Freund für ein Typ ist. Eine 14-Jährige braucht sicherlich noch mehr elterliche Einmischung als eine 17-Jährige, und der nette Junge von nebenan macht Ihnen vermutlich keine Sorgen verglichen mit einem Jugendlichen, der Drogen konsumiert oder kriminell handelt. Grundsätzlich ist das Fernbleiben von zu Hause ein Teil des Ablösungsprozesses, und den sollten Sie unterstützen. Handeln Sie mit Ihrer Tochter aus, wie lange sie wegbleiben darf und bei welchen Familienritualen Sie sie weiterhin dabeihaben möchten. Sorgen Sie dafür, dass Sie den Freund mal kennenlernen können, um einen Eindruck zu bekommen. Seien Sie nicht enttäuscht, wenn Ihre Tochter dies als übergriffig erlebt und wenn es dabei immer wieder zu Konflikten kommt. Für das Erwachsenwerden ist es wichtig, dass beide Seiten ihre Positionen verteidigen dürfen, wenn nötig, auch mit Nachdruck und Streit.

- **Uns gefällt der Freund unserer Tochter nicht!**

Manchmal sind Eltern mit der Partnerwahl ihrer Tochter nicht einverstanden. Dann sind die Bedenken, die man gegen den Liebhaber der Tochter vorzubringen hat, aus Elternsicht immer gerechtfertigt. Er passt einfach nicht zu ihr, ist zu machohaft, kommt aus schwierigen Verhältnissen, nutzt sie aus, übt keinen guten Einfluss auf sie aus – die Liste der Argumente, die gegen den Freund sprechen, kann lang werden. Aber bedenken Sie: Die Tatsache, dass sich die Tochter an einen anderen Menschen emotional sehr stark bindet, macht die Ablösung von Ihnen als Mutter oder Vater mehr als deutlich. Dies kann für Eltern mit Gefühlen von Trauer und Angst einhergehen. Machen Sie sich bewusst, dass die Ablösung für Eltern nicht einfach auszuhalten ist und dass Ihre Gefühle diesbezüglich völlig normal sind. Und gewähren Sie Ihrer Tochter bei der Partnerwahl die volle Autonomie! Sie muss ihre eigenen Erfahrungen machen, selbst wenn Sie ganz sicher zu wissen glauben, dass sie den größten Fehler ihres Lebens begeht.

Ein wenig anders sieht es aus, wenn sich die Tochter an einen jungen Mann bindet, von dem Gefahr auszugehen droht, indem er beispielsweise mit Drogen in Kontakt ist oder zu kriminellen Handlungen verleiten könnte. Im Endeffekt können Sie auch hier nicht viel tun, denn Sie wissen ja vermutlich aus eigener Erfahrung, dass, wo die Liebe hinfällt, man wenig Einflussmöglichkeiten hat. Selbst eine 14-Jährige können Sie nicht auf Dauer einsperren. Kommen Sie mit Ihrer Tochter über mögliche Gefahren ins Gespräch, äußern Sie Ihre Bedenken und halten Sie sich beobachtend im Hintergrund. Es kann auch helfen, sich professionellen Rat zu holen, denn die Partnerwahl Ihrer Tochter kann auch ein Spiegel ihrer eigenen Probleme sein.

• **Die Tochter ist lesbisch – was sollen wir tun?**
Wenn Ihre Tochter Ihnen mitteilt, dass sie lesbisch ist, sollten Sie das ernst nehmen. Manche Eltern sagen sich, Homosexualität könne auch eine pubertäre Übergangsphase sein. Dies ist zwar grundsätzlich richtig, doch wenn eine Jugendliche sich den Eltern gegenüber outet, sollten sie das nicht hinterfragen, sondern davon ausgehen, dass sie sich ihrer sexuellen Orientierung sehr wohl bewusst ist.

Um das Coming-out, also die innere Akzeptanz der eigenen homosexuellen Orientierung, bewältigen zu können, benötigen

Betroffene oft gerade die Unterstützung der Eltern. Deshalb ist es ein wichtiger Schritt, es den Eltern mitzuteilen. In dem Moment, in dem Ihre Tochter Ihnen von ihren lesbischen Gefühlen erzählt, hat sie ihre Homosexualität bereits zu einem beträchtlichen Teil akzeptieren können. Dennoch wird sie verunsichert sein, denn es erfordert ein starkes Selbstbewusstsein, zu den eigenen sexuellen Gefühlen stehen zu können, wenn die Mehrheit des sozialen Umfeldes anders empfindet. Zunächst werden Sie vermutlich selbst mit der neuen Erkenntnis zurechtkommen müssen. Auch viele Eltern durchleben ein Coming-out, denn sie sehen sich plötzlich damit konfrontiert, möglicherweise auf Enkelkinder zu verzichten, oder sie befürchten, von Nachbarn, Freunden und Kollegen für die sexuelle Orientierung der Tochter ausgegrenzt zu werden. Lassen Sie sich Zeit, die Erkenntnis zu verarbeiten. Versuchen Sie, eine positive Haltung zum Lesbischsein Ihrer Tochter zu erlangen, möglicherweise auch, indem Sie mit Freunden sprechen oder sich professionellen Rat suchen, denn Ihre Tochter braucht Ihre emotionale Unterstützung. Verhalten Sie sich so, wie Sie sich bei einer heterosexuellen Tochter auch verhalten würden; sprechen Sie mit ihr, sofern gewünscht, wie man die Partnersuche richtig angeht, wie man Beziehungen gestaltet oder wie man mit Liebeskummer umgeht. Und vermeiden Sie Vorwürfe, Ihrer Tochter, aber auch sich selbst gegenüber. Eltern haben keinen Einfluss auf die sexuelle Orientierung ihrer Kinder, das ist wissenschaftlich erwiesen.

- **Unsere minderjährige Tochter hat einen erwachsenen, wesentlich älteren Mann zum Freund!**

Das bringt Eltern häufig in eine moralische Zwickmühle: Einerseits wollen sie ihrer Tochter das Liebesleben nicht verbieten, andererseits befürchten sie, es könne sich um Missbrauch handeln, wenn ein erwachsener Mann mit der Tochter ein sexuelles Verhältnis eingeht. Auch ist es für viele Eltern schwer auszuhalten, wenn der Liebhaber in etwa das Alter der Eltern hat.

Rechtlich gesehen ist das Schutzalter in Deutschland wie folgt geregelt: Erwachsene dürfen mit Kindern unter 14 Jahren grundsätzlich keine sexuellen Handlungen vornehmen. Für Erwachsene über 21 Jahren sind darüber hinaus auch 14- und 15-jährige Jugendliche tabu. Ab 16 Jahren dürfen Jugendliche über ihre Liebes- und Sexualpartner selbst entscheiden. Einzige Ausnahme: Lehrer/-innen, Ausbilder/-innen oder Erzieher/-innen zum Beispiel, zu denen die Jugendlichen in einem Abhängigkeitsverhältnis stehen, würden sich auch im sexuellen Kontakt zu einer/ einem 16-Jährigen strafbar machen.

Mal angenommen, Ihre unter 16-jährige Tochter hat ein freiwilliges Verhältnis mit einem über 21-jährigen Mann, so macht sich dieser zweifelsohne strafbar. Dennoch stellt sich die Frage, ob eine Anzeige sinnvoll ist. Bekanntlich lässt sich Liebe nicht verbieten, und wenn Sie mit der rechtlichen Seite argumentieren, besteht die Gefahr, dass sich die Tochter von Ihnen zurückziehen würde. Vielleicht kommen Sie am besten aus der Zwickmühle heraus, indem Sie einen vertrauensvollen Zugang zu Ihrer Tochter versuchen aufrechtzuerhalten. So weiß sie, dass sie sich, falls sie mit dem Verhältnis überfordert ist und Ihre Hilfe benötigt, an Sie wenden kann. Versuchen Sie, das Verhältnis zu tolerieren, auch wenn das leichter geschrieben als getan ist, und schaffen Sie Vertrauen, indem Sie Ihrer Tochter signalisieren, dass Sie die Beziehung ernst nehmen. Möglicherweise gelingt es Ihnen auf diese Weise, Ihre Tochter und das Verhältnis im Blick zu behalten und nötigenfalls Einfluss zu nehmen.

- **Unsere Tochter findet keinen Freund, wie können wir ihr helfen?**

Setzen Sie sich und Ihre Tochter nicht unter Druck. Das Besondere an der Liebe ist ja, dass sie sich nicht kontrollieren lässt. Man kann sich heftig wünschen, einen Partner oder eine Partnerin zu finden, aber, und das wissen Sie vermutlich aus eigener Erfahrung, man kann es sich nicht vornehmen. Die einen verlieben sich das erste Mal mit 12, die anderen erst mit Mitte 20. Es ist also nicht zwingend, dass Jugendliche Beziehungen eingehen und Sexualität leben müssen. Lassen Sie Ihrer Tochter die Zeit, die sie braucht. Die Frage ist immer auch, ob sie unter ihrem Single-Dasein leidet. Viele Jugendliche wollen sich noch gar nicht fest binden, und es sind eher die Erwachsenen, die bestimmte Vorstellungen darüber haben, wie sich Jugendliche verhalten sollten. Erst wenn Sie das Gefühl haben, es gehe Ihrer Tochter mit ihrer Partnerlosigkeit nicht gut, sollten Sie das Thema ansprechen. Versuchen Sie, sich eine positive Haltung zum Single-Leben anzueignen und diese vor der Tochter auch zu vertreten. Das mildert den Druck. Vielleicht können Sie auch gemeinsam mit ihr herauszufinden versuchen, woran es hapert, sofern Ihre Tochter überhaupt bereit ist, mit Ihnen darüber zu sprechen. Falls nicht, lassen Sie sie ihre eigenen Erfahrungen machen. Sie ist alt genug dafür.

- **Die Tochter hat Liebeskummer. Ich kann kaum mitansehen, wie sie leidet.**

Wenn die Tochter unglücklich verliebt ist, leiden viele Eltern mit, vor allem die Mütter. Doch Sie können Ihre Tochter nicht vor Unglück bewahren. Die Pubertät ist eine Lebensphase, in der erste Erfahrungen mit Liebe und Sexualität gemacht werden, die für das Leben prägen. Dazu gehören Glück, Sehnsucht, Verschmelzung und Romantik, aber auch Enttäuschungen, Eifersucht und Selbstwertkrisen. Liebeskummer kann, je nachdem, wie intensiv und lang die Beziehung gedauert hat, mehrere Wochen oder Monate dauern. Betroffene befinden sich häufig in einem Gefühlschaos aus Wut, Hoffnung, Trauer und Verzweiflung. Alle diese Gefühle dienen der Schmerzverarbeitung. Die «Wutphase» ist wichtig, um dem Schmerz aktiv etwas entgegenzusetzen, die Depression läutet oft das Ende des Liebeskummers ein, denn jetzt ist die Botschaft, dass die Liebe keine Chancen hat, auch wirklich angekommen. Häufig sind Gespräche die beste Medizin, daher sollten Sie Ihrer Tochter vor allem anbieten, mit ihr zu reden, aber auch Ablenkung und etwas Schönes zu unternehmen kann helfen. Erst wenn Sie merken, dass sie nach Monaten immer noch nicht aus ihrem depressiven Zustand herauskommt, dass die Schule merklich leidet, sie zu Alkohol oder Medikamenten greift oder Suizidgedanken äußert, sollten Sie sich professionelle Hilfe suchen.

- **Wir haben erfahren, dass sich unsere Tochter mit anderen Jugendlichen Pornos anschaut. Wie können wir das verhindern?**

Heutzutage haben Jugendliche leichte Zugangsmöglichkeiten zu Pornographie. In der Clique und in der Schule werden unter der Hand Sexfilme ausgetauscht, und im Internet hat man mit ein paar Klicks die entsprechenden Seiten aufgerufen. Das macht es für Eltern nicht leicht, den Pornokonsum ihrer Kinder zu kontrollieren. Vermutlich ergibt es wenig Sinn, die Tochter kontrollieren zu wollen oder auf das gesetzliche Verbot zu verweisen. Dies könnte sogar das Gegenteil bewirken, wenn sich Ihre Tochter pubertätsbedingt erst recht herausgefordert fühlt.

Sinnvoller ist, wenn Sie sich mit Ihrer Tochter zusammensetzen und ihr Ihre Bedenken bezüglich Pornographie verständlich zu machen versuchen. Vermitteln Sie ihr andere Werte zu Partnerschaft und Sexualität als solche, wie sie in Pornos vertreten werden. Sensibilisieren Sie sie für ein selbstbestimmtes, emanzipiertes und flexibles Frauen- und Männerbild und machen Sie ihr klar, dass das, was in Pornos gezeigt wird, nichts mit liebevoller Sexualität zu tun hat. Thematisieren Sie auch die Gefahren von Gewaltpornographie. Jugendliche, die damit in Berührung kommen, haben oft Schwierigkeiten, das Erlebte zu verarbeiten. Sorgen Sie durch eine vertrauensvolle Eltern-Kind-Basis dafür, dass sich Ihre Tochter im Notfall an Sie wenden kann und nicht befürchten muss, für ihr «Vergehen» von Ihnen bestraft zu werden.

Schwangerschaft

Für Eltern ist es fast immer ein Schock, wenn die minderjährige Tochter schwanger geworden ist. Viele können es nicht miteinander in Einklang bringen, dass das eigene Kind, dem man heute noch das schmutzige Geschirr hinterherräumen muss, morgen schon Mutter sein könnte. So ist es mehr als verständlich, dass viele Eltern versuchen, die Tochter bei ihrer Entscheidung für oder gegen eine Schwangerschaft zu beeinflussen. Doch so nachvollziehbar die Elternreaktionen auch sind: Eine Minderjährige sollte darin unterstützt werden, eine eigene Entscheidung zu treffen. Auch wenn das, was am Ende dabei herauskommt, den elterlichen Wünschen und Vorstellungen völlig zuwiderläuft.

- **Einwilligung der Eltern bei einem Schwangerschaftsabbruch**

Kerstin und ihre 15-jährige Tochter Elena haben eine Beratungsstelle aufgesucht, weil Elena schwanger ist. Sie sitzen in einem überfüllten Wartezimmer, die Stimmung zwischen beiden ist extrem gespannt. Die Mutter blättert nervös in einem Magazin, während Elena auf den Boden starrt. Ihre Haut glänzt, an Nase und Kinn sprießen Pickel. Noch vor wenigen Minuten saßen beide im Auto und haben sich angebrüllt. Vor allem die Mutter ist aus der Haut gefahren, hätte fast einen Unfall verursacht. Nun geht es nur noch darum, das Ganze so schnell wie möglich hinter sich zu bringen. Im Beratungsraum entlädt sich die Spannung. «Ich will, dass meine Tochter die Schwangerschaft abbricht», sagt die Mutter aufgebracht, während die Tochter schuldbewusst zu Boden blickt. «Sie ist doch selber noch ein Kind.» Und dann kann die Mutter die Tränen nicht mehr zurückhalten. Was soll nur aus der Schule werden, aus der Zukunft? Und die Beziehung zu dem Kindsvater, einem 16-Jährigen, sei alles andere als gefestigt.

So verständlich die Verzweiflung der Mutter und ihr Wunsch, über die Schwangerschaft der Tochter mitzubestimmen, auch sind: Die Gesetzgebung sieht vor, dass eine Minderjährige über ihren Körper selbst bestimmen kann. Mädchen, die 16 Jahre und älter sind, können ohne Einwilligung der Eltern einen Schwangerschaftsabbruch vornehmen lassen. Sind sie jünger, entscheidet der Arzt, ob das Mädchen über die nötige Reife verfügt, eine verantwortungsvolle Entscheidung zu treffen. Dies sind schwammige Formulierungen, die dem Arzt viel Spielraum lassen. Fühlt er sich unsicher, weil er eine Klage befürchtet, kann er die Einwilligung eines Elternteils verlangen. Lehnt die Mutter oder der Vater einen Abbruch ab, obwohl sich die Tochter dafür entschieden

hat, kann sich der Arzt absichern, indem er das Vormundschafts-
gericht heranzieht.

- **Die Minderjährige hat das Erziehungsrecht,
  nicht deren Eltern**

Nach einer Weile bietet es sich an, allein mit Elena zu sprechen.
Nachdem die Mutter den Raum verlassen hat, sagt das Mädchen
verschüchtert, dass sie das Kind gerne haben möchte, sich aber
nicht traut, dies gegen den Willen der Eltern durchzusetzen.
Mehr ist aus Elena nicht herauszuholen, jedenfalls nicht in diesem Gespräch. Zwei Tage später kommt sie alleine, ohne die Mutter. Sie wirkt gelöster, lebendiger als im Erstgespräch und sagt,
dass sie ein Kind wolle, weil sie sich so sehr ein eigenes, von den
Eltern unabhängiges Leben wünsche. Ihren Freund liebe sie, und
mit ihm wolle sie eine eigene Familie gründen. Aber zurzeit fühle
sie sich noch nicht reif genug, müsse ja noch zur Schule und
wolle bei den Eltern wohnen bleiben. «Ich bin auf die Hilfe meiner Eltern angewiesen», sagt sie, «sonst schaffe ich das nicht.»

Was sich viele Eltern oft nicht bewusst machen: Sollte sich die
minderjährige Tochter für das Austragen der Schwangerschaft
entscheiden, liegt die «tatsächliche Personensorge», also die Pfle-
ge-Verantwortung für das Kind, bei der Minderjährigen, selbst
wenn sie und ihr Kind bei Ihnen als Eltern leben. Jedoch haben
Sie als Eltern weiterhin das Erziehungsrecht über Ihre Tochter.
Das heißt, Sie müssen darauf achten, dass sie zur Schule geht,
dass ihre Gesundheit nicht zu Schaden kommt, und Sie können
auch bestimmen, wann sie abends zu Hause sein muss.

- **Das Neugeborene bekommt einen Vormund**

Weil Ihre minderjährige Tochter noch nicht voll geschäftsfähig
ist und zum Beispiel für Vertragsabschlüsse oder medizinische

Eingriffe des Kindes die Einwilligung eines Erwachsenen benötigt, wird dem Kind der Tochter ein gesetzlicher Amtsvormund zugeteilt. Dieser wird vom Jugendamt gestellt und regelt alle Angelegenheiten, die das Kind betreffen und über die die Tochter noch nicht selbst entscheiden kann. Er darf jedoch keine Entscheidungen über den Kopf der jungen Mutter hinweg fällen, sondern muss im Einverständnis mit ihr handeln. Nun könnten Sie als Eltern beim Jugendamt einen Antrag stellen, dass Ihnen die Amtsvormundschaft für das Enkelkind übertragen würde. Wir raten jedoch davon ab, weil dies häufig zu Konflikten führt. Vielen Eltern fällt es schwer, die minderjährige Tochter beziehungsweise den Kindsvater in wichtige Entscheidungen miteinzubeziehen, weil sie die gewohnte Elternrolle nicht ablegen können. Sie glauben, alleine für die Erziehung verantwortlich zu sein, und verhindern so, dass die Tochter oder das junge Paar selbst in eine Elternrolle hineinwachsen kann. Vielen Eltern ist auch gar nicht bewusst, dass sie als Vormund gar nicht das Recht haben, das Enkelkind zu erziehen. Dieses Recht hat nur die Tochter. Häufig führt eine solche elterliche Vormundschaftskonstellation zu heftigen Konflikten zwischen Eltern und der Tochter beziehungsweise dem jungen Paar. Insofern wäre es sinnvoller, wenn jemand Außenstehendes, Neutrales wie eine Mitarbeiterin des Jugendamtes die Vormundschaft übernehmen würde.

• **Rat und Hilfe in Beratungsstellen**

Wenige Tage später erscheint Elena erneut zu einem Beratungsgespräch, dieses Mal in Begleitung der Mutter. Die Atmosphäre ist spürbar befreiter als zuvor. Elena hat sich für einen Abbruch entschieden. Sie fühle sich, als habe man ihr eine Last von der Seele genommen. Auch die Mutter ist erleichtert. Wieder kommen ihr die Tränen. Sie habe ihre Tochter nicht beeinflussen wollen, habe viel nachgedacht und immer wieder mit ihrem Mann gesprochen. Beide hätten von Herzen entschieden, die Tochter zu unterstützen, falls sie das Kind bekommen wolle. Doch Elena hatte plötzlich Angst bekommen, mit einem Kind die Schule nicht zu schaffen, sich die Zukunft zu verbauen, sich frühzeitig von zu Hause lösen zu müssen. Es sei gut gewesen, dass die Eltern ihr Raum gegeben hätten, eine eigene Entscheidung zu treffen.

Haben Sie keine Scheu, bei einer Schwangerschaft Ihrer Minderjährigen eine Beratungsstelle aufzusuchen, ob mit oder ohne die Tochter. Holen Sie sich Unterstützung, wie Sie als Eltern am besten mit der neuen, oft beunruhigenden Situation umgehen können. Falls sich Ihre Tochter für einen Schwangerschaftsabbruch entscheiden sollte, benötigt sie ohnehin ein Beratungsgespräch. Dies ist gesetzlich vorgeschrieben. Aber auch, wenn sie sich in einem inneren Konflikt befindet und Hilfe zur Entscheidung braucht oder wenn sie das Kind bekommen will, sollte sie eine Beratungsstelle aufsuchen. Sie bekommt dort Unterstützung, eine für sie richtige Entscheidung zu treffen, und erfährt alles über soziale und finanzielle Hilfen. Diese Beratungsgespräche müssen immer ergebnisoffen sein, das heißt, die Beraterin oder der Berater darf Ihre Tochter nicht in eine bestimmte Richtung drängen.

WARUM MÄDCHEN SCHWANGER WERDEN

Mädchen werden schwanger, weil sie zum Beispiel gern eine eigene Familie hätten; weil sie etwas Gemeinsames mit ihrem Partner haben wollen; um eine Aufgabe zu haben; um schneller erwachsen zu werden, dem Leben einen Sinn zu geben oder um jemanden zum Schmusen und Kuscheln zu haben. Immer sind starke Gefühle dabei mit im Spiel, und es schwingt das Bedürfnis nach Liebe und Anerkennung mit. Deshalb sollten Sie Ihre Tochter, falls sie ein Kind erwartet, nicht als Versagerin kritisieren, die ihr Sexualleben nicht im Griff hat. Sondern Sie sollten sie in ihrer Entscheidung, wie immer die auch ausfällt, respektieren und liebevoll unterstützen, auch bei Schul- und/oder Ausbildungsfragen. Ermuntern Sie Ihre Tochter, nach dem für sie besten Weg zu suchen und gegebenenfalls nach der Geburt eine Elternzeit zu nehmen, bevor sie die Schule oder Ausbildung beendet. Dies wird schließlich auch jeder erwachsenen Frau zugestanden. Einige Mädchen nehmen Schule und Ausbildung erst dann richtig ernst, wenn sie Mutter geworden sind.

Ferien

Es kann gut sein, dass Ihre 14-jährige Tochter plötzlich nicht mehr mit Ihnen und der gesamten Familie in den Urlaub fahren will. Dies ist einerseits schade, weil es die vertrauten Familienreisen unmöglich macht, andererseits aber auch ein Ausdruck zunehmender Autonomie, die Sie als Eltern unbedingt fördern sollten. Das Jugendamt, die Kirchen, aber auch zahlreiche private Veranstalter bieten betreute Jugendreisen an, an denen Sie Ihre Tochter guten Gewissens teilnehmen lassen können. Einkommensschwache Familien haben sogar die Möglichkeit, einen Zuschuss über das Jugendamt zu beantragen. Falls Sie Bedenken wegen sexueller Kontakte Ihrer Tochter haben: Ist bei einer Gruppenreise auch nur eine Teilnehmerin oder ein Teilnehmer unter 16 Jahre alt, darf die Gruppe nicht gemischtgeschlechtlich übernachten. Andernfalls würden sich die Betreuer strafbar machen. Die meisten Betreuer untersagen ohnehin gemeinsame

Übernachtungen, egal wie alt die Jugendlichen sind, weil sie Unruhe vermeiden wollen. Am besten, Sie besprechen Ihre Bedenken vorab mit den Reiseveranstaltern, aber selbstverständlich auch mit Ihrer Tochter.

Schwieriger wird es, wenn Ihre Tochter plötzlich den Wunsch äußert, mit ihrer besten Freundin allein durch Europa zu reisen, oder, noch besorgniserregender, sich ganz alleine auf den Weg zu machen. Rechtlich ist es so, dass Jugendliche ab dem 14. Lebensjahr ohne die Begleitung Erziehungsberechtigter verreisen dürfen. Sie benötigen dafür lediglich deren schriftliche Einwilligung. Ob Sie Ihrer Tochter eine Reise auf eigene Faust gestatten sollten, hängt vom Alter und Reifegrad der Tochter ab, aber auch von Ihrem Gefühl als Eltern. Die Frage ist, ob Sie noch ruhig schlafen könnten, wenn Sie Ihre zum Beispiel 14- oder 15-jährige Tochter da irgendwo alleine draußen in der Welt wüssten. Hinzu kommt, dass Mädchen sicherlich noch einmal mehr und anders gefährdet sind als Jungen. Andererseits würde eine solche Reise Ihre Tochter in ihrer Autonomieentwicklung einen großen Schritt voranbringen. Wie könnte man Selbständigkeit besser erproben als bei einer Reise alleine oder mit der besten Freundin?

Treffen Sie Ihre Entscheidung abhängig davon, ob Sie einen solchen Urlaub Ihrer Tochter einigermaßen stressfrei überstehen würden. Ihre Tochter würde keinen seelischen Schaden nehmen, wenn sie noch ein Jahr warten müsste. Ansonsten könnten Sie ihr Kompromisse anbieten. Sie könnte ihre Reise zum Beispiel auf deutschsprachige Länder beschränken. Sie könnten mit ihr gemeinsam die Route ausarbeiten und mit ihr vereinbaren, dass sie sich in regelmäßigen Abständen zu Hause melden muss. Auch eine schrittweise Annäherung ans Alleinreisen könnte eine gute Vorbereitung sein: Lassen Sie Ihre Tochter einen Tag alleine planen und wegfahren, ein Wochenende mit der Freundin zusammen verbringen oder fünf Tage alleine in den näheren Umkreis verreisen. So können Sie und Ihre Tochter sich sachte an den Urlaub gewöhnen.

Lassen Sie sie ziehen, aber behalten Sie sie im Blick.

Ernährung

Im Zuge der Ablösung von den Eltern ändert sich auch das Ernährungsverhalten vieler Jugendlicher. Man will jetzt selbst bestimmen, was man zu sich nimmt und in welchen Mengen, auch wenn manche Essgewohnheiten dick machen oder der Gesundheit schaden. Zum Beispiel lieben viele Jugendliche Fastfood. Wenn es nach ihnen ginge, gäbe es den ganzen Tag nur Pizza, Döner oder Hamburger, dazu zuckerhaltige Cola und hinterher Süßes. Andere Mädchen picken wie Vögel auf ihrem Teller herum oder hangeln sich von einer Diät zur nächsten.

Fastfood-Konsum und Diäten sind häufig Ausdruck der Pubertät. An Fastfood reizt nicht nur, dass es offenbar jeder mag. Mit Hamburgern, Pommes und Bratwürsten kann man sich auch wunderbar von den Normen und Werten der Erwachsenen abgrenzen. Man braucht kein Besteck, um einen Döner zu verdrücken, und überhaupt sind Tischsitten in einem Schnellkost-Restaurant eher Nebensache. Dort kann nach Herzenslust gekrümelt, gekleckert und geschmatzt werden. Außerdem fehlt Jugendlichen häufig ein Gespür dafür, dass ungesunde Nahrung auch negative Folgen für Körper und Gesundheit haben kann.

Diäten und der ständige Wechsel zwischen Fressphasen und Diätphasen spiegeln oft ein unsicheres Körpergefühl, das typisch für viele pubertierende Mädchen ist. Gerade Mädchen stehen unter dem Druck, superschlank sein zu müssen, und versuchen dies zu kompensieren, indem sie hungern oder vor lauter Frustration noch mehr in sich hineinstopfen, was das Körpergefühl erneut schwächt, ein Teufelskreis.

Als Eltern sollten Sie die Ernährung Ihrer Tochter im Blick behalten. Wenn Sie das Gefühl haben, dass sich hinter dem Essverhalten Ihrer Tochter tieferliegende Probleme wie Einsamkeit oder Depressionen verbergen, sollten Sie dies mit Ihrer Tochter besprechen und gemeinsam mit ihr versuchen, den Problemen auf den Grund zu gehen.

Wenn sich Ihre Tochter jedoch wie viele andere Jugendliche lediglich ungesund ernährt, sollten Sie zunächst Ihr eigenes Essverhalten hinterfragen. Kann es sein, dass Sie selbst kein gutes Vorbild sind? Eltern, die stets Süßigkeiten im Schrank haben oder ständig eine Tiefkühlpizza in den Ofen schieben, statt ausgewogen zu kochen, müssen sich nicht wundern, dass es die Tochter ihnen gleichtut. Haben Sie keine Scheu, die Ernährung Ihrer Tochter aktiv zu beeinflussen. Schaffen Sie ihr positive Anreize, indem Sie ihr bewusst machen, dass besseres Essen auch schönere Haut, Haare und Fingernägel und überhaupt ein gesünderes Aussehen zur Folge hat.

DAS SOLLTEN JUGENDLICHE BEI DER ERNÄHRUNG BEACHTEN

Protein: Jugendliche brauchen viel Eiweiß, das bei der Bildung von Muskeln, Hormonen und körpereigenen Enzymen hilft. Hochwertiges Eiweiß ist in Fleisch, Fisch, Eiern, Milch- und Sojaprodukten enthalten. Vorsicht: Auch Fastfood hat viel Protein, aber eben auch eine Menge Fett.

Kohlenhydrate: Vollwertige Nahrungsmittel wie zum Beispiel Vollkornbrot oder Müsli haben den Vorteil, dass sie den Blutzucker langsam und kontinuierlich steigern. Dies beugt einem Leistungsabfall in der Schule vor. Das perfekte Pausenbrot sollte deshalb aus Vollkornbrot, fettarmem Fleisch oder Käse und viel Salat bestehen.

Eisen: Das starke Wachstum in der Pubertät erfordert einen erhöhten Eisenbedarf, bei Mädchen sogar noch mehr als bei Jungen, da ein Teil des Eisens durch die Menstruation wieder ausgeschieden wird. Eisenlieferanten sind Fleisch, Wurst, Sojabohnen, Vollkorngetreide, Hülsenfrüchte, Nüsse und Kräuter wie Petersilie oder getrockneter Koriander.

Calcium und Phosphat: Beide Mineralstoffe sind in Milch- und Milchprodukten enthalten, unterstützen den Aufbau der Knochen und werden in der Kindheit und Jugend in der Knochensubstanz eingelagert. Deshalb besteht in dieser Zeit ein erhöhter Bedarf.

Jod: Eine ausreichende Jodzufuhr unterstützt die körperliche und geistige Entwicklung in der Pubertät. Jod ist vor allem in jodiertem Speisesalz enthalten.

Übrigens: Bei einer ausgewogenen Ernährung sind Nahrungsergänzungsmittel überflüssig und, wie wir inzwischen wissen, ohnehin so gut wie wirkungslos.

Handys und Smartphones

Handys und Smartphones (Mobiltelefone mit Computerfunktion) können bei Eltern gemischte Gefühle auslösen. Sie können das Familienleben erleichtern, aber auch für Stress und Ärger sorgen. Beruhigend ist die Tatsache, die Tochter fast immer und überall erreichen zu können. Kurz nachgefragt, wie die Mathearbeit war, und schon hat man Gewissheit, dass sich die Tochter auch wirklich in der Schule statt mit der besten Freundin auf einer Shopping-Tour befindet. Ebenso beruhigend ist es, dass Kinder und Jugendliche jederzeit telefonisch Hilfe holen können, wenn sie in Not geraten. Kurzum: Das Handy verschafft Eltern ein Gefühl von Sicherheit.

Aus Sicht der Jugendlichen ist ein Handy allemal sinnvoll, denn es unterstützt den Prozess der Ablösung und des Erwachsenwerdens. Mit Hilfe eines Handys können sich Jugendliche von ihren Eltern unabhängig machen, indem sie eigenständig mit der Welt da draußen, also Freunden, Lehrern, Ausbildern und der großen Liebe in Kontakt treten können. Auch lernen Heranwachsende, die ihre Handykosten selbst begleichen müssen, einen angemessenen Umgang mit Geld. Das fördert Eigenverantwortung und Selbständigkeit.

Leider aber gerät das Mobiltelefon auch immer wieder in die Negativ-Schlagzeilen. Da ist vom Handy als «Schuldenfalle Nummer eins» die Rede. Man liest von Jugendlichen, die heimliche Filmaufnahmen mit dem Handy machen und diese ins Internet stellen. Auf Schulhöfen kursieren Porno- und Gewaltfilme, die aus dem Internet heruntergeladen werden und von Handy zu Handy wandern. Kein Wunder also, dass sich manche Eltern verunsichert fragen, ob das Risiko eines Handys nicht den Nutzen übersteigt.

Nun wäre es sicherlich keine Lösung, einer 15-Jährigen wegen möglicher Gefahren ein Handy zu verweigern. Als Eltern sollten Sie jedoch vor allem zwei Gefahrenquellen, die vom Handy ausgehen können, im Kopf haben: zu hohe, von den Jugendlichen nicht einkalkulierte Kosten und der Handymissbrauch.

Handykosten

Was die Kosten betrifft, so bieten die Mobilfunkanbieter heutzutage eine Vielzahl von Jugendtarifen an, mit denen Sie die Kosten gut im Blick behalten können. Grundsätzlich haben Sie zwei Möglichkeiten des Bezahlens: durch eine Guthaben- oder Prepaid-karte und durch ein Abonnement bzw. einen Handyvertrag.

Eine Guthabenkarte hat den Vorteil, dass keine unerwarteten Handykosten auf Ihre Tochter zukommen können. Man zahlt einen bestimmten Betrag auf ein Handykonto ein und kann dann so oft und so lange telefonieren, bis dieser Betrag aufgebraucht ist. Anschließend muss neu eingezahlt werden. Ansonsten kann man zwar weiterhin angerufen werden, selbst aber nicht mehr telefonieren. Prepaidkarten sind immer ohne Vertrag, das heißt, Sie gehen keine vertragliche Bindung mit der Netzbetreiberfirma ein.

Die andere Bezahl-Variante wird über einen Vertrag abgewickelt, dessen Laufzeit in der Regel 24 Monate beträgt. Dies hat den Vorteil, dass Sie bei Vertragsabschluss oder -verlängerung Handys preiswert oder kostenlos bekommen. Inzwischen bieten die Mobilfunkbetreiber auch bei Verträgen zahlreiche Optionen an, um die Kosten zu kontrollieren. Zum Beispiel können kostspielige Servicenummern sowie die Nutzungsmöglichkeit des Internets gesperrt werden. Oder es kann ein bestimmter monatlicher Betrag zum Abtelefonieren vereinbart werden, der mit dem elterlichen Konto abgerechnet wird. Am besten, Sie informieren sich bei Ihrem Mobilfunkbetreiber über die aktuellen Tarife und wählen den besten für Ihre Tochter aus. Allerdings können nur Volljährige einen Vertrag abschließen. Sie als Eltern müssten das also für Ihre Tochter tun.

Hier sind ein paar Tipps zur Kontrolle der Handykosten. Sprechen Sie mit Ihrer Tochter darüber.

- Vorsicht bei sogenannten Service- oder Mehrwertrufnummern, die mit 0900… beginnen. Es kann sehr teuer werden, dort anzurufen oder eine SMS dahin zu verschicken.
- MMS, bei der nicht wie bei der SMS nur kurze Wortmitteilungen, sondern Fotos, Filme, Videoclips oder Musikstücke ver-

schickt werden, sind kostenpflichtig und teuer. Deshalb mit Bedacht nutzen.

- Vorsicht auch bei Klingelton- und anderen Abonnements. Prüfen Sie vorher die Kosten, den Abrechnungszeitraum und die Kündigungsbedingungen.
- Um einen Überblick zu haben, kann sich Ihre Tochter einen kostenlosen Einzelverbindungsnachweis erstellen lassen.
- Am besten mit billigen Nebentarifen abends und am Wochenende telefonieren.
- Auch die Mailbox eher während der Nebenzeiten benutzen oder ganz ausschalten.
- Keine R-Gespräche führen. Bei denen muss nämlich nicht der Anrufer, sondern die Angerufene bezahlen.
- Das Handy im Ausland gar nicht oder nur im Notfall verwenden. Auch angenommene Anrufe müssen im Ausland bezahlt werden. Deshalb: Erkundigen Sie sich vor der Reise nach günstigen Auslandstarifen.
- Wenn Sie zu Hause WLAN haben, können Sie mit Ihrem Smartphone auch über Ihre Internetflatrate im Netz surfen, ohne dass zusätzliche Kosten entstehen.
- Die Handynummer oder andere Daten niemals bei irgendwelchen Gewinnspielen angeben!

Handymissbrauch

Der Missbrauch mit dem Handy beschäftigt nicht nur Eltern, sondern auch Lehrpersonal und die Polizei. Aber bitte: keine Panik! Es handelt sich dabei um Einzelfälle. Die meisten Jugendlichen gehen verantwortungsvoll mit ihrem Handy um, wahren die Rechte anderer und interessieren sich nicht für Porno- und Gewaltvideos. Damit soll der Handymissbrauch nicht heruntergespielt werden. Wichtig ist jedoch, dass Sie die Situation realistisch einschätzen und Ihrer Tochter vertrauen. Nur so fühlen sich Kinder und Jugendliche ernst genommen, und nur so können Sie einen konstruktiven Dialog führen. Falls Sie den Verdacht haben, dass Ihre Tochter pornographische oder gewaltverherrlichende Bilder oder Filme auf ihrem Handy gespeichert hat, sollten Sie keinesfalls deren Handy ungefragt inspizieren. Das zerstört das Vertrauen und verletzt die Persönlichkeitsrechte Ihrer Tochter. Auch Handyverbote helfen nicht weiter. Suchen Sie stattdessen den Dialog.

Der Missbrauch mit dem Handy lässt sich grob in zwei Kategorien unterteilen: das Schauen und Verbreiten von Porno- und Gewaltfilmen und das heimliche Filmen mit der Handykamera.

Pornos und Gewaltfilme

Hier geht es um den Empfang und die Verbreitung von Pornofilmen, Gewaltvideos (Snuffvideos) oder gewaltverherrlichenden Computerspielen. Mit «Porno» sind Erotikfilme gemeint, aber auch Hardcore-Filme, die strafbare sexuelle Handlungen wie Sex mit Kindern, Sex mit Tieren oder Vergewaltigungsszenen zeigen. Gewaltfilme verherrlichen Nazipropaganda oder haben *reale* Hinrichtungs- oder Foltersequenzen zum Inhalt. Sie werden aus dem Internet heruntergeladen und auf Handys überspielt. Solche Filme sind extrem grausam.

Die Versuchung, sich einen Hardcore-Porno- oder Gewaltfilm anzusehen, ist recht groß. Es braucht nur wenige Tastendrücke, und schon ist man Zeuge einer Vergewaltigung oder Hinrichtung, wohl wissend, dass man gerade eine verbotene Zone betritt. Gerade Heranwachsende fühlen sich herausgefordert, solche Grenzen zu überschreiten. Sie wollen ausprobieren, wie weit sie gehen, wie viel sie aushalten können. Die meisten sind nach dem Anblick der Bilder schockiert. Aber nicht alle können oder wollen darüber sprechen. Sie fürchten Strafe oder scheuen sich, den Mitschülern gegenüber als illoyal dazustehen. Falls Ihre Tochter solche Filme zu Gesicht bekommen hat: Suchen Sie das Gespräch und geben Sie ihr die Möglichkeit, das Gesehene zu verarbeiten. Strenge und Strafe verhindern, dass sich Ihre Tochter Ihnen anvertraut. Wichtig ist es, in solchen Fällen mit der Schule zusammenzuarbeiten, um die entsprechenden Jugendlichen ausfindig zu machen und eine weitere Verbreitung zu verhindern.

Heimliches Filmen

Einige Schüler nutzen ihr Handy, um Bild-, Film- und Tonaufnahmen von Mitschülerinnen und Mitschülern ohne deren Wissen und Einwilligung zu machen. Schlimmstenfalls werden solche Aufnahmen über andere Handys oder im Internet verbreitet. Konkret: Max und Leon filmen Katharina, die sich in der Sportumkleide duscht, und prahlen damit vor ihren Mitschülern. Filmen ohne Einwilligung der Betroffenen verletzt die Persönlichkeitsrechte und wird strafrechtlich verfolgt. Falls Ihre Tochter Opfer heimlicher Filmaufnahmen geworden ist, sollten Sie sich das Einverständnis der Tochter einholen, die Polizei zu informieren und Anzeige zu erstatten. Auch sollten Sie mit der Tochter besprechen, ob es nicht sinnvoll wäre, die Schule von dem Vorfall in Kenntnis zu setzen. Wenn alle an einem Strang ziehen, können solche Straftaten verhindert werden.

Nicht strafbar ist es, wenn Jugendliche miteinander Sex haben und dies im gegenseitigen Einvernehmen mit dem Handy aufnehmen. Dennoch sollten Sie Ihre Tochter für die Gefahren sensibilisieren, die mit solchen Aufnahmen verbunden sind. Werden selbst gedrehte Sexszenen ins Internet gestellt, könnte dies von Nutzern als Aufhänger für Mobbing und sexuelle Belästigung missbraucht werden. Manche Jungen wünschen sich als Liebesbeweis, dass sich ihre Freundin nackt oder beim Sex filmen lässt. Manchmal gilt das auch als Mutprobe. Doch was, wenn ein frustrierter Verflossener aus Rache die Bilder und Filme dann im Netz oder per Handy in Umlauf bringt? Problematisch daran ist, dass man selbst keinen Einfluss mehr darauf hat, wer die Bilder zu sehen bekommt. Auch können solche Aufnahmen, sind sie einmal im Netz, nie mehr gelöscht werden.

Datenübertragung

Es wäre gut, wenn Sie sich als Eltern mit den Übertragungsfunktionen eines Handys vertraut machen würden, damit Sie mitsprechen und Einfluss nehmen können. Bilder und Filme werden wie folgt weitergeleitet:

- Bluetooth ist eine drahtlose Verbindung von Handy zu Handy mit einer Reichweite von bis zu 10 Metern. Die Handhabung ist einfach: Sie aktivieren in Ihrem Handy die Bluetooth-Funktion, wählen einen Film oder ein Bild aus, den/das Sie verschicken möchten, platzieren Ihr Handy in Reichweite des Handys, zu dem Film oder Bild geschickt werden sollen, und starten die Übertragung. Die Benutzung von Bluetooth ist kostenlos.
- Statt mit Bluetooth kann man auch mit einem Datenkabel übertragen.
- Austausch von Speicherkarten. Man kann Daten nicht nur auf dem Handy direkt, sondern auch auf Speicherkarten ablegen, die man in einen Einschub im Gehäuse des Handys steckt. Will man Daten von einem Handy auf das andere übertragen, tauscht man die Karten einfach aus und lädt sich die Daten auf das eigene Handy. Achtung: Speicherkarten sind nicht mit der SIM-Karte zu verwechseln, auf der zum Beispiel Telefonnummern gespeichert werden.

- Wenn Handys über einen Internetzugang verfügen, lassen sich die Daten auch ganz einfach via E-Mail versenden.
- Möglich ist auch ein Versand über MMS (Multimedia Messaging Service), einer Weiterentwicklung der SMS, womit man Bilder und Filme verschicken kann.

Fernsehen und Computer

Wir hören oft Klagen von Eltern, dass Heranwachsende zu viel Zeit vor dem Fernseher oder dem Computer verbringen würden. Die 15-jährige Brit zum Beispiel loggt sich gleich nach der Schule bei facebook ein und tratscht mit ihren Freunden. Anschließend surft sie im Internet, lässt den Fernseher nebenher laufen, weil eine Gerichtsshow läuft, und ist dann später wieder bei facebook. Am frühen Abend gibt's eine Schmusesoap, dann wieder facebook. Der Vater schreitet erst ein, wenn der Rechner in der Nacht noch immer läuft. «Manchmal, wenn ich nachts zur Toilette muss», sagt er, «sehe ich Licht unter ihrer Tür hervorschimmern, und dann weiß ich: ‹Aha, sie hockt schon wieder vor dem PC.› Dann ist das Maß voll, und ich schicke sie unverzüglich ins Bett!»

Grundsätzlich sollten Eltern den Fernseh- und Computerkonsum von Heranwachsenden strukturieren. Man muss als Jugendlicher nicht psychisch auffällig sein, um der Verführung zu erliegen, vor dem Fernseher oder dem Computer wegzudriften. All das, was die Pubertät so schwierig macht, die Sehnsüchte, das Erwachsenwerden, der Umgang mit Sexualität, die Depressionsgefahr, kann mit Fernsehen, Computerspielen und Surfen im Internet kompensiert werden. Deshalb brauchen Jugendliche die Mitsprache ihrer Eltern. Zwei Serienfolgen täglich, etwas facebook und Internetrecherche; vereinbaren Sie mit Ihrer Tochter, wie viel Zeit sie an Fernsehen und PC verbringen will und was zu bewilligen Sie bereit sind. Nächtliches Chatten, Surfen und Glotzen sollte, jedenfalls bis zu einem gewissen Alter (ca. 15–16 Jahre) und vor allem während der Schulzeiten, tabu sein. Auch bei älteren Jugendlichen und jungen Erwachsenen, die sich in der Regel nicht mehr so gerne reinreden lassen, kann es unterstützend sein, sich einzumischen, wenn Sie als Vater oder Mutter das Gefühl haben, die Tochter habe ihren Medienkonsum nicht unter Kontrolle. Alarmzeichen sind häufig, dass Freundschaften und Schulpflichten wegen zu viel Medienkonsum vernachlässigt werden. Achten Sie auf Ihr Bauchgefühl: Wenn Ihre Tochter in der Lage ist, sich die Freizeit ausgewogen durch Sport, Lesen, Sozialkontakte o. Ä. und eine angemessene Computernutzung einzuteilen, brauchen Sie sich keine Sorgen zu machen. Erst wenn Sie beobachten, dass sich das Freizeitverhalten vorwiegend vor dem Rechner abspielt, sollten Sie regulierend einschreiten.

Was viele Eltern nicht wissen: Sie können die Computernutzung Ihrer Tochter mit Hilfe von Kindersicherungs- oder Jugendschutzprogrammen kontrollieren und steuern, indem Sie Sperrzeiten, bestimmte Arten von Computerspielen und die Internetnutzung festlegen. Das Betriebssystem Ihres Computers verfügt bereits über solche Sicherungsprogramme. Legen Sie für jedes Kind ein eigenes Benutzerkonto an und aktivieren Sie in den Kontoeinstellungen die Kindersicherung. Bevor Sie solche Maßnahmen einleiten, sollten Sie mit Ihrer Tochter sprechen, denn ansonsten kann sie sich leicht entmündigt fühlen. Dabei sollten Sie nicht überrascht sein, wenn Ihre Tochter allein oder mit Hilfe eines Freundes Ihre gut gemeinten Maßnahmen rückgängig macht.

Allerdings sollten Sie auch berücksichtigen, dass Jugendliche nicht nur vor dem Computer sitzen, um sich von pubertären Problemen abzulenken. Computer sind aus unserem Leben nicht mehr wegzudenken, und ein hoher Zeitaufwand am Computer kann durchaus eine sinnvolle Investition sein. Viele Jugendliche interessieren sich für die technischen Möglichkeiten eines PCs, gestalten Webseiten oder recherchieren für ein Referat. Lassen Sie sich von Ihrer Tochter erklären, wie sie ihre Zeit vor dem PC verbringt, und entscheiden Sie dann, ob es notwendig ist, die Computerzeiten einzugrenzen oder nicht.

Internet

Es wird empfohlen, dass schon Vorschulkinder unter elterlicher Aufsicht das Internet nutzen, um Medienkompetenz zu erwerben. Spätestens, wenn Ihre Tochter in die Pubertät kommt, sollte sie mit dem Internet vertraut sein, damit sie den Anschluss an die technische Entwicklung nicht verpasst. Aber natürlich lauern im Netz auch Gefahren, über die Sie informiert sein und mit Ihrer Tochter ins Gespräch kommen sollten. Dazu zählen:

- Seiten mit pornographischen Inhalten: Kinder und Jugendliche können leicht an solche Inhalte gelangen, da es hierfür auch Unmengen ungeschützter Bereiche und Tausende offene Websites gibt, ganz legal. Aber auch sonst finden Jugendliche Wege, um pornographische Seiten zu besuchen. Vereinbaren Sie mit Ihrer Tochter ausdrücklich, dass sie diese Seiten nicht anklicken soll. Letztlich verhindern können Sie es nicht.

- Seiten, die sexuelle Gewalt oder reale Hinrichtungen und Folter beinhalten: Die entsprechenden Webadressen sind leicht anzuklicken und kursieren auf Schulhöfen. Klären Sie Ihre Tochter über die Existenz solcher Seiten auf und warnen Sie sie davor. Sorgen Sie dafür, dass sich Ihre Tochter Ihnen anvertraut, falls sie mit solchen Gewaltszenen in Kontakt gekommen ist.

- Unmoderierte Chats: Hier können Kinder und Jugendliche sexuell belästigt oder mit sexuell gefärbter Sprache konfrontiert werden. Besprechen Sie mit Ihrer Tochter, dass sie nur moderierte Chats besuchen soll.
- Ihre Tochter soll keinesfalls persönliche Daten zum Beispiel bei Gewinnspielen preisgeben. Das kann eine Flut von Spam zur Folge haben. Gefährlich sind Datenpreisgaben auch in Chats, wo Pädophile gezielt nach Kindern und Jugendlichen suchen, um sich mit ihnen zu treffen. Instruieren Sie Ihre Tochter, dass sie nur mit einem Spitznamen (Nickname) im Netz operieren soll, und besorgen Sie ihr eine zweite E-Mail-Adresse, die sie notfalls angeben kann.
- Abzocke: Manche Anbieter versuchen, Kindern und Jugendlichen Verträge unterzuschieben, die man nur im «Kleingedruckten» findet. Wenn sich Ihre Tochter einen Klingelton o. Ä. herunterladen will, sollte sie Ihnen die entsprechende Seite vorher zeigen.
- Cyber-Mobbing oder E-Mobbing bedeutet, dass Kinder und Jugendliche in Foren und Chats Opfer von Diskriminierungen und üblen Nachreden werden oder dass sie selbst als Täter auftreten. Cyber-Mobbing kann so weit gehen, dass Kinder und Jugendliche verfolgt und körperlich angegriffen werden. Hierbei handelt es sich um eine ernst zu nehmende Gefahr, die von Lehrern und Eltern oft unterschätzt wird. (Mehr dazu im Abschnitt Mobbing.)

Alkohol, Zigaretten und Drogen

Eine der größten Elternsorgen ist es, dass ihr Kind eines Tages suchtmittelabhängig werden könnte. Eine 15-Jährige, die heimlich mit ihrer Clique Wodka trinkt, eine 13-Jährige, die plötzlich nach Zigarettenrauch riecht, oder eine 17-Jährige, die auf Partys Ecstasy schluckt, können Eltern schlaflose Nächte bereiten, verständlicherweise. Aus jugendlicher Perspektive ist die Pubertät eine Lebensphase voller Ängste, Selbstunsicherheiten und mit einem diffusen Gefühl fehlender Identität. Eltern fürchten, dass Heranwachsende durch den Gebrauch von Suchtmitteln vollends abgleiten könnten, dass sie völlig den Halt und die Kontrolle über ihr Leben verlieren könnten. Anders ausgedrückt: Jugendliche machen es uns naturgemäß nicht leicht, ihnen hinsichtlich eines kontrollierten Umgangs mit Suchtmitteln zu vertrauen.

Doch machen Sie sich bewusst: So groß die Gefahr auch ist, in der Pubertät zu Suchtmitteln zu greifen, regelrecht süchtig werden später nur die wenigsten, wenn man von der Nikotinsucht einmal absieht. Viele Jugendliche kiffen oder betrinken sich auf Partys oder bei «Saufgelagen», und dennoch werden nur wenige cannabis-, heroin- oder alkoholabhängig. Denn es müssen vielschichtige Faktoren wie zum Beispiel biographische Erfahrungen, familiäre Bedingungen, die Persönlichkeitsstruktur des Betreffenden oder erbliche Anlagen ineinandergreifen, bevor jemand an einer Sucht erkrankt. Das heißt jedoch nicht, dass Sie Ihre Tochter sich selbst überlassen sollen. Bleiben Sie über Alkohol, Nikotin und andere Drogen im Gespräch. Zeigen Sie Haltung und Konsequenz, wenn Sie das Gefühl haben, Ihre Tochter komme zu früh mit Suchtmitteln in Kontakt oder konsumiere eine Menge, die Ihnen zu groß erscheint. Aber reagieren Sie nicht über. Es gehört zur Pubertät, Dinge auszuprobieren, die Erwachsene auch tun.

Da die jeweiligen Suchtmittel hinsichtlich ihrer Wirkung und Suchtgefährdung unterschiedlich sind, besprechen wir sie hier im Einzelnen.

Alkohol

Wenn Sie Ihre 14-Jährige dabei erwischen, dass sie heimlich Alkohol trinkt, sollten Sie nicht gleich in Panik verfallen. Jüngere Jugendliche trinken häufig Alkohol, um sich einerseits den Regeln der Erwachsenen zu widersetzen und sich andererseits deren Rituale anzueignen. Dabei stehen der Rausch und die enthemmende Wirkung von Alkohol oft noch nicht im Vordergrund. Wer zum Beispiel heimlich mit der Clique im Park Alkohol trinkt, signalisiert: Seht her, ich bin rebellisch, cool und schon richtig erwachsen. Selbst schuld, dass ihr das noch nicht gecheckt habt!

Dennoch ist es wichtig, dass Sie als Eltern eine klare Haltung gegen den Alkoholkonsum Ihrer Tochter einnehmen, sofern sie zu den jüngeren Jugendlichen gehört. Denn Kinder und Jugendliche, die zwischen dem 10. und 14. Lebensjahr zu trinken beginnen, sind hinsichtlich einer späteren Sucht und gesundheitlichen Folgeschäden besonders gefährdet. Manche Eltern fragen uns, ob es nicht besser wäre, die Tochter zu Hause langsam an Alkohol zu gewöhnen, damit sie es nicht nötig habe, heimlich draußen zu trinken. Die Antwort lautet: Ja, aber nur, wenn die Tochter schon älter ist. Bei jüngeren Jugendlichen sollten Sie ein deutliches Verbot aussprechen. Vielleicht hilft es, wenn Sie sich an den gesetzlichen Vorgaben orientieren, die ein langsames Herantasten an Alkohol vorsehen. In Gaststätten dürfen Jugendliche ab 14 Jahren Bier, Wein und Sekt zu sich nehmen, jedoch nur in Begleitung mindestens eines Elternteils. Mit 16 Jahren dürfen Jugendliche dies in Gaststätten auch ohne Beisein der Eltern konsumieren. Hochprozentiges bleibt bis zum Erreichen der Volljährigkeit tabu.

Falls Ihre Tochter noch jünger ist und sich heimlich an Alkohol ausprobiert: Machen Sie ihr klar, wie schädlich Alkohol ist, betonen Sie Ihre Fürsorgepflicht und sprechen Sie ein deutliches Verbot aus, auch auf die Gefahr hin, dass sich Ihre Tochter nicht daran hält. Meistens jedoch haben die elterlichen Ge- und Verbote eine größere Wirkung, als Eltern denken.

Zigaretten

Es wäre schön, wenn es Ihnen gelingen könnte, Ihre Tochter vom Rauchen abzuhalten, denn Zigaretten sind die Gesundheitsgefahr Nummer eins. Aber natürlich wissen wir, wie schwer das ist. Zum einen ist die Verführung, mit dem Rauchen anzufangen, sehr groß. Jugendliche beginnen zu rauchen, weil sie erwachsen und cool sein wollen, aber auch aus Protest gegen die Gebote Erwachsener. Sie machen es den Eltern, die ebenfalls rauchen, nach, wollen Stress regulieren und die Stimmung heben, beugen sich einem jugendlichen Gruppendruck oder versuchen abzunehmen und schlank zu bleiben. Zum anderen kostet es bekanntlich viel Willenskraft, mit dem Rauchen aufzuhören, denn Zigaretten haben, vergleichbar mit Kokain und Morphium, ein enorm hohes Suchtpotenzial.

Wie beim Alkohol, so spielt auch beim Zigarettenkonsum das Alter eine große Rolle. Eine 13- oder 14-Jährige ist noch entschieden zu jung für Zigaretten. Sollte Ihre Tochter in diesem Alter zu rauchen anfangen, wäre es ideal, Sie könnten sie ganz davon abbringen. Zumindest sollten Sie das Alter, in dem Ihre Tochter zu rauchen beginnt, so weit wie möglich hinauszuzögern versuchen. Einer aktuellen BZgA-Studie (2012) zufolge hat sich die Zahl jugendlicher Raucher in den letzten 10 Jahren mehr als halbiert! Als Gründe werden unter anderem Präventionsmaßnahmen der BZgA und Rauchverbote in Gaststätten und Schulen angeführt. Das heißt: Eine klare Haltung gegen Zigarettenkonsum zeigt Wirkung. Machen Sie sich dies zu eigen und seien Sie in Gegenwart Ihrer Tochter hinsichtlich des Rauchens konsequent.

Um sie beim Aufhören zu unterstützen, könnten Sie gemeinsam mit ihr herauszufinden versuchen, was sie zum Rauchen bewegt. Wenn Stress, Sorgen und Ängste auslösend sind, wäre es wichtig, daran etwas zu ändern. Auch ein negatives Körpergefühl durch die Sorge, zu dick zu sein, sollte zur Sprache kommen, damit Ihre Tochter andere Wege findet, mit ihrem Körper zurechtzukommen als durch Rauchen.

Sprechen Sie mit ihr Möglichkeiten durch, wie sie wieder von Zigaretten loskommen könnte. Sorgen Sie für Anreize, die ein Aufhören erleichtern. Sie könnten zum Beispiel mit ihr vereinbaren, dass Sie ihr nach einer Probezeit des Nichtrauchens einen Herzenswunsch erfüllen. Stellen Sie z. B. ein Sparschwein auf, in das hin und wieder Geld für nicht gerauchte Zigaretten geworfen wird.

Wichtig ist, dass Sie eine klare Haltung gegen das Rauchen einnehmen, auch dann, wenn Sie selbst rauchen. Dies sollte Sie nicht in Ihrer Argumentation schwächen. Ihre Tochter sollte akzeptieren, dass Sie für ihre Gesundheit mitverantwortlich sind und dass sie sich Ihnen in dieser Hinsicht anzupassen hat. Vielleicht sollten Sie das Rauchen Ihrer Tochter zum Anlass nehmen, den eigenen Tabakkonsum einzustellen oder zumindest so zu reduzieren, dass Sie nicht mehr in ihrer Gegenwart rauchen. Für die Tochter wäre es bestimmt ein großer Anreiz, wenn Sie gemeinsam mit ihr mit dem Rauchen aufhören würden.

WARUM RAUCHEN FÜR MÄDCHEN UND FRAUEN GEFÄHRLICH IST

- Mädchen/Frauen, die rauchen und die Pille nehmen, haben ein erhöhtes Risiko für Thrombosen, Bluthochdruck, Herzinfarkt oder Schlaganfall.
- Bei Mädchen verlangsamt sich durch Rauchen das Wachstum der Lungen.

- Da Mädchen/Frauen ohnehin ein kleineres Lungenvolumen als Männer haben, werden beim Rauchen die Schadstoffe auch tiefer inhaliert.
- Mädchen/Frauen haben ein höheres Lungenkrebs-Risiko als Männer.
- Bei Frauen verdoppelt sich bereits bei drei Zigaretten täglich das Herzinfarkt-Risiko (bei Männern sind es sechs).
- Rauchen beeinträchtigt die weibliche Fruchtbarkeit.
- Die weibliche Haut altert durch Rauchen schneller.

Cannabis

Cannabis ist eine Hanfsorte, aus der Rauschmittel wie Haschisch und Marihuana gewonnen werden können. Sie wirkt entspannend, beruhigend und kann, in höherer Dosierung, auch Halluzinationen hervorrufen. Heutzutage ist Cannabis oft genverändert und erzeugt, anders als die «Joints» der siebziger und achtziger Jahre, einen starken Rausch. Verglichen mit Heroin oder Alkohol entwickeln Konsumenten weniger eine körperliche als vielmehr eine psychische Abhängigkeit. Die Universität Bristol hat Cannabis in einer Studie (2011) aufgrund der hohen Suchtgefahr als gefährlich eingestuft. Insofern sollten Eltern den Cannabiskonsum ihrer Tochter zumindest beobachten. Es kommt häufig vor, dass Jugendliche Cannabis konsumieren, und dies sollte für Eltern noch nicht unbedingt ein Grund zur Sorge sein, es sei denn, Sie als Vater oder Mutter hätten ein ungutes Gefühl. Reagieren Sie nicht über, wenn Ihre Tochter mal einen Joint geraucht hat, aber werden Sie aufmerksam, wenn Ihre Tochter dies häufiger und vor allem regelmäßig tut. Eine Jugendliche, die alleine und in regelmäßigen Abständen Cannabis konsumiert, ist eher suchtgefährdet (wenn nicht sogar bereits süchtig) als eine Jugendliche, die gelegentlich bei Partys kifft. Was Cannabis vor allem für

Heranwachsende so gefährlich macht, ist die psychologische und neurologische Umstellung in der Pubertät, die, wie bereits an mehreren Stellen erwähnt, mit Selbstwertproblemen und depressiven Zuständen einhergehen kann. So besteht für Pubertierende mit Cannabis im Gepäck immer auch eine «erhöhte Fluchtgefahr» aus der Realität. Darüber hinaus kann regelmäßiges Kiffen bei Heranwachsenden zu irreversiblen Hirnveränderungen führen. Auch wurden Leistungseinbrüche nach häufigem Cannabiskonsum nachgewiesen.

Sprechen Sie mit Ihrer Tochter, wenn Sie das Gefühl haben, der Cannabiskonsum schade ihr. Machen Sie ihr klar, dass Cannabis zu den gefährlichen, suchterzeugenden Drogen gehört. Viele Kiffer wollen diese Tatsache nicht wahrhaben. Sie rechtfertigen ihren Konsum mit allerhand philosophischen Einsichten, die sie während des Rausches haben, oder argumentieren damit, dass aber der Genuss von Alkohol trotz des hohen Abhängigkeitspotenzials legal sei. Lassen Sie sich von solchen Argumenten nicht in die Defensive drängen und bleiben Sie mit Ihrer Tochter über das Thema im Gespräch. Schlagen Sie ihr vor, sich professionelle Hilfe zu holen, wenn Sie glauben, sie habe das rechte Maß verloren. So bieten Sie ihr Halt. Selbst bei einer jungen Erwachsenen können derartige elterliche Einmischungen noch durchaus hilfreich sein.

Partydrogen

Wenn sich Ihre Tochter ab einem gewissen Alter auf Partys oder in Clubs aufhält, besteht immer auch die Gefahr, dass sie mit sogenannten Partydrogen in Kontakt kommt. Darunter versteht man aufputschende, stimmungsaufhellende Substanzen wie Amphetamine, Methylamphetamine, Ecstasy und Kokain. Von den genannten Stoffen ist Kokain hinsichtlich einer Abhängigkeit die gefährlichste Substanz, von Jugendlichen aber wegen des hohen Preises auch die am wenigsten konsumierte. Ecstasy hat ein geringes Suchtpotenzial, sofern die Droge aus reinem MDMA (Methylendioxy-N-methylamphetamin) besteht. Was Ecstasy dennoch gefährlich macht, ist der Wasserverlust (Dehydrierung), der durch die Einnahme der Droge entsteht. Es ist im wahrsten Sinne des Wortes lebensnotwendig, dass Jugendliche, die Ecstasy konsumieren, während der Wirkungsdauer Unmengen von Wasser trinken. Oft wird Ecstasy jedoch mit anderen Substanzen wie Amphetaminen vermischt, sodass auch hier ein hohes Abhängigkeitspotenzial besteht.

Jugendliche, die Partydrogen konsumieren, sind meistens 16 Jahre und älter und für elterliche Mitsprache nicht mehr so offen wie jüngere Jugendliche. Lassen Sie sich trotzdem nicht davon abbringen, eine klare Haltung gegen Drogen zum Ausdruck zu bringen. Sicherlich: Wenn die Tochter *mal* eine solche Droge ausprobiert, sollte dies für Eltern noch kein Grund sein, panisch zu reagieren. Es ist ein Privileg der Pubertät, vieles auszuprobieren, auch wenn man hinterher schlauer ist. Doch die Abhängigkeitsgefahr, die sich in Partydrogen verbirgt, wird von Heranwachsenden häufig unterschätzt. Eltern, die vor Drogen warnen und immer wieder den Konflikt über dieses Thema riskieren, sind für Jugendliche und junge Erwachsene ein wichtiges Regulativ. Lassen Sie sich nicht verunsichern, auch auf die Gefahr hin, dass Ihre Tochter Ihnen vorwirft, Sie hätten von Drogen keine Ahnung. Unwissend sind vor allem Partydrogen-Konsumenten, sonst würden sie die Suchtmittel nicht einnehmen.

Schule

Es ist eine Herausforderung, zu pubertieren und gleichzeitig die Schule zu schaffen.

Die alleinerziehende Frauke erscheint mit ihrer 15-jährigen Tochter Helene zu einer Beratung, weil die Schulleistungen des Mädchens in den letzten Monaten erheblich nachgelassen haben. Die Mutter ist verzweifelt. Sie musste sich von den Lehrern das Übliche anhören: Die Tochter sei intelligent und durchaus in der Lage, den Lernstoff geistig aufzunehmen, sie sei aber auch chaotisch, verträumt und faul. Wenn sich nicht rasch etwas ändere, sei die Versetzung gefährdet. Nun fragt sich die Mutter, was sie noch tun könne, um die Tochter zu mehr Disziplin anzuregen. Regeln für die Erledigung der Hausaufgaben hat sie bereits aufgestellt, und dennoch werden die Sachen nur hingeschludert. Schulmaterial fliegt im Zimmer herum, Ordner sind unvollständig. Helene erklärt das damit, dass sie wahrscheinlich unter ADHS (Aufmerksamkeitsdefizit-/Hyperaktivitätsstörung) leide. Das lässt die Mutter empört auflachen: «Von wegen ADHS! Helene hat nur ihre Clique, Jungs und Musik im Kopf. Was in der Schule passiert, ist ihr schlichtweg egal!» Jetzt muss auch Helene grinsen. Die Mutter habe recht, die Schule sei ihr irgendwie egal, aber irgendwie auch nicht.

Pubertät und Schule passen nicht zusammen

Irgendwie ja und irgendwie nein. Es ist eine Zwickmühle, in der sich viele Jugendliche befinden. Einerseits würden sie gerne mitmachen, mitkommen, Erfolge vorweisen. Doch andererseits fühlen sie sich überfordert. Die Schule verlangt ein hohes Maß an Disziplin, Verantwortung, Unterordnung und Struktur, also genau jene Eigenschaften, die Jugendliche gerade erst im Begriff sind, sich anzueignen. In vieler Hinsicht sind Pubertät und

Schule nicht kompatibel. Im jugendlichen Gehirn zum Beispiel werden neurologische Prozesse aktiviert, die es Pubertierenden schwermachen, zu planen, die Arbeit zu strukturieren und die Konsequenzen des eigenen Verhaltens abzusehen. Eine einfache Tagesplanung, wie «zuerst höre ich eine Stunde Musik, dann erledige ich zwei Stunden meine Schularbeiten und dann telefoniere ich mit der besten Freundin», können Jugendliche oft noch nicht leisten. Die Elterndrohung, dass sich schlechte Schulnoten negativ auf die berufliche Zukunft auswirken, wird zwar irgendwie begriffen, aber nicht emotional erfasst. Auch die psychische Entwicklung verursacht allerhand innere und äußere Konflikte, die einer glatten Schullaufbahn im Wege stehen können: Jugendliche widersetzen sich häufig Regeln und Autoritäten, also auch ihren Lehrern; sie über- oder unterschätzen ihre eigenen Leistungen oft und können noch nicht eigenverantwortlich handeln; sie fühlen sich Themen wie Beziehung, Partnersuche, Liebe, Sexualität und so weiter wesentlich mehr verbunden als einer beruflichen Zukunft, von der die meisten ohnehin nur eine schleierhafte Vorstellung haben und die sie irgendwie fürchten.

Die Angst vor dem Scheitern
Viele Jugendliche können sich ganz gut auf die Anforderungen der Schule einstellen und daran wachsen, viele aber auch nicht. Jene, die sich schwertun, haben eine latente Angst zu scheitern. Sie weigern sich, für Klassenarbeiten zu lernen, Hausaufgaben zu erledigen oder Ordner zu führen, weil, wenn sie dies konsequent tun würden, herauskommen könnte, dass sie es trotzdem nicht schaffen, erfolgreich zu sein. Wer nichts für die Schule tut, kann die schlechten Zensuren mit der eigenen Faulheit erklären. Wer büffelt und dennoch scheitert, muss sich den Grenzen seines Könnens stellen. Dies zu bewerkstelligen fällt vielen Jugendlichen schwer.

Als Eltern sollten Sie bedenken, dass solche Ängste zumeist unbewusst sind. Deshalb können sie auch Eltern oder Lehrern nicht kommuniziert werden. Die 15-jährige Helene sagt nicht zu ihrer Mutter: «Du, Mama, ich schmiere meine Hausaufgaben so hin, weil ich eigentlich Angst habe, die Schule nicht zu schaffen.» Sie tut es einfach. Sie wehrt ihre Überforderung und die Angst zu scheitern durch Faulheit, Desinteresse und Chaos ab. Es ist die Aufgabe der Eltern, mit der Tochter darüber ins Gespräch zu kommen.

Was Eltern tun können

Doch Eltern reagieren häufig mit Wut, Unverständnis und Hilflosigkeit darauf, wenn die Tochter in schulischen Dingen nicht funktioniert. Sie geraten unter Druck, fürchten, die Tochter könne tatsächlich scheitern, und geben diesen Druck an die Kinder weiter. So entsteht leicht ein Teufelskreis: Unter Druck stehende Eltern üben Druck auf die bereits unter Druck stehende Tochter aus, diese gerät noch stärker unter Druck, verweigert sich noch mehr, was wiederum den Druck der Eltern erhöht ... und so weiter.

Was Jugendliche jedoch brauchen, sind weniger Druck und Kontrolle, als vielmehr Verständnis und Zuspruch. Lösen Sie sich von Ihren eigenen Ängsten und versetzen Sie sich in die Lage Ihrer Tochter. Versuchen Sie gemeinsam mit ihr herauszufinden, welche schulischen Ängste sie beschäftigen, woran sie zweifelt, was sie bewegt. Zeigen Sie Verständnis für die Probleme, die man als Schülerin zu bewältigen hat, und machen Sie ihr zugleich Mut, dass ihr das gelingen wird. Loben Sie sie, wenn ihre Zensuren gleich bleibend sind oder sich verbessern, und bieten Sie Ihre Unterstützung an, wenn sich die Zensuren verschlechtern. Jugendliche brauchen eine deutliche Rückmeldung über ihre schulischen Stärken und Begabungen, aber auch über ihre Schwächen. Die Schule übernimmt diese Funktion durch die Vergabe von Zensuren. Sie als Eltern könnten Ihrer Tochter dabei helfen, mit ihren schlechten Zensuren zurechtzukommen, ohne dass sie sich klein, schwach und dumm fühlen muss.

Auch kann es hilfreich sein, der Tochter ein positives Bild von Lernen zu vermitteln. Machen Sie Ihrer Tochter bewusst, dass man nicht alles wissen muss, aber dass sie jederzeit die Gelegenheit ergreifen kann, sich Wissen anzueignen. Schaffen Sie Spaß am Lernen, indem Sie und Ihre Tochter sich zu Themen, die Sie beide interessieren, sich gemeinsam etwas aneignen; hören Sie sich Vorträge Ihrer Tochter an, unterstützen Sie ihre Neugier und etablieren Sie Wissen und Bildung als einen Wert, für den es sich anzustrengen lohnt. Und vermeiden Sie auch hierbei jeglichen Druck.

Kontrollieren oder loslassen

Nun ist die Frage, wie viel elterliche Einmischung Jugendliche brauchen, und ab wann sie selbst die Verantwortung für die Schule übernehmen sollten. Viele Schüler beklagen sich darüber, dass ihnen zu viel elterliche Kontrolle die Motivation raube. Sie fühlen sich wie gelähmt, werden antriebslos oder meinen erst recht, sich widersetzen zu müssen. Auf der anderen Seite sind viele insgeheim dankbar dafür, dass die Eltern ihr Schulverhalten kontrollierend begleiten, denn dies verleiht ihnen Sicherheit und Halt. Auch ist es nachvollziehbar, dass Eltern bei Jugendlichen, die sich nicht ausreichend um die Schule kümmern, die Kontrolle behalten wollen. Grundsätzlich gilt die Formel, dass jüngere Jugendliche mehr elterliche Mitsprache benötigen als ältere. Wenn eine 14-Jährige ständig zu spät zum Unterricht kommt, ihre Hausaufgaben nicht erledigt oder sich anderweitig

verweigert, sollten Eltern kontrollierend und unterstützend einschreiten, indem sie die Hausaufgaben überwachen und mit der
Tochter nach den Ursachen für deren Schulverhalten suchen. Bei
einer 16- oder 17-Jährigen kann es sinnvoll sein, die Kontrolle
mehr an die Jugendliche abzugeben und sie eigene Erfahrungen
machen zu lassen. Eltern unterläuft bei älteren Jugendlichen häufig der Fehler, dass sie an einer kontrollierenden Haltung festhalten. Das verhindert jedoch, dass Jugendliche lernen, selbst die
Verantwortung für die Schule zu übernehmen. Stattdessen sollten Sie gemeinsam mit ihr überlegen, was es bedeutet, sitzenzu-
bleiben oder die Schule zu wechseln, und welche Ausbildungs-
möglichkeiten zur ihr passen würden. Halten Sie sich für Gespräche bereit und lassen Sie sich von Ihrer Tochter sagen, wobei
sie Ihre Hilfe benötigt. Aber vermeiden Sie zu viel kontrollierende Einmischung.

Auszug von zu Hause

Es ist gut möglich, dass Ihre minderjährige Tochter Sie mit dem
Thema Auszug konfrontiert. Sei es, dass sie Ihnen plötzlich er-
öffnet, eine Ausbildung in einer anderen Stadt beginnen zu wollen, oder dass sie einfach nur unabhängiger werden und eine
eigene Wohnung beziehen möchte. Oder sei es, dass Sie selbst
den Wunsch verspüren, die Tochter möge ausziehen, vielleicht,
weil Sie häufig Konflikte mit ihr ausfechten müssen und das tägliche Zusammenleben zur Belastung geworden ist.

Die Tochter will ausziehen, sollen Sie das gestatten?

Beginnen wir mit dem angenehmeren Fall: Ihre minderjährige
Tochter hat beschlossen, auf eigenen Füßen zu stehen, und will
sich, allein oder mit ihrem Freund oder einer Freundin, eine Woh-

nung mieten. Sollen Sie das erlauben? Ist eine 15- oder 17-Jährige nicht noch viel zu jung dafür?

Grundsätzlich sollten Sie Ihre Entscheidung von Ihrem Bauchgefühl abhängig machen. Es kann ein gutes Zeichen sein, dass die Tochter den Wunsch äußert, sich von Ihnen unabhängiger zu machen. Doch selbstverständlich sollten die Umstände mit berücksichtigt werden. Geht sie noch zur Schule, und tut sie dies zuverlässig, oder müssen Sie sich um ihre schulische Disziplin sorgen? Sind Sie als Eltern in der Lage, eine zusätzliche Wohnung und den Unterhalt für die Tochter zu finanzieren? Vielleicht absolviert Ihre Tochter ja bereits eine Ausbildung und könnte die Kosten zum Teil selbst tragen. In welcher seelischen Verfassung ist die Tochter? Haben Sie das Gefühl, sie komme alleine gut zurecht? Was ist mit Drogen, Alkohol und dem Umgang mit dem Computer, bestehen Abhängigkeitsgefahren? Hat sie funktionierende Sozialkontakte?

Wenn Sie keine ernsthaften Bedenken gegen einen Auszug haben und wenn Sie finanziell in der Lage sind, für die Kosten ganz oder teilweise aufzukommen, sollten Sie Ihrer Tochter ein eigenes Zuhause ermöglichen. Sie könnten Bedingungen stellen, zum Beispiel, dass die Wohnung, die sich die Tochter nimmt, nicht weit von Ihrer eigenen Wohnung liegt, oder dass sich die Tochter an den Kosten durch Ferienarbeit oder einen Job beteiligt. Bedenken Sie bitte, dass es bei der Ablösung Jugendlicher nicht darum geht, sie ganz sich selbst zu überlassen. Ein Auszug könnte die Tochter ein beträchtliches Stück in ihrer Autonomie fördern, aber Sie sollten sich dennoch beobachtend im Hintergrund halten. Zum Beispiel könnten Sie mit ihr besprechen, dass sie zurückkommen kann, wenn sie alleine nicht zurechtkommt. Das mindert die Angst zu gehen und motiviert zugleich zum Durchhalten. Oder Sie bieten sich an, ihr bei der Wohnungssuche und bei der Einrichtung zu helfen. Allerdings sollten Sie sich zurückhalten, wenn Ihre Tochter Ihre Hilfe nicht annehmen will. Nichts ist schlimmer als Mütter oder Väter, die im ersten eigenen Heim ständig auf der Matte stehen. Wichtig ist, der Tochter zu vertrauen, dass ihr der Schritt in die Selbständigkeit gelingen wird. So fördern Sie das Selbstbewusstsein und die Autonomieentwicklung Ihrer Tochter.

Auszug mit Hilfe des Jugendamtes

Nun kommen wir zu dem unangenehmeren Fall: Sie haben Probleme mit Ihrer Tochter und ertappen sich bei dem Wunsch, dass es auch schön sein könnte, würde sie ausziehen. Zugleich verspüren Sie ein schlechtes Gewissen, weil man eine Minderjährige nicht einfach auf die Straße setzen kann.

Wenn sich häusliche Konflikte zuspitzen und Sie als Eltern das Gefühl haben, Ihre Tochter nicht mehr zu erreichen, kann es in der Tat sinnvoll sein, eine räumliche Distanz zu schaffen. Dadurch würde auch eine größere emotionale Distanz entstehen, sodass sich beide Seiten beruhigen und neu sammeln könnten. Doch selbstverständlich können Sie einer 14- oder 16-Jährigen nicht einfach die Koffer vor die Tür stellen. Ein solcher Auszug will gut geplant und besprochen sein. Versuchen Sie, Ihrer Tochter in möglichst ruhigen Worten zu schildern, in welcher schwierigen Situation Sie sich beide befinden, und schlagen Sie ihr die Unterbringung in einer betreuten Jugendwohngemeinschaft vor. Bereits die Ankündigung einer räumlichen Trennung kann in manchen Fällen schon eine Konfliktlösung bewirken. Vielleicht kann die Tochter für eine Zeit auch bei Verwandten oder einer befreundeten Familie unterkommen. Sollte sie jedoch wie Sie der Meinung sein, eine Jugend-WG sei das Beste, müssten Sie gemeinsam mit ihr zum Jugendamt gehen. Bedenken Sie bitte: Das Jugendamt hat vermittelnde, keine kontrollierende Funktion. Manchmal deeskaliert die häusliche Situation durch Gespräche mit Mitarbeiterinnen oder Mitarbeitern des Jugendamtes, sodass es gar nicht erst zu einer räumlichen Trennung kommen muss. Doch angenommen, alle Beteiligten kämen zu dem Ergebnis, dass ein Auszug die beste Lösung sei, würde das Jugendamt einen Wohnplatz für Ihre Tochter suchen.

Das sollten Sie bei einem Auszug Minderjähriger beachten:

- Jugendliche unter 18 Jahren brauchen das Einverständnis der Eltern.
- Haben die Eltern eingewilligt, müssen sie auch für den Unterhalt der Minderjährigen aufkommen. Dieser bemisst sich am Einkommen der Eltern und am Alter des Kindes. Eine Orientierungshilfe ist die sog. Düsseldorfer Tabelle.
- Jugendliche sind nur bedingt geschäftsfähig, das heißt, sie dürfen noch keinen Mietvertrag abschließen. Dies müssen Sie als Eltern tun.
- Achten Sie beim Mietvertrag auf eine Kündigungsfrist von drei Monaten und dass die Laufzeiten nicht zu lange festgelegt sind. Sonst kommt Ihre Tochter nicht mehr aus dem Vertrag, wenn sie es sich anders überlegen sollte.
- Will eine Minderjährige gegen den Willen der Eltern ausziehen, muss sie sich ans Jugendamt wenden. Dort wird zunächst versucht, zwischen Eltern und Jugendlicher zu vermitteln. Kommt es zu keiner Lösung, kann das Mädchen mit Zustimmung der Eltern in einer Jugend-WG untergebracht werden. Verweigern die Eltern die Zustimmung, wird geprüft, ob den Eltern das Sorgerecht entzogen werden kann. Dies geschieht jedoch nur, wenn die Jugendliche zu Hause

wirklich bedroht ist und wenn sich die Eltern klärenden Gesprächen verweigern.

- Prüfen Sie im Konfliktfall, ob es noch andere Unterbringungsmöglichkeiten für die Tochter gibt, zum Beispiel bei Verwandten oder einer befreundeten Familie.

RISIKOZONE PUBERTÄT

Im vorangegangenen Kapitel haben wir uns mit «normalen» Pubertätsproblemen befasst, also mit solchen, die durchschnittlich und eher harmlos sind, weil sie in unzähligen Familien vorkommen und in aller Regel mit dem Ende der Pubertät auch wieder verschwinden. Nun ist die Pubertät jedoch ein vielschichtiger Umbauprozess der Psyche, der Hormone und des Gehirns, und dies verlangt von Jugendlichen eine hohe Anpassungsleistung. Jugendliche müssen mit der Wucht und mit dem Tempo der Veränderungen irgendwie Schritt halten können. Deshalb ist die Gefahr groß, dabei in extreme Stimmungen, Symptome oder Verhaltensweisen abzugleiten. Deshalb ist die Pubertät auch immer eine «Risikozone». Zum Beispiel kann es passieren, dass eine 15-Jährige nicht nur zu faul ist, ihre Hausaufgaben zu machen, sondern dass sie regelrecht die Schule verweigert. Oder dass eine 14-Jährige nicht nur unter pubertären Stimmungsschwankungen leidet, sondern im Sinne einer psychischen Störung depressiv wird. Einige Jugendliche entwickeln Essstörungen, das heißt, sie stopfen nicht nur hin und wieder Süßigkeiten in sich hinein, sondern bekommen Fressattacken, verweigern die Nahrung und nehmen auffallend zu oder ab. Andere gehen missbräuchlich mit Alkohol oder Drogen um oder verlieren die Kontrolle über ihre Computernutzung.

Dieses Kapitel soll Ihnen helfen, rechtzeitig zu erkennen, ob Ihre Tochter psychisch auffällig wird und professionelle Hilfe braucht. Falls dies der Fall ist: Vermeiden Sie es, sich selbst die

Schuld zu geben und den Vorwurf zu machen, in der Erziehung versagt zu haben. Eltern wollen das Beste für ihre Kinder und tun alles, damit sie zu lebensfähigen und psychisch stabilen Erwachsenen heranreifen.

Wenn eine Jugendliche psychisch auffällig wird, so kann dies vielschichtige Ursachen haben. Zum Beispiel spielt die Persönlichkeitsstruktur der Betroffenen eine Rolle, aber auch erbliche Anlagen, biographische Erlebnisse und eben auch krankmachende familiäre Strukturen und eine konflikthafte Beziehung zu den Eltern. Auch kann eine psychische Auffälligkeit oder Erkrankung in einer kritischen Lebenssituation wie der Pubertät ein Zeichen sein, dass die Tochter sensibler reagiert als andere Jugendliche. Mal angenommen, Ihre Tochter leidet unter Magersucht, weil sie in einem Familienklima groß wird, das ihr die Ablösung von Ihnen als Eltern schwermacht. Zugespitzter formuliert: Sie als Eltern haben unbewusste Mechanismen entwickelt, um die Tochter an sich zu binden und ihr die Ablösung von Ihnen schwerzumachen, woraufhin sie eine Magersucht entwickelt. Dies bedeutet nicht, dass Sie als Eltern «Schuld» an der Erkrankung Ihrer Tochter haben. Wir alle wiederholen Beziehungserfahrungen aus unserer eigenen Kindheit im Kontakt zu unseren Kindern. Dabei können Interaktionsmuster wirksam werden, die uns selbst damals geschadet haben und die heute unseren Kindern schaden. Meistens ist uns dies aber überhaupt nicht bewusst. Eine psychische Erkrankung oder Auffälligkeit der Tochter sollte Anlass sein, das eigene Erziehungs- und Beziehungsverhalten zu hinterfragen, jedoch ohne sich schuldig zu fühlen.

Essstörungen

Ob eine Jugendliche an einer Essstörung leidet, ist nicht immer leicht auszumachen, weil die Übergänge von einem auffälligen Essverhalten zu einer Erkrankung fließend sind. Viele Mädchen nörgeln an ihrer Figur herum, unterziehen sich Diäten oder stopfen vor lauter Frust Süßigkeiten in sich hinein, aber wo ist die Grenze zu einer Essstörung im Sinne einer psychischen Erkrankung? In der Pubertät, wenn vieles im Umbruch ist, können Eltern Verhaltensveränderungen oft kaum einschätzen.

WARNSIGNALE, DIE AUF EINE ESSSTÖRUNG HINDEUTEN:

- Ihre Tochter hat große Angst, zuzunehmen, und wiegt sich ständig.
- Ihre Tochter findet sich zu dick, selbst dann, wenn sie es für Außenstehende gar nicht ist.
- Ihre Tochter vergleicht ihre Figur ständig mit anderen.
- Ihre Tochter probiert eine Diät nach der anderen aus.
- Ihre Tochter verwendet Mittel zum Abnehmen und Abführen.
- Die Tochter treibt auffallend viel Sport, aber nicht, weil es ihr Spaß macht, sondern weil sie abnehmen will.
- Ihre Tochter isst nicht mehr genussvoll und nach Lust und Laune, sondern kontrolliert, indem sie nur noch fettarme Lebensmittel zu bestimmten Uhrzeiten zu sich nimmt. Oft werden Mahlzeiten ganz ausgelassen.
- Ihre Tochter kaut an einem Bissen ungewöhnlich lange herum, nimmt nur noch winzige Portionen und schiebt das Essen lustlos auf dem Teller hin und her.

- Ihre Tochter kocht und backt für andere, isst aber selbst nichts.
- Das Essverhalten Ihrer Tochter ist durcheinandergeraten. Mal isst sie viel und ohne Kontrolle, mal isst sie wenig und streng nach Diät.
- Ihre Tochter kann die Nahrungsaufnahme nicht mehr kontrollieren. Sie schlingt Essen in sich hinein, schafft es nicht, aufzuhören, und verspürt auch kein Sättigungsgefühl, obwohl sie viel gegessen hat.
- Lebensmittel werden im Zimmer der Tochter aufbewahrt.
- Die Tochter kauft sich ständig Süßes.
- Sie bekommen mit, dass Ihre Tochter häufig auf die Toilette geht, um sich zu erbrechen.
- Manchmal ist auch die Haut an den Mundwinkeln vom vielen Erbrechen gerissen.
- Ihre Tochter hat in den letzten Monaten extrem zugenommen oder aber mehr als sechs Kilogramm abgenommen.
- Ihre Tochter isst bei Frust, Ärger und Langeweile.
- Zusätzlich zu dem veränderten Essverhalten ist Ihre Tochter häufig gereizt oder depressiv.

Wenn Sie mehrere dieser Anzeichen bei Ihrer Tochter beobachten, ist es wahrscheinlich, dass sie unter einer Essstörung leidet.

Grundsätzlich und für die Pubertät bedeutsam lassen sich drei Hauptformen von Essstörungen unterscheiden: die Magersucht (Anorexia nervosa), die Ess-Brech-Sucht (Bulimia nervosa) und die Essattacken (Binge-Eating).

Die **Magersucht,** bei Jugendlichen auch Pubertätsmagersucht genannt, ist dadurch gekennzeichnet, dass die betroffenen Mädchen wenig oder keine Nahrung zu sich nehmen und so immer dünner werden beziehungsweise für ihr Alter zu wenig wiegen. Der Body-Mass-Index (BMI) einer Magersüchtigen liegt bei 17,5 und darunter. Man unterscheidet zwei Typen der Magersucht: Bei der «restriktiven Anorexia nervosa», die bei Jugendlichen überwiegt, wird der Gewichtsverlust allein durch Nahrungseinschränkung erreicht. Bei der bulimischen Magersucht wird die Diät durch Essattacken unterbrochen. Diese Essattacken sollen dann durch selbst herbeigeführtes Erbrechen oder die Einnahme von Abführmitteln in ihrer Wirkung rückgängig gemacht werden. Die Ursachen für Magersucht sind vielschichtig und wie bei Sucht im Allgemeinen nicht eindeutig zu bestimmen, sondern nur auf dem Hintergrund der individuellen Biographie zu verstehen. Häufig kommen Magersüchtige aus übermäßig harmonischen, überbehüteten Familien, in denen Gefühle von Ärger und Wut, die für die Selbstbehauptung und die Ablösung von den Eltern notwendig sind, keinen Platz haben. Magersüchtige stellen oft hohe Leistungserwartungen an sich und haben ein gering ausgeprägtes Selbstwertgefühl. Durch die Überwindung des Hungergefühls erleben sie sich als autonom und mächtig. Man vermutet auch, dass magersüchtige Mädchen mit den körperlichen und sexuellen Veränderungen in der Pubertät nicht zurechtkommen. Die auflebende Sexualität mit ihren widersprüchlichen Bedürfnissen, aber auch die innere Auseinandersetzung mit Weiblichkeit, dem anderen Geschlecht und möglichen homosexuellen Wünschen können verunsichern und Angst machen. Insofern hat die Magersucht eine Schutzfunktion, denn durch das Abmagern wird erreicht, dass die Figur kindlich bleibt und weniger sexuelle Reize ausstrahlt. So kommen Magersüchtige nicht «in Gefahr», sich mit einem realen Partner und realer Sexualität auseinandersetzen zu müssen.

Im Gegensatz zur Magersucht, die den Betroffenen irgendwann anzusehen ist, ist die **Ess-Brech-Sucht** oder Bulimie eine heimliche Erkrankung. Hierbei handelt es sich um Essattacken, die die Betroffenen in ihrer Wirkung wieder rückgängig zu machen versuchen. Dies kann auf verschiedene Weise erfolgen. Man unterscheidet Bulimikerinnen, die nach einer Essattacke erbrechen beziehungsweise das Essen mit Hilfe von Abführmitteln oder anderen Medikamenten wieder ausscheiden, und Bulimikerinnen, die als Folge der Essattacken hungern oder extrem Sport treiben. Nach außen erscheinen die Betroffenen symptomfrei, deshalb ist es für Eltern schwer, eine Bulimie zu erkennen. Bulimische Jugendliche (und Erwachsene) sind oft schlanke, sportliche Menschen, die eine panische Angst davor haben, zu dick zu werden, und die sich zugleich für ihre Essanfälle zutiefst schämen. Die Ursachen sind wie bei der Magersucht vielschichtig und individuell. Begünstigende Faktoren sind der Hang zum Perfektionismus, ein schwach ausgeprägtes Selbstwertgefühl, Probleme mit der weiblichen Identität und Schwierigkeiten, Frustrationen zu verarbeiten.

Als **Essattacken** oder **Binge-Eating** wird eine Essproblematik bezeichnet, die sich insofern von der Bulimie unterscheidet, als dass die Betroffenen die Nahrung nicht wieder versuchen auszuscheiden, abzuhungern oder abzutrainieren. Deshalb sind Menschen mit einer solchen Störung häufig übergewichtig. Doch Vorsicht: Nicht alle Übergewichtigen leiden an Binge-Eating, und umgekehrt können häufige Essattacken auch bei Menschen mit Normalgewicht vorkommen. Im Gegensatz zu den anderen Essstörungen ist das Binge-Eating-Störungsbild noch relativ neu und unerforscht.

Falls Sie als Vater oder Mutter den Eindruck haben, Ihre Tochter leide an einer Essstörung, sollten Sie das Gespräch mit ihr suchen und Ihren Verdacht aussprechen. Wundern Sie sich nicht, wenn Ihre Tochter Ihre Bedenken in den Wind schlägt oder wenn sie mit Ignoranz oder Empörung reagiert. Bei der Magersucht gehört es zum Krankheitsbild, dass Betroffene, zumindest in der ersten Zeit, keine Krankheitseinsicht haben. Sie haben lediglich das Gefühl, zu dick zu sein, und rechtfertigen ihre Nahrungseinschränkungen und Diäten damit, abnehmen zu wollen. Dass sie auf dem Weg zu einer ernsthaften Erkrankung sind, erkennen sie selbst nicht. Im Vergleich dazu haben Bulimikerinnen schon eher eine Krankheitseinsicht, wehren dies aber häufig durch die tiefsitzenden Schamgefühle ab. So benötigen Eltern auch hier das richtige Fingerspitzengefühl, um die Tochter auf ihre Erkrankung aufmerksam zu machen.

Da Essstörungen den Organismus dauerhaft schädigen können, sollten Sie auf Ihre Tochter einwirken, sich in ärztliche oder psychotherapeutische Behandlung zu begeben. Lassen Sie sich nicht in die Irre führen: Täuschungsversuche beim Essen oder beim Gewicht gehören zum Krankheitsbild dazu. Falls sich Ihre Tochter nicht helfen lassen will, sollten Sie eine Beratungsstelle für Essgestörte und deren Angehörige aufsuchen oder sich von einem Kinder- und Jugendpsychiater bzw. Kinder- und Jugendlichenpsychotherapeuten beraten lassen. Man behandelt Essstörungen mit einer Einzel- oder Familientherapie, bei drohenden oder bereits vorhandenen gesundheitlichen Folgen kann auch ein Krankenhausaufenthalt notwendig sein.

Alkohol- und Drogenmissbrauch

Die Pubertät birgt immer auch das Risiko, Suchtmittel nicht nur zu *ge*brauchen, sondern sie auch zu *miss*brauchen. Was genau unter Missbrauch zu verstehen ist und was Sie als Eltern dagegen tun können, erfahren Sie in diesem Abschnitt.

Alkoholmissbrauch

Sie müssen unterscheiden zwischen Alkoholmissbrauch und Alkoholabhängigkeit. Dass eine Jugendliche alkoholabhängig im Sinne einer Krankheit ist, kommt vergleichsweise selten vor, denn um wirklich abhängig zu werden, braucht es einige Jahre konstanten Alkoholkonsums. Bei einer Alkoholabhängigkeit verspüren Betroffene einen Zwang zum Trinken, können ihr Trinkverhalten nicht mehr kontrollieren (Kontrollverlust) und entwickeln bei Entzug stark ausgeprägte körperliche und psychische Symptome. All dies ist bei Jugendlichen häufig noch nicht der Fall. Wohl aber besteht bei jugendlichem Alkoholmissbrauch eine erhöhte Gefahr, später tatsächlich an einer Abhängigkeit zu erkranken.

Missbrauch bedeutet, dass Jugendliche sich regelmäßig und häufig betrinken, dass sie schon tagsüber zu trinken beginnen, dass sie häufiger Hochprozentiges zu sich nehmen. Achten Sie auf Ihr Gefühl als Vater oder Mutter. Wenn Sie den Eindruck haben, Ihre Tochter trinke zu viel, sollten Sie Ihre Bedenken ernst nehmen und sie bei Ihrer Tochter ansprechen.

Die Gründe für jugendlichen Alkoholmissbrauch sind vielfältig. Jugendliche trinken zu viel, weil sie Sorgen und Probleme betäuben wollen, weil sie Ängste, Hemmungen und innere Spannungen abbauen wollen, aber auch, weil die Clique dazu verleitet und man nicht zum Außenseiter werden will. Finden Sie mit Ihrer Tochter heraus, was sie zum übermäßigen Alkoholkonsum verleitet. Wenn sie sich aufgrund der Ablösung Ihnen gegenüber nicht öffnen will, vermitteln Sie einen Gesprächskontakt zu einem Verwandten oder motivieren Sie sie, sich bei einer Beratungsstelle Hilfe zu holen. Übermäßiges Trinken ist oft ein Hilfeschrei. Werden die Ursachen erkannt und behoben, verringert sich in den meisten Fällen auch der Alkoholkonsum.

Eine gefährliche Form des Alkoholmissbrauchs ist das **Rauschtrinken** oder **Komasaufen**, bei dem Jugendliche bis zur Bewusstlosigkeit Alkohol konsumieren. Die möglichen Folgen sind Alkoholvergiftungen mit zum Teil tödlichem Ausgang, Ersticken an Erbrochenem, Unterkühlung und Erfrieren bei bewusstlosem Liegen im Freien, Schädigung des Gehirns, bleibende Gedächtnislücken und Schädigung von Leber und Bauchspeicheldrüse. Da dem jugendlichen Organismus oft noch ein zum Alkoholabbau notwendiges Enzym fehlt, ist die Gefahr, bewusstlos zu werden, bei Jugendlichen größer als bei Erwachsenen.

Jugendlichen sind die Risiken des Komasaufens oft gar nicht bewusst. Klären Sie Ihre Tochter darüber auf. Sprechen Sie auch mit ihr über ihre Motive. Was reizt sie so am Rauschtrinken, warum ist ihr das so wichtig? Oft spielt das Gemeinschaftsgefühl in einer Gruppe eine große Rolle. Vielleicht hilft es, wenn Sie gemeinsam mit Ihrer Tochter Konsumregeln aufstellen. Legen Sie fest, wie häufig und wie viel sie trinken darf und zu welchen Anlässen, und bleiben Sie darüber im Gespräch. Es geht nicht darum, dass Ihre Tochter völlig mit dem Trinken aufhört, aber vermutlich braucht sie Unterstützung, das richtige Maß zu finden.

Drogenmissbrauch /-abhängigkeit

Drogen bewirken einen Rauschzustand, indem sie beruhigen, aufputschen, euphorisieren oder Halluzinationen erzeugen. Grundsätzlich ist jede Drogeneinnahme bereits ein Missbrauch, denn Drogen sind illegal und können die körperliche und seelische Gesundheit auf Dauer beeinträchtigen. Jedoch führt nicht jeder Konsum unweigerlich in eine Abhängigkeit. Wie an anderer Stelle erwähnt, muss Ihre Tochter nicht suchtmittelabhängig sein, nur weil sie hin und wieder Cannabis konsumiert. Auch das Ausprobieren von Partydrogen hat nicht gleich eine Sucht zur Folge. Jedoch unterscheiden sich die einzelnen Drogen hinsichtlich ihrer gesundheitlichen Gefahr und ihres Suchtpotenzials. Heroin besitzt ein sehr hohes Suchtpotenzial, das heißt, dass Konsumenten rasch abhängig werden. Auch Kokain, Amphetamine und Barbiturate (Schlafmittel) machen schnell süchtig. Von den Modedrogen sind vor allem die Aufputschmittel Crystal Meth (auch «Crank») und Kath, aber auch die schmerzunterdrückende «Prügeldroge» Tilidin suchtgefährdend. Liquid Ecstasy (nicht zu verwechseln mit der Partydroge Ecstasy) kann leicht überdosiert werden und so zu Muskelzittern, einem komaähnlichen Schlaf und Atemstillstand führen. Die Modedroge «Spice» ist eine Kräutermischung, der ein künstliches Cannabinoid zugefügt wurde, das in seiner Wirkung viermal so stark ist wie das natürliche Cannabis.

Häufig werden mehrere Drogen gleichzeitig oder in Verbindung mit Alkohol konsumiert (Mischkonsum), was die Gefährlichkeit steigert. Bei einer Abhängigkeit von verschiedenen Drogen spricht man von Polytoxikomanie.

Wenn Ihre Tochter ein Drogenproblem hat, sollten Sie Folgendes in die Wege leiten:

- Veranlassen Sie, dass sich Ihre Tochter professionelle Hilfe in einer Drogenberatungsstelle holt.
- Bleiben Sie bei einer klaren Haltung gegen Drogen und suchen Sie immer wieder das Gespräch darüber.
- Suchen auch Sie als Angehörige/-r Unterstützung in einer Drogenberatungsstelle oder bei einer Selbsthilfegruppe.

Bedenken Sie, dass Sie auf eine Suchtmittelabhängigkeit nur bedingt Einfluss nehmen können, weil das Problem viel zu komplex ist, als dass Sie es erzieherisch beheben könnten. Man weiß bis heute nicht, wie eine Suchtmittelabhängigkeit entsteht. Die Kindheit mag eine Rolle spielen, auch die Persönlichkeitsstruktur der Betroffenen, erbliche Anlagen und dysfunktionale familiäre Strukturen. Bei Alkoholismus weiß man, dass Vererbung einen erheblichen Einfluss haben kann. Jedoch nicht alle Menschen mit einer traumatischen Kindheit, alkoholkranken Eltern, einer Persönlichkeitsstörung oder aus schwierigen Familienverhältnissen stammend werden suchtmittelabhängig. Es muss im Einzelfall sehr genau erforscht werden, welche Faktoren eine Abhängigkeit bewirkt haben. Das heißt für Sie als Eltern: Machen Sie sich keine Vorwürfe und behalten Sie einen klaren Kopf. Damit helfen Sie Ihrer Tochter am besten.

Online-Sucht

Die jugendliche Computernutzung kann so ausufernde, zwanghafte Züge annehmen, dass sie in eine Sucht oder Abhängigkeit mündet. Nun müssen Sie jedoch deutlich zwischen einer übermäßigen Computernutzung, wie sie bei vielen Heranwachsenden vorkommt, und einer Online-Sucht unterscheiden. Eine Jugendliche, die sich ständig im Netz «herumtreibt» und trotz elterlicher Ermahnungen und Verbote immer wieder Wege findet, den Computer einzuschalten, ist noch lange nicht online-süchtig. Von einer Online-Sucht kann erst die Rede sein, wenn das Internet, also surfen, chatten oder online spielen, mit schädlichen Folgen für die körperliche und seelische Gesundheit genutzt wird. Die 18-jährige Katharina zum Beispiel hatte sich wegen ihres Online-Suchtverhaltens einer Psychotherapie unterziehen müssen. Rückblickend beschreibt sie ihre damalige Symptomatik wie folgt: «Wenn ich morgens aufgestanden bin, habe ich mich als Erstes an den Computer gesetzt. Ich brauchte ihn gar nicht einzuschalten, denn er lief die ganze Nacht, weil das Ausschalten immer mit Depressionen und einer grauenhaften inneren Leere verbunden war. So konnte ich mir, wenn ich müde war, sagen: ‹Gleich setzt du dich wieder ran.› Das half mir, nicht in dieses schwarze Loch zu fallen. Meistens verbrachte ich den ganzen Tag und die halbe Nacht vor dem Ding, hab interaktive Online-Games gespielt oder bin im Internet gesurft, Hauptsache, ich hatte den Bildschirm vor Augen. Manchmal habe ich auch die Nacht durchgemacht und am Tag ein paar Stunden geschlafen. Die Ausbildung war mir egal in der Zeit, ich bin einfach nicht mehr hingegangen, Freunde hatte ich sowieso nicht. Das Schlimmste war, dass ich nichts gegessen habe, weil ich einfach nicht mehr dazu gekommen bin.» Katharinas Eltern haben das Verhalten ihrer Tochter nur am Rande wahrgenommen, weil sie Eheprobleme hatten und nur mit sich selbst beschäftigt waren. Eine Tante sorgte schließlich dafür, dass Katharina in einer Klinik untergebracht wurde. Der Ausbildungsplatz war weg, und sie hatte 8 Kilo abgenommen.

Nicht immer zeigen sich die Symptome so deutlich wie bei Katharina, es gibt auch erste mildere Anzeichen wie das übermäßige Nutzen des Computers bei gleichzeitiger Vernachlässigung anderer Interessen sowie Wut und Gereiztheit, wenn der Computer ausgeschaltet werden soll. Meist bringen Online-Süchtige eine psychische Disposition mit; sie leiden unter mangelndem Selbstbewusstsein, Einsamkeit, Kontaktängsten und Depressionen. Viele tauchen in eine virtuelle Welt ein, weil sie dort Bedürfnisse nach Anerkennung, Macht, Respekt und Erfolg zu befriedigen versuchen. Zugleich verdrängen sie ihre Unsicherheiten und Ängste aus dem realen Leben. Computerspiele sind eine große Verführung, der eigenen Ohnmacht zu entfliehen, die man dem Leben gegenüber verspürt.

WARNSIGNALE

- Ihre Tochter verbringt ungewöhnlich viel Zeit (mindestens 4 bis 5 Stunden täglich) vor ihrem Rechner.
- Wenn sie sich dabei gestört fühlt, reagiert sie gereizt und aggressiv.
- Sie sagt, sie würde eine große Leere empfinden, wenn sie den Computer ausschalten würde.
- Sie erledigt anstehende Aufgaben nicht mehr, weil sie sich nicht von ihrem Rechner lösen kann.
- Ihr Tag-Nacht-Rhythmus gerät durcheinander.
- Sie hat keine Kontrolle mehr über ihre Internetnutzung.
- Sie ist tagsüber oft müde und lustlos, weil sie die ganze Nacht vor dem Rechner gesessen hat.
- Sie leidet unter Schlafstörungen.
- Sie hat Entzugserscheinungen wie Nervosität, Reizbarkeit, Schweißausbrüche, wenn sie den Rechner nicht nutzt.
- Sie pflegt kaum noch Sozialkontakte.

- Sie nimmt keine gemeinsamen Mahlzeiten mehr mit Ihnen ein, sondern isst nur noch am Computer.
- Sie schwänzt die Schule oder die Ausbildung, meldet sich häufig krank, und die Leistungen nehmen ab.
- Die Hygiene lässt nach.
- Das Zimmer verwahrlost.
- Sie finden keinen Zugang mehr zu ihr.

Wenn Sie eines oder mehrere Anzeichen für eine Online-Abhängigkeit bei Ihrer Tochter entdecken, sollten Sie sich professionellen Rat einholen, zum Beispiel in einer Drogenberatungsstelle. Für Betroffene gibt es inzwischen zahlreiche Hilfsangebote von Selbsthilfegruppen, ambulanter Beratung und Psychotherapie bis hin zum Aufenthalt in einer Suchtklinik.

Schulverweigerung

Wenn Kinder und Jugendliche wiederholt, ganztägig und über einen längeren Zeitraum hinweg der Schule fernbleiben, spricht man von Schulverweigerung, Schulvermeidung oder, richtiger, von Schulabsentismus (Absentismus heißt Abwesenheit). Hierbei handelt es sich um eine gesteigerte Form des Schwänzens, das im Vergleich zum Schulabsentismus noch relativ harmlos ist, auch wenn die Übergänge fließend sein können. Schwänzen bedeutet, dass Schülerinnen und Schüler sporadisch dem Unterricht fernbleiben, weil sie eine Klausur fürchten oder schlichtweg keine Lust auf den Unterricht haben und stattdessen lieber im Café sitzen oder mit der besten Freundin shoppen. Hinter einer Schulverweigerung hingegen stecken tiefsitzende psychische Probleme.

Die 15-jährige Anna-Sophie, die erst vereinzelt und dann immer häufiger und in längeren Perioden den Unterricht versäumte, war eine solche Schulverweigerin. Das Mädchen litt seit der Trennung der Eltern monatelang unter Einschlafstörungen. Sie solidarisierte sich mit der Mutter, fühlte mit ihrem Leid, hasste ihren Vater dafür, dass er eine andere hatte. Oft lag sie die halbe Nacht wach, und wenn am Morgen der Wecker klingelte, waren die Augen so bleischwer, dass sie nicht aus dem Bett kam. Erst gegen 9 oder 10 war sie einigermaßen ausgeschlafen. Aber dann traute sie sich nicht mehr zum Unterricht, weil sie die Beschimpfung der Lehrer und den Spott der Mitschüler fürchtete. Insgeheim wollte sie vermeiden, die Mutter zu verlassen, und sei es auch nur für die Dauer eines Schultages. Es hätte ihrer Mutter noch schlechter gehen können, und vielleicht hätte sie sich sogar etwas angetan. Doch dass das ein Motiv für ihre Schulverweigerung war, konnte sich Anna-Sophie erst in einer Psychotherapie eingestehen. Das war ihr lange Zeit gar nicht richtig bewusst.

Schulabsentismus hat vielfältige Gründe. Man hat festgestellt, dass Kinder kurz nach der Einschulung gefährdet sind, weil sie mit der neuen Lebenssituation nicht zurechtkommen, und Schüler nach dem Wechsel auf eine weiterführende Schule, vermutlich wegen des Verlustes des gewohnten Schulumfeldes. Aber auch die Altersgruppe zwischen dem 14. und 16. Lebensjahr stellt eine vergleichsweise hohe Anzahl von Schulverweigerern. In diesem Alter sind Jugendliche vermutlich deshalb so gefährdet, weil ihr Selbstwert- und Identitätsgefühl durch die pubertären Veränderungen bedroht sind, aus dem Lot zu geraten. Sie sind anfälliger für Konflikte und Stress und können schulische Überforderung nicht so leicht bewältigen.

Zu den häufigsten Ursachen von Schulabsentismus gehören:

- Mobbing: Eine Schülerin traut sich nicht mehr zur Schule, weil sie von ihren Mitschülern schikaniert wird.
- Leistungs- und Versagensängste: Eine Schülerin fühlt sich mit dem Unterrichtsstoff überfordert und versucht durch Fernbleiben, einem möglichen Scheitern zu entgehen.
- Hochbegabung: Eine Schülerin langweilt sich im Unterricht, weil sie sich mit dem Lernstoff unterfordert fühlt. Aus Protest verweigert sie die Schule.
- Soziale Phobie: Eine Schülerin hat eine übermäßige Angst vor Gruppen oder Autoritäten. Sie traut sich nicht, am Unterricht teilzunehmen, weil sie fürchtet, sich zu blamieren.
- Zwangsstörungen: Eine Schülerin hat zum Beispiel einen Waschzwang und kann nicht zum Unterricht kommen, weil sie sich ständig duschen oder die Hände waschen muss.
- Depressionen: Trauer, Minderwertigkeitsgefühle und Suizidgedanken können so übermächtig werden, dass eine Schülerin keinen Antrieb mehr hat, zur Schule zu gehen.
- Liebeskummer: Eine Schülerin kann eine Trennung nicht verkraften, sodass das Interesse und das Engagement für die Schule nicht vorhanden ist.
- Familiäre Konflikte: Eine Schülerin ist so sehr in häusliche Konflikte eingebunden, dass für sie ein Schulbesuch zweitrangig geworden ist.
- Ablösungsschwierigkeiten: Eine Schülerin weigert sich, autonom und erwachsen zu werden, weil dies, der Jugendlichen oft nicht bewusst, ein Verrat an der Mutter/dem Vater bedeuten würde.
- Protestverhalten: Eine Schülerin schafft es nicht, sich an Regeln anzupassen und Autoritäten wie Lehrern unterzuordnen. Mit der Schulverweigerung demonstriert sie, dass ihr niemand etwas zu sagen hat.

Wenn eine Jugendliche erst einmal damit beginnt, die Schule zu verweigern, kann sie schnell in einen Teufelskreis geraten. Durch das Fernbleiben vom Unterricht vermeidet sie eine unangenehme Situation, wie zum Beispiel das Schreiben einer Klausur, die Ermahnungen von Lehrern wegen des Fehlens oder die Auseinandersetzungen mit den Mitschülern. Auf diese Weise schützt sie ihren Selbstwert. Zwar verschafft ihr das zunächst Erleichterung, doch bald entwickelt sie Scham- und Schuldgefühle, da sie die Erwartungen von Lehrern und Eltern und den Anspruch, den sie an sich selbst stellt, nicht erfüllt. Hinzu kommt, dass sie durch den versäumten Unterrichtsstoff tatsächlich weniger Leistung erbringt. All das führt dazu, dass sie sich immer schwächer, immer mehr als Versagerin fühlt und keine Kraft mehr hat, sich Lehrern, Mitschülern und den Anforderungen des Unterrichts zu stellen. Dies wiederum bewirkt, dass sie weiterhin der Schule fernbleibt.

Als Eltern sollten Sie Ihrer Tochter dabei helfen, diesen Teufelskreis zu durchbrechen. Bedenken Sie, dass Schulabsentismus immer ein Symptom für ein anderes, oft tieferliegendes Problem ist. Finden Sie gemeinsam mit Ihrer Tochter heraus, was die Ursachen für ihre Schulverweigerung sind, und motivieren Sie sie gegebenenfalls dazu, sich psychotherapeutische Unterstützung zu holen. Manchmal verschafft ein Schulwechsel Erleichterung oder die elterliche Erlaubnis, die Schule abzubrechen und eine Ausbildung zu beginnen. Oft ist es hilfreich, wenn Schülerin oder Eltern sich einem Lehrer/einer Lehrerin anvertrauen und gemeinsam mit dessen/deren Unterstützung eine Lösung suchen. Auch der schulpsychologische Dienst hilft Schülern und Eltern bei Schulverweigerung. Bei psychischen Störungen kann die stationäre Einweisung in eine Kinder- und Jugendpsychiatrie überlegt werden. Dort kann eine umfassende Diagnostik eingeleitet werden, sodass die Ursachen für das Verhalten der Tochter gefunden und behandelt werden können.

Da Schulabsentismus häufig auch auf familiäre Konflikte zurückzuführen ist, sollten Sie als Eltern herauszufinden versuchen, ob Sie eine Mitwirkung am Verhalten Ihrer Tochter haben. Holen Sie sich dazu in einer Beratungsstelle, beim schulpsychologischen Dienst oder von einem Kinder- und Jugendlichenpsychotherapeuten professionelle Unterstützung.

Rückzug, Einsamkeit und soziale Angst

Eine der größten Herausforderungen für Jugendliche ist die Ablösung von den Eltern bei gleichzeitigem Aufbau von Beziehungen außerhalb der Familie. Freundinnen und Freunde, Mitschüler, Azubikollegen und natürlich auch Liebespartner werden normalerweise immer mehr zum Lebensmittelpunkt Heranwachsender. Nun tun sich jedoch einige Jugendliche schwer damit, in der Welt da draußen Fuß zu fassen. Sie scheuen sich, auf andere zuzugehen, meiden Partys, Cliquen und generell Zusammenkünfte von größeren Gruppen. Viele fürchten sich auch vor Autoritäten wie Lehrern, Ausbildern oder Trainern. Ihr Selbstwertgefühl ist gering. Sie haben Angst, sich vor anderen zu blamieren oder verspottet und ausgelacht zu werden. In ihrer Phantasie werden sie von ihrem Umfeld schlecht bewertet, erfüllen die Erwartungen nicht und stoßen mit ihrer Person und ihrem Auftreten überall auf Ablehnung. Dies kann sich zu regelrechten Panikattacken steigern. Körperliche Symptome wie Erröten, Zittern, Herzrasen, Atemnot oder Schwitzen können auftreten, auch Schwindel, Magenschmerzen, häufiges Wasserlassen und Durchfall. Weil all das schwer auszuhalten ist, ziehen sich viele immer mehr zurück, isolieren sich, vereinsamen. Bei einer besonders ausgeprägten Symptomatik spricht man von einer sozialen Phobie.

Die Symptome einer sozialen Phobie machen sich meist erstmals in der Pubertät bemerkbar, vermutlich, weil jetzt außerfamiliäre Beziehungen so wichtig werden und Betroffene zunehmend mit dem Ausmaß ihrer Ängste konfrontiert werden. Die Gefahr bei Jugendlichen besteht vor allem darin, dass sie der Schule fernbleiben oder die mangelnden Sozialkontakte durch übermäßige Computernutzung zu kompensieren versuchen. Viele Online-Süchtige haben eine soziale Phobie. Manche greifen auch zu Alkohol und Tabletten oder werden depressiv.

Für Eltern ist es nicht immer leicht, zu unterscheiden, ob die Tochter lediglich schüchtern ist oder ob sie unter einer sozialen Phobie leidet; denn die Übergänge sind fließend. Vielen Jugendlichen fällt es schwer, Freundschaften zu schließen, und einige verkriechen sich deswegen in ihrem Zimmer, aber deshalb müssen sie noch lange nicht sozial phobisch sein. Ein gewisses Maß an Schüchternheit, Ängstlichkeit und Gehemmtheit gehört zur Pubertät und zu den damit verbundenen Verunsicherungen dazu. Deshalb sollten Sie als Eltern auch nicht überreagieren, wenn sich die Tochter mit Sozialkontakten schwertut. Wenn Sie jedoch den Eindruck haben, Ihre Tochter leide tatsächlich unter massiven Ängsten, dann benötigt sie vermutlich Hilfe, und je früher dies geschieht, desto besser.

Auch kann es hilfreich sein, das eigene Verhalten zu überprüfen. Eltern von sozial phobischen Jugendlichen sind häufig überbehütend, trauen der Tochter zu wenig zu und verspüren den Impuls, sie vor den Risiken und Gefahren des Lebens bewahren zu wollen. Wenn aber Eltern ihre Kinder zu sehr in Watte packen, können diese nicht das nötige Selbstbewusstsein entwickeln, um in der Welt zu bestehen. Sie übernehmen unbewusst die Sicht der Eltern und trauen sich nichts zu. Häufig sind Eltern von sozial ängstlichen Jugendlichen ebenfalls zurückhaltend, was Kontakte betrifft. Sie haben kaum Freunde und Bekannte und legen großen Wert darauf, was die Nachbarn, die Lehrer und die Arbeitskollegen denken. Damit vermitteln sie ihren Kindern unterschwellig, dass die Meinung anderer über die eigene Person einen hohen Stellenwert hat, dass diese Meinung oft negativ besetzt ist und dass man der Welt mit einer gehörigen Portion Misstrauen und Vorsicht begegnen sollte. So haben Jugendliche mit einer sozialen Phobie manchmal die Ängste ihrer Eltern übernommen, nur zugespitzter. Auch Eltern, die hohe Erwartungen an ihre Kinder haben, mit Kritik und negativen Bewertungen nicht sparen und selbst schnell unter Leistungsdruck geraten, können eine Sozialphobie begünstigen. In solchen Familien besteht oft ein angespanntes, leistungsbetontes Klima, das signalisiert, es sei besonders wichtig, Erfolge vorzuweisen und etwas Besonderes zu schaffen. Für Lob, Wertschätzung und Gefühle ist dagegen oft wenig Raum.

Denken Sie über mögliche Ursachen in Ihrer Familie nach und versuchen Sie etwas daran zu ändern. Überprüfen Sie dabei, ob Sie vielleicht Schwierigkeiten mit der Ablösung Ihrer Tochter haben. Überbehütende Eltern, aber auch solche, die ständig an der Tochter herumnörgeln oder ihr nichts zutrauen, binden sie auf gewisse Weise an sich. Man könnte es auch so formulieren: Eine Jugendliche, die Angst vor Sozialkontakten hat, verlässt ihre Eltern nicht so schnell. Seien Sie offen und ehrlich zu sich. Es ist völlig nachvollziehbar, dass man als Elternteil den Impuls verspürt, Jugendliche an sich zu binden. Aber es ist auch wichtig, sich dies bewusst zu machen und Jugendlichen nicht tatsächlich bei ihrer Ablösung im Wege zu stehen.

Konkret sollten Sie einer Jugendlichen, die Angst vor sozialen Kontakten hat, viel Lob und Wertschätzung entgegenbringen. Stärken Sie sie in ihrem Selbstbewusstsein, soweit Ihnen das möglich ist. Zeigen Sie Verständnis für ihre Ängste und machen Sie sich gemeinsam mit ihr auf die Suche nach einer Lösung. Denkbar wäre auch eine psychologische Beratung. Die Chancen, auf diese Weise ihre Ängste zu verlieren, sind außerordentlich gut.

Depressionen

Die Pubertät bewegt sich häufig am Rande einer Depression. Es macht Angst, sich von den Eltern lösen und das Leben zunehmend selbst in die Hand nehmen zu müssen, selbst die Verantwortung zu tragen, selbst initiativ zu werden. Viele Jugendliche fühlen sich überfordert und reagieren mit Stimmungsschwankungen, Antriebslosigkeit und Erschöpfung. Sie ziehen sich zurück, stieren stundenlang die Zimmerdecke an, hören düstere Musik oder sind leicht reizbar. Doch nicht alle leiden deshalb unter einer Depression im klinischen Sinn.

Von einer Depression spricht man, wenn folgende Symptome, meist kombiniert miteinander, auftreten:

- dauernde Traurigkeit, Schwermut, Angst,
- Interessenlosigkeit,
- Erschöpfung, Antriebslosigkeit, nicht mehr aufstehen können,
- Schlafstörungen,
- frühmorgendliches Aufwachen, Morgentief,
- dauernde Gereiztheit,
- vermindertes Selbstwertgefühl und Selbstvertrauen,
- Schuldgefühle, Selbstvorwürfe,

- Suizidgedanken, erfolgte Selbstverletzung oder Suizidhandlungen,
- negative und pessimistische Zukunftsperspektive,
- verminderter Appetit, Gewichtsverlust,
- motorische Unruhe.

Wenn Sie mehrere dieser Symptome entweder täglich und über einen längeren Zeitraum oder plötzlich und in hoher Intensität bei Ihrer Tochter beobachten, könnte es sich um die Anzeichen einer Depression handeln.

Eine Depression kann von einem Tag auf den anderen ohne ersichtlichen Grund entstehen, sie kann aber auch einen offensichtlichen Auslöser haben wie zum Beispiel den Tod eines Angehörigen oder eines Haustiers, Liebeskummer, schulisches Versagen, familiäre Konflikte oder Mobbing. Auch auf die körperlichen und psychischen Veränderungen der Pubertät können Jugendliche mit einer Depression reagieren.

Hilfe im Notfall

Eltern sind oft unsicher, wie sie das Stimmungstief ihrer Tochter bewerten sollen, ob als normale Pubertätsniedergeschlagenheit oder als Depression. Grundsätzlich sollten Sie immer auf Ihr Gefühl hören. Wenn Sie den Eindruck haben, Ihrer Tochter ginge es seelisch nicht gut und es wäre besser, sie würde sich Hilfe holen, dann motivieren Sie sie zu einem Besuch bei einem Kinder- und Jugendlichenpsychotherapeuten oder einem Kinder- und Jugendpsychiater. Sie können damit nichts falsch machen. Fachleute sind geschult, aufgrund der Symptomatik und des Verlaufs eine Diagnose zu stellen. Ein unbedingtes Alarmzeichen ist es, wenn Ihre Tochter Ihnen gegenüber von Selbstmord spricht oder wenn

Sie über andere mitbekommen, dass sie sich entsprechend geäußert hat. Zwar fragen sich Jugendliche häufig nach dem Sinn des Lebens, und viele haben auch schon einmal darüber nachgedacht, wie es wäre, dem Leben zu entfliehen, doch sobald Selbstmord angesprochen wird, ist dies immer ein Ausdruck größter Not. Bei akuter Selbstmordgefahr sollten Sie mit Ihrer Tochter die Kinder- und Jugendpsychiatrie eines Krankenhauses oder einen niedergelassenen Kinder- und Jugendpsychiater aufsuchen. Dort wird dann die Notwendigkeit einer stationären Unterbringung überprüft. Auch können die akuten Symptome durch Medikamente gemildert werden.

Wenn Ihre Tochter Anzeichen einer Depression zeigt, sollten Sie herauszufinden versuchen, was sie beschäftigt. Signalisieren Sie ihr, dass Sie als Ansprechpartner zur Verfügung stehen. Spiegeln Sie ihr, wie Sie sie in letzter Zeit erleben, und bringen Sie Ihre Sorgen zum Ausdruck. Reden Sie ihre Probleme nicht klein im Sinne von «Das wird schon wieder ...», weil die Gefahr besteht, dass sich Ihre Tochter dann nicht ernst genommen fühlt. Äußern Sie stattdessen Verständnis für die vermeintlich ausweglose Situation. Versuchen Sie, gemeinsam die Problembereiche einzugrenzen. So helfen Sie ihr, das Leben nicht grundsätzlich, sondern nur bestimmte Zustände oder Verhaltensweisen schlimm zu finden. Und drängen Sie nicht allzu sehr, wenn Ihnen Ihre Tochter nichts von ihren Sorgen erzählen will. Es ist Teil des Ablösungsprozesses, sich vor den Eltern zu verschließen, auch in Krisen- und Notsituationen. Schlagen Sie ihr stattdessen Verwandte oder Bekannte vor, mit denen sie reden könnte. Oder besorgen Sie ihr die Rufnummer eines Krisendienstes, wohin sie sich in einer akuten Notsituation auch nachts und am Wochenende wenden kann.

Mobbing

Die 14-jährige Katrina gehörte zu den Beliebtesten in ihrer Klasse. Eines Tages kam sie mit Jonas zusammen, einem Mädchenschwarm. Die Beziehung hielt nur kurz, Katrina trennte sich, und Jonas ging mit einer anderen. Schon bald bemerkte Katrina, dass die Neue schlecht über sie redete, dass sie allerhand Lügen über sie verbreitete, und die Stimmung in der Klasse schlug um. Die Mitschüler tuschelten hinter ihrem Rücken; niemand grüßte mehr, wenn Katrina zum Unterricht kam. Und nach und nach verschwanden ihre Hefte, ihre Federmappe, ihr Sportzeug. Katrina startete mehrere Gesprächsversuche, doch die anderen kicherten, verdrehten die Augen oder wandten sich ab, wenn Katrina ankam. Einige Jungs zischten ihr zu, sie sei eine Nutte. Irgendwann konnte sich Katrina nicht mehr auf den Unterricht konzentrieren. Das Gefühl, ausgegrenzt zu sein, wurde unerträglich. Die Leistungen ließen nach. Sie schämte sich, suchte die Schuld bei sich, machte sich Vorwürfe. Und weil die Scham so groß war, redete sie mit niemandem, nicht mit den Eltern, nicht mit den Lehrern. Sie dachte, sie müsste da irgendwie durch.

Mobbing ist ein Phänomen, das sich nicht nur unter Arbeitskollegen, sondern auch unter Schülern ausbreiten kann. Von Mobbing in der Schule spricht man, wenn eine Schülerin oder ein Schüler über einen längeren Zeitraum wiederholt dem Psychoterror eines oder mehrerer Mitschüler ausgesetzt ist. Dabei kann es sich um verbale Schikanen handeln wie beschimpfen, auslachen oder verspotten, aber auch um Gesten wie Augen verdrehen, Grimassen schneiden oder sich wegdrehen bis hin zu regelrechter körperlicher Gewalt.

Warum manche Kinder und Jugendliche so unsozial miteinander umgehen, hat verschiedene Gründe. Ein breiter Ursachenkomplex von Mobbing unter Schülern ist das «Fremde» oder das «andere». Mitschüler werden ausgegrenzt, weil sie eine andere Nationalität mitbringen als die Mehrheit der Klasse (das gilt im Übrigen auch für deutsche Jugendliche in einem vorwiegend von Migranten besuchten Schulumfeld), weil sie aus einer anderen sozialen Schicht kommen, weil sie lesbisch oder schwul sind, weil sie sich Markenklamotten nicht leisten können, weil sie über- oder untergewichtig sind oder anderweitig von der zahlenmäßigen Norm abweichen. In Katrinas Fall spielten vermutlich auch Neid und Konkurrenz eine Rolle.

Doch wer sind die Täter, und was veranlasst sie, andere zu schikanieren? Einige Fachleute behaupten, den Tätern gehe es vor allem um Macht und Dominanz. Dabei handele es sich um Kinder und Jugendliche, die mit selbstsüchtigem und aggressivem Verhalten schon früh Erfolg hatten, da ihnen niemand Grenzen gesetzt hat. Andere sind der Auffassung, dass Mobber eigentlich selbst benachteiligte Kinder und Jugendliche seien, die durch das Mobben eigene psychische Defizite zu kompensieren versuchten. Wenn man die Altersgruppen, in denen Mobbing vorkommt, näher betrachtet, fällt auf, dass die Täterrate im Vergleich zum Vorschul- und jungen Erwachsenenalter vor allem in der Pubertät deutlich ansteigt, und zwar exakt zwischen dem 11. und 15. Lebensjahr. Das lässt den Schluss zu, dass Mobbingprozesse durch die Pubertät begünstigt werden können. Vermutlich spielen die pubertären Verunsicherungen hinsichtlich des Selbstwerts und der Identität eine Rolle. Beispielsweise neigen manche Jugendliche, vor allem Jungen, dazu, diese Unsicherheiten durch Aggression und Gewalt abzuwehren. Wer andere ausgrenzt, schikaniert oder anderweitig gewalttätig behandelt, fühlt sich stark und lenkt damit zugleich von den eigenen Minderwertigkeitsgefühlen ab. Auch vertreten Jugendliche aus einer inneren Unsicherheit heraus oft eine rigide Moral. Sie glauben genau zu wissen, wie man sein muss, um zum Beispiel eine richtige Frau oder ein richtiger Mann zu sein. Vielfalt und Anderssein bedrohen dieses Wertesystem. Eine übergewichtige Mitschülerin zum Beispiel widersetzt sich unterschwellig dem Schlankheitsgebot, dem sich viele Mädchen glauben unterwerfen zu müssen, und sie hält denjenigen, die sich von einer Diät zur anderen quälen, einen Spiegel vor. Ein lesbisches Mädchen steht latent für eine sexuelle Vielfalt, die sich viele Jugendliche, die selbst noch unsicher in ihrer sexuellen Orientierung sind, innerlich nicht erlauben dürfen. Indem man Mitschüler, die vermeintlich anders sind, ausgrenzt, versichert man sich selbst, dass man zu den «Richtigen» gehört. Aber auch Gefühle von Neid und Rivalität, die immer auch Ausdruck eines Unvermögens sind, die eigenen Stärken und Schwächen richtig einzuschätzen und zu akzeptieren, sind in der Pubertät ausgeprägter als in anderen Lebensphasen.

Eltern von Opfern, was ist zu tun?
Für die Opfer hat der ständige Terror oft psychische und physische Folgen wie Leistungsabfall, Depressionen, sozialer Rückzug, psychosomatische Beschwerden und Suizidgedanken. Viele weigern sich, weiterhin zur Schule zu gehen. Die Pubertät verschlimmert die Situation insofern, als dass Pubertierende auf seelische Verletzungen besonders empfindsam reagieren.

Als Eltern sollten Sie immer bedenken, dass viele Opfer Schuld- und Schamgefühle entwickeln und daher nicht über das Mobbing sprechen können. Wenn Sie also den Verdacht haben, dass Ihre Tochter in der Schule gemobbt würde, zum Beispiel, weil sie sich von anderen zurückzieht oder weil ihr ständig Schulsachen fehlen, sollten Sie sich nicht wundern, dass Ihre Tochter nicht darüber reden will. Bleiben Sie dennoch skeptisch. Am besten, Sie teilen der Tochter Ihren Verdacht mit. Machen Sie ihr Mut, sich Ihnen gegenüber zu öffnen, und bieten Sie Ihre Unterstützung an.

Bei Mobbing empfiehlt es sich, in Absprache mit Ihrer Tochter die Lehrer, die Schulleitung und den schulpsychologischen Dienst zu informieren. Es wäre für alle Seiten von Vorteil, wenn innerhalb des Systems Schule eine Lösung gefunden würde. Ihre Tochter könnte durch Gespräche mit einer Schulpsychologin oder einem Schulpsychologen psychisch stabilisiert werden. Sie sollte aufhören, die Schuld bei sich selbst zu suchen, und die Erfahrung machen, dass das Verhalten der Täter nicht in Ordnung ist. Sie als Eltern könnten sich begleitend dort beraten lassen. Die Täter wiederum könnten in ihre Schranken gewiesen werden und würden, falls nötig, ebenfalls Unterstützung erhalten.

Womit Sie vorsichtig sein sollten:

- Kontakt zu den Eltern der Täter/des Täters aufnehmen: Dies verschlimmert die Situation für das Opfer meist. Denn Tätereltern wissen meist nicht, dass ihr Kind mobbt, oder neigen dazu, entweder ihr Kind in Schutz zu nehmen beziehungsweise die Vorwürfe zu ignorieren, oder aber sie reagieren mit Strenge und Bestrafung. Beides hat zur Folge, dass die Täter die Aggressionen gegen das Opfer verstärken.

- Mit dem Täter/den Tätern in Kontakt treten: Manche Eltern wenden sich direkt an die Täter, möglicherweise, um Mitgefühl zu wecken oder sie durch Drohungen einzuschüchtern. Die meisten jugendlichen Täter erleben dies als Schwäche des Opfers, sich nicht selbst wehren zu können, und fühlen sich aufgewertet. Anschließend wird das Opfer dafür bestraft, «gepetzt» zu haben.

- Der Tochter eine Mitschuld an dem Mobbing geben: Als Außenstehende neigen wir manchmal dazu, das wehrlose Verhalten der Opfer und deren Persönlichkeit zu hinterfragen, vielleicht, weil es schwer auszuhalten ist, dass jemandem Gewalt widerfährt, und man zunächst wenig dagegen tun kann. Doch damit verstärken Sie nur die Schuldgefühle Ihrer Tochter. Tun Sie das Gegenteil: Entlasten Sie Ihre Tochter, indem Sie ihr vermitteln, dass sie keine Schuld trifft.

- Das Kind zum ersten Lehrergespräch mitnehmen: Auch viele Lehrer tendieren dazu, die Schuld bei den Opfern zu suchen. Klären Sie in ersten Gesprächen, wie die Lehrer zu dem Mobbing gegen Ihre Tochter stehen bzw. ob sie es überhaupt wahrnehmen und ob die Tochter auf Unterstützung hoffen kann. Nehmen Sie Ihre Tochter erst zu Gesprächen mit, wenn Sie sich der Unterstützung des Lehrpersonals sicher sind.

- Die Tochter die Schule wechseln lassen, ohne dass der Konflikt gelöst wurde: Dies birgt die Gefahr, dass Ihre Tochter das Gefühl zurückbehält, weggelaufen zu sein und sich nicht genügend gewehrt zu haben. Derart geschwächt könnte sie in einem neuen Schulumfeld erneut das Opfer von Mobbing werden. Auch würden die Täter einmal mehr die Erfahrung machen, dass ihr aggressives Verhalten erfolgreich war. Wenn allerdings in der Schule keine Lösung gefunden werden kann, zum Beispiel, weil die Lehrer oder die Schulleitung nicht angemessen reagieren, kann ein Schulwechsel eine richtige Lösung sein.

Eltern von Täterinnen, was ist zu tun?

Wie bereits angedeutet, ist es vielen Eltern äußerst unangenehm, wenn sie damit konfrontiert werden, dass von ihrer Tochter Gewalt ausgeht. So nachvollziehbar die Scham auch ist: Versuchen

Sie dennoch, das Geschehene weder zu ignorieren noch mit Strenge, Drohungen oder Bestrafung gegenüber Ihrem Kind zu reagieren. Mit Letzterem machen Sie sich ungewollt zu einem negativen Vorbild, indem Sie signalisieren, dass Gewalt ein legitimes Mittel zur Konfliktlösung ist. Vertreten Sie stattdessen Ihrer Tochter gegenüber eine klare Haltung gegen Gewalt. Machen Sie ihr klar, dass das gewalttätige Verhalten nicht hinnehmbar ist, und üben Sie sanften Druck aus, indem Sie Konsequenzen für den Fall androhen, dass das Mobbing nicht aufhört. Begeben Sie sich zugleich zusammen mit der Tochter auf Ursachensuche. Was veranlasst sie, jemand anderen zu terrorisieren und auszugrenzen? Welcher Konflikt ist dem vorausgegangen? Geht es um Macht, Neid, Konkurrenz? Ist sie in Not und hat sie ein Problem, über das sie bisher nicht mit Ihnen sprechen konnte? Hören Sie Ihrer Tochter aufmerksam zu und versuchen Sie, ihr Verhalten zu verstehen, ohne es deswegen gutzuheißen.

Cyber-Mobbing

Eine besonders perfide Form des Mobbings, die sich unter Jugendlichen und jungen Erwachsenen immer weiter ausbreitet, ist das Cyber- oder Internetmobbing. Hierbei werden Opfer durch Lügen, Beleidigungen oder Diffamierungen im Internet, per E-Mail oder über Handys bloßgestellt. Dies kann mit Worten zum Beispiel durch Gehässigkeiten in Chatrooms oder sozialen Netzwerken erfolgen, aber auch durch Fotos und Filme, die, oft heimlich aufgenommen, Betroffene in heiklen und beschämenden Situationen zeigen. Da die elektronischen Medien bei jungen Menschen heute den Alltag dominieren, werden Betroffene rund um die Uhr und bis in die eigenen vier Wände hinein von Drohungen und Beleidigungen verfolgt. Wie man sich gut vorstellen kann, stellt dies für die Opfer eine erhebliche psychische Belastung dar. Gefährlich ist Cyber-Mobbing aber auch deshalb, weil Millionen Nutzer Zugriff auf die Darstellungen und Profile haben und weil das Internet nichts vergisst. Wenn Bild- oder Filmmaterial einmal ins Netz gestellt wurde, kann es nur schwer wieder entfernt werden.

Im Gegensatz zum Schulmobbing, bei dem sich Täter und Opfer Auge in Auge gegenüberstehen, kann im Internet heimlich und anonym gespottet werden. Die Opfer wissen meist gar nicht, wer sie beleidigt, beschimpft und bedroht. Bei vielen Tätern senkt das die Hemmschwelle, sodass sie sich geradezu ermuntert fühlen, ihre Aggressionen ungefiltert herauszulassen. Da Jugendliche ihre Impulse oft noch nicht angemessen steuern können, sind sie auch eine besonders gefährdete Tätergruppe. Viele Cyber-Mobber waren vorher selbst die Opfer von Internetmobbing und rächen sich nun für das, was man ihnen angetan hat.

Für die Opfer sind die Folgen fatal, und sie können mit sozialem Rückzug, Isolation, Depressionen und Suizidgedanken reagieren. Besonders gefährdet sind, ähnlich wie beim Schulmobbing, Kinder und Jugendliche, die durch ihr Aussehen oder ihr Verhalten aus der Norm ausscheren. Viele wagen es nicht, einen Täterverdacht den Eltern, der Schule oder der Polizei zu melden, weil sie sich schämen und weil sie befürchten, dass sich das Mobbing dadurch verschlimmert. Außerdem sind viele Eltern und Lehrer noch gar nicht über Cyber-Mobbing informiert, sodass Betroffene oft keine adäquate Unterstützung erhalten.

Wenn Sie mitbekommen, dass Ihre Tochter als Opfer von Cyber-Mobbing betroffen ist, sollten Sie folgende Schritte möglichst rasch in die Wege leiten:

- Informieren Sie die Polizei. Möglicherweise gelingt es, die Täter zu identifizieren und eine Strafverfolgung einzuleiten.

- Informieren Sie die Schule. Oft befinden sich die Täter im unmittelbaren Umkreis der Opfer, sodass die Schule bei der Aufklärung behilflich sein kann.
- Beantragen Sie beim Netzwerkanbieter eine Löschung der bloßstellenden Texte, Bilder oder Filme.
- Stärken Sie Ihrer Tochter den Rücken. Zeigen Sie Verständnis für die erlittenen Verletzungen und helfen Sie ihr, das Erlebte zu verarbeiten. Hilfe gibt es auch in Beratungsstellen und von Experten und Betroffenen im Internet.

Gegen das Gesetz

Wenn Jugendliche mit dem Gesetz in Konflikt geraten, sind Eltern häufig außer sich vor Sorge. Viele fürchten, die Tochter könne auf die schiefe Bahn geraten oder habe tiefer sitzende psychische Probleme. Katja, Mutter der 14-jährigen Sophia, quälten Schuldgefühle und Scham, nachdem die Tochter eines Nachmittags tränenüberströmt von zwei Polizisten nach Hause gebracht worden war. Sie hatte in einem Kaufhaus zwei Musik-CDs mitgehen lassen. Katja fragte sich, was sie in der Erziehung falsch gemacht hatte, und fühlte sich als Versagerin. Der versuchte Ladendiebstahl war der krisenhafte Höhepunkt in einer Zeit, in der sie ohnehin das Gefühl hatte, die Tochter entgleite ihr. Sie schämte sich vor ihrem Lebenspartner, vor den Nachbarn und vor den Polizisten, die sehr freundlich waren und der Mutter gut zuredeten, es sei doch alles gar nicht so schlimm. Pubertierende müssten immer mal wieder Grenzen austesten, und in diesem Fall wolle die Geschäftsführung sogar von einer Anzeige absehen. Allerdings dürfe die Tochter das Kaufhaus ein Jahr lang nicht betreten.

Die Polizeibeamten haben recht: Es ist alles halb so wild, und Eltern sollten nicht überreagieren, wenn die Tochter eine Straftat begangen hat. Dies rät auch die Polizei mehrfach auf ihren Internetseiten zur Kriminalprävention. Jugendliche kommen häufig mit dem Gesetz in Konflikt, weil sie Grenzen zu überschreiten und Regeln zu missachten versuchen, aber auch, weil sie, jedenfalls bis zu einem gewissen Alter, die Konsequenzen ihres Handelns nicht richtig einschätzen können. Ein Lippenstift ist schnell mal eben in die Tasche gesteckt, doch dass das Folgen haben kann, machen sich viele nicht bewusst.

Alarmsignale

Dennoch sollten Sie nicht einfach darüber hinweggehen, wenn Ihre Tochter etwas geklaut hat oder anderweitig straffällig geworden ist. Wie ernst Sie dies nehmen sollten, hängt zum einen von der Straftat selbst und zum anderen von der Persönlichkeit und der Entwicklung Ihrer Tochter ab. Gewaltdelikte wie Körperverletzungen, Raub und Erpressungen sind dramatischer zu bewerten als ein Ladendiebstahl oder das Besprühen von Hauswänden. Sie selbst kennen Ihre Tochter am besten, und vermutlich können auch Sie am besten beurteilen, ob eine Straftat ein pubertärer «Ausrutscher» ist oder auf tiefersitzende Probleme weist. Ein Alarmzeichen ist es zum Beispiel, wenn Kinder und Jugendliche keinerlei Scham- und Schuldgefühle zeigen und wenn Eltern das Gefühl haben, die Tochter sei von dem, was sie angestellt hat, überhaupt nicht berührt. Alarmierend ist es auch, wenn sich Jugendliche über ihre Straftat hinaus in einem kriminellen Umfeld bewegen oder wenn sie zusätzlich durch Drogen- oder Alkoholmissbrauch, Schulabwesenheit oder eine extreme Verweigerungshaltung auffallen.

Klauen und Sprühen

In den meisten Fällen jedoch liegen die Ursachen im Prozess des Erwachsenwerdens, und das auffällige Verhalten verschwindet mit dem Ende der Pubertät. Beim Ladendiebstahl beispielsweise spielen das Auflehnen gegen Verbote und Macht eine zentrale Rolle. Manche Jugendliche reizt es, eine Verbotsgrenze zu überschreiten und anschließend unter Gleichaltrigen damit anzugeben. Zugleich erleben sie sich als machtvoll, denn sie haben, sofern sie nicht erwischt werden, Autoritäten wie Detektive, die Kaufhausleitung, die Polizei und letztendlich auch die Eltern ausgetrickst. Auch dürfen Sie nicht vergessen, dass sich viele Jugendliche mit ihrem verhältnismäßig geringen Taschengeld wenig leisten können, zugleich aber in einer exzessiv konsumorientierten Gesellschaft leben. Viele klauen, weil sie etwas haben wollen, das zu kaufen sie finanziell nicht in der Lage sind.

Pubertätsbedingt ist häufig auch das Besprühen von Wänden. Viele Jugendliche betrachten Sprayen als eine Kunstform, durch die sie Gefühle ausdrücken und sich selbst verwirklichen können. Sie wollen zu den Sprayern dazugehören und suchen deren Anerkennung und Bewunderung. Manche Jugendliche reizt der Kick, das Erleben von Grenzsituationen und die Überwindung von Angst, indem hohe Gebäude oder Brücken erklommen werden. Und nicht zuletzt ist Sprühen ein Ventil für Aggressionen.

STRAFMÜNDIGKEIT

In Deutschland und Österreich sind Jugendliche ab dem 14. Lebensjahr strafmündig, in der Schweiz ab dem 10. Lebensjahr. Für Österreich gilt darüber hinaus, dass Jugendliche unter 16 Jahren keine Freiheitsstrafe erhalten dürfen.

Suchen Sie das Gespräch

Wenn Ihre Tochter mit dem Gesetz in Konflikt geraten ist, sollten Sie als Allererstes ein klärendes Gespräch führen. Vermeiden Sie übermäßige Strenge und versuchen Sie gemeinsam mit Ihrer Tochter herauszufinden, was sie zu der Straftat verführt hat. Nehmen Sie ihre Argumente ernst, denn so schaffen Sie ein Vertrauensverhältnis. Aber machen Sie ihr auch klar, dass sie kriminell gehandelt hat. Es ist wichtig, dass Sie als Eltern eine klare Haltung gegen Gesetzesübertretungen einnehmen und sich nicht nach dem Motto, die anderen seien schuld, dazu verführen lassen, gegen die Beschädigten oder die Polizei zu «wettern». Klären Sie die Tochter klipp und klar über die Konsequenzen ihrer Straftat auf und sprechen Sie mit ihr darüber, welche Folgen dies für die Opfer hat. Es wäre hilfreich, wenn Ihre Tochter lernt, sich in die Gefühle des Opfers hineinzuversetzen.

Falls Kosten entstanden sind wie zum Beispiel nach Sachbeschädigung durch Sprühen oder Randale, sollte die Tochter dies vom Ersparten teilweise oder ganz begleichen müssen. Wenn ihr Geld nicht reicht, könnte sie durch einen Ferienjob etwas dazuverdienen und die Kosten bei Ihnen abstottern.

Achten Sie darauf, dass Sie die Straftat nicht immer und immer wieder aufs Tapet bringen. Ihre Tochter hat einen Fehler gemacht, aber sie braucht auch die Chance zu einem Neuanfang.

Prävention

Um Gesetzesübertretungen vorzubeugen, könnten Sie Folgendes tun:

- Gewalt hat in der Erziehung nichts zu suchen, weder körperlich noch psychisch in Form von Demütigungen, Entwertungen oder Ausgrenzungen. Wenn Kinder an sich selbst oder anderen Familienmitgliedern Gewalt erfahren, lernen sie, dass Gewalt ein legitimes Mittel zur Konfliktlösung sein kann. Üben Sie stattdessen mit Ihrer Tochter gewaltfreie Konfliktlösungsstrategien ein, zum Beispiel, indem Sie ihr vermitteln, dass es völlig in Ordnung ist, wütend zu sein und sich anzubrüllen, aber dass der Respekt vor dem Streitgegner gewahrt bleiben muss.

- Vermitteln Sie klare Normen und Werte, auch wenn sich Ihre Tochter mit Ihnen daran reibt. Kinder und Jugendliche brauchen eine Orientierung. Eltern, die keine Wertvorstellungen vermitteln, lassen ihre Kinder allein.

- Interessieren Sie sich für den Freundeskreis Ihrer Tochter. Informieren Sie sich darüber, wo und mit wem Ihre Tochter die Freizeit verbringt, ohne allzu aufdringlich oder kontrollierend zu wirken.

- Ermuntern Sie Ihre Tochter zu Sport oder kreativen Aktivitäten, damit sie sich austoben kann und Erfolgserlebnisse hat. Jugendliche mit Selbstbewusstsein und einer ausgefüllten Freizeit werden nicht so leicht straffällig wie Jugendliche, die nicht wissen, wo sie mit sich hinsollen.

Selbstverletzungen

Selbstverletzungen sind Zeichen extremer Not, wenn Jugendliche ihrem Körper absichtlich Schaden zufügen. Dazu gehören unter anderem das Zufügen von Schnittverletzungen, das sogenannte Ritzen, aber auch Verbrennungen und Verbrühungen, Haare ausreißen, mit dem Kopf an die Wand laufen oder sich selbst schlagen. Dabei sind Mädchen deutlich häufiger betroffen als Jungen. Für Außenstehende ist es oft nur schwer nachzuvollziehen, warum sich Jugendliche so etwas antun. Es widerspricht so sehr unserem gesunden Körperempfinden, dass wir uns schlichtweg nur schlecht oder überhaupt nicht in die Lage einer sich selbst verletzenden Jugendlichen hineinversetzen können. Viele Eltern reagieren mit Abwehr, indem sie ihren Töchtern unterstellen, sie wollten bloß auf sich aufmerksam machen und sollten sich mehr zusammenreißen, dann würden die Symptome schon wieder verschwinden. Solche Abwehrreaktionen sind verständlich, verbergen sich dahinter doch oft Gefühle von extremer Hilflosigkeit, Angst und Sorge.

Warum sich Jugendliche selbst verletzen

Sie müssen sich selbstverletzendes Verhalten als den Versuch einer, wenn auch dysfunktionalen, Stress-Bewältigung vorstellen. Betroffene stehen unter einem hohen psychischen Leidensdruck; sie fühlen sich minderwertig und wertlos, denken an Selbstmord, haben keine inneren Ressourcen, um mit ihren heftigen und schwankenden Gefühlen umzugehen, und vor allem: Sie hassen sich selbst. Das Zufügen von Verletzungen ist ein autoaggressiver Akt, bei dem Ärger und Wut nicht nach außen, sondern in unterdrückter Form gegen sich selbst gelenkt werden. Dort wirken sie mit aller Kraft der Zerstörung. Durch die Selbstverletzung und die dadurch entstehenden Schmerzen wird den autoaggressiven Impulsen zu einem Ventil verholfen. So werden emotionale Spannungen abgebaut. Betroffene sagen, dass die körperlichen Schmerzen immer noch besser auszuhalten seien als die psychischen und dass sie auf diese Weise Erleichterung erführen und sich endlich wieder lebendig fühlen könnten. Bei manchen Jugendlichen werden dabei körpereigene Endorphine, sogenannte Glückshormone ausgeschüttet, sodass die Selbstverletzungen wie eine Droge oder ein Beruhigungsmittel wirken.

Oft handelt es sich bei Selbstverletzungen auch um einen hilflosen, verklausulierten Hilfeschrei und den verzweifelten Versuch, Aufmerksamkeit und Zuwendung zu erfahren. Auch das Gefühl, durch die Verletzungen Macht und Kontrolle über den eigenen Körper zu erlangen, können ausschlaggebend sein. Wer sich selbst verletzt, kontrolliert den Schmerz. Viele spüren dadurch ihre Körpergrenzen und verhindern auf einer unbewussten Ebene, sich aufzulösen, zu zerfließen, sich in der Grenzenlosigkeit zu verlieren. So verhelfen sie sich zu einem inneren Gefühl von Halt.

Unter Laien ist die Meinung weitverbreitet, Jugendliche, die sich selbst verletzen, hätten eine traumatische Kindheit mit Missbrauch und Gewalt erlebt. Dies kann, muss aber nicht der Fall sein. Jede kindliche Erfahrung, die psychische Probleme oder Defekte verursacht wie emotionale Vernachlässigung, überbehütende Eltern, Bindungsängste, ein entwertendes Familienklima oder die Trennung von einem Elternteil, kann eine Rolle spielen. Kennzeichnend ist, dass Betroffene über eine oft emotional instabile Persönlichkeit verfügen. Sie haben ein negatives Selbstbild mit chaotischen, zumeist heftigen Emotionen, die sie nicht steuern können. In Beziehungen schwanken sie zwischen Anhänglichkeit, Depressionen und unbändiger Wut. Meistens sind sie nicht in der Lage, über ihre Gefühle zu sprechen, und ziehen sich innerlich zurück. Deshalb ist es für Eltern oft auch so schwer, mit der Tochter über die Problematik ins Gespräch zu kommen.

Weil die Pubertät für zusätzliche innere Verunsicherungen sorgt, sind Jugendliche häufiger als Erwachsene betroffen beziehungsweise zeigt sich die Symptomatik meistens zuerst im Jugendalter.

Die Rolle der Eltern

Wenn Sie bemerken, dass sich Ihre Tochter selbst verletzt, sollten Sie die Problematik ernst nehmen und Gesprächsbereitschaft signalisieren. Häufig ist Eltern gar nicht bewusst, dass sich die Tochter körperlich etwas antut, denn viele betroffene Jugendliche wehren die Verdachtsäußerung ihrer Eltern erfolgreich ab und kaschieren ihre Wunden mit der Kleidung. Die Gründe für diesen inneren Rückzug sind mehrschichtig. Oft empfinden Betroffene eine tiefe Scham für ihr Verhalten. Viele befürchten, von den Eltern kritisiert oder gar entwertet zu werden. Häufig sprechen Jugendliche aber auch aus Ablösungsgründen lieber mit Gleichaltrigen als mit den eigenen Eltern, vor allem dann, wenn ein schlechtes Familienklima für die Selbstverletzungen auslösend ist. Umso wichtiger ist es, dass Sie als Eltern Vertrauen schaffen und Verständnis zeigen, auch wenn Sie das Verhalten der Tochter nur schwer nachvollziehen können.

Die Warnzeichen eines selbstverletzenden Verhaltens erinnern an die Symptome einer Depression und sind eher allgemein:

- länger andauernde Stimmungstiefs bis hin zu Depressionen,
- Äußerung von Wertlosigkeit, Hoffnungslosigkeit und Suizidgedanken,
- emotionaler Rückzug, d.h., die Tochter will nicht über ihre Probleme sprechen,
- sozialer Rückzug, d.h., die Tochter isoliert sich von Freunden und Bekannten,
- Einsamkeitsgefühle bei gleichzeitiger Unfähigkeit, alleine zu sein,
- Interessenlosigkeit,
- mangelnder Appetit,
- Schlafstörungen,

- langärmelige Kleidung auch im Sommer und beim Sport, um Verletzungen zu verbergen.

Wenn Sie den Verdacht haben, dass sich Ihre Tochter selbst verletzt, sollten Sie zunächst versuchen, Ruhe zu bewahren, auch wenn das leichter geschrieben als getan ist. Aber wenn Sie zu aufgeregt, zu besorgt oder zu aktionistisch reagieren, verstärken Sie die Ängste Ihrer Tochter nur und tragen eher dazu bei, dass sie sich weiter verschließt. Behalten Sie stattdessen einen kühlen Kopf und überlegen Sie gemeinsam mit der Tochter, was jetzt am besten zu tun ist. Oft ist es ratsam, dass die Tochter, möglicherweise in Ihrer Begleitung, eine Ärztin oder einen Arzt für Kinder- und Jugendpsychiatrie aufsucht. Da die Situation für Sie sicherlich beunruhigend und beängstigend ist, sollten Sie sich ebenfalls Unterstützung durch eine ärztliche oder psychologische Beratung holen.

NACHWORT

Trotz vieler Alltagskonflikte und nicht zu unterschätzender Risikozonen: Die Pubertät ist eine einzigartige und wunderbare Lebensphase, die heranwachsende Mädchen und ihre Mütter und Väter miteinder erleben dürfen, Überraschungen, Belastungen, Sorgen und Stress inklusive.

Manchmal kann die Pubertät Eltern auf die allerhärteste Probe stellen: Wenn das Krankenhaus anruft, weil das Kind komatös und volltrunken auf der Intensivstation liegt zum Beispiel oder wenn es der Großmutter mehrere hundert Euro an Geld geklaut hat, um die Jungs in der Clique zu beeindrucken.

Wir möchten Sie ermuntern, auch und gerade wenn das Leben so richtig schief laufen sollte, nie das Vertrauen und Zutrauen in Ihre Tochter zu verlieren. Sie wird ihren Weg finden, glauben Sie daran. Es gibt viele erfolgreiche und prominente Frauen und Männer, die als Jugendliche eine Menge Mist gebaut haben. Das ist für die Eltern nie schön, aber für Heranwachsende manchmal offenbar notwendig. In diesem Sinn wünschen wir Ihnen und Ihrer Tochter für die Pubertät und das Leben danach das Allerbeste!

SERVICE

Zum Weiterlesen

Pubertät

Claudia und David Arp: *Und plötzlich sind sie 13*. Gießen 2010.

Ulla Atzert: *Homo pubertensis*. Tipps zum störungsfreien Umgang mit Heranwachsenden. Frankfurt 2007.

Heidemarie Brosche: *Nervenprobe Pubertät: Wie Eltern sie bestehen können*. Freiburg 2004.

BZgA Forum Sexualaufklärung und Familienplanung 3/2011: Intimität. Köln 2011.

Helmut Fend: *Entwicklungspsychologie des Jugendalters*. Opladen 2001.

Max H. Friedrich: *Irrgarten Pubertät*. Elternängste. Wien 2005.

GEO-Wissen 41/2008: *Pubertät. Auf der Suche nach dem neuen Ich*. Hamburg 2008.

Rolf Göppel: *Das Jugendalter*. Entwicklungsaufgaben, Entwicklungskrisen, Bewältigungsaufgaben. Stuttgart 2005.

Alexander Grob/Uta Jaschinski: *Erwachsen werden*. Entwicklungspsychologie des Jugendalters. Weinheim 2003.

Allan Guggenbühl: *Pubertät, echt ätzend*. Gelassen durch die schwierigen Jahre. Freiburg 2004.

Gabriele Haug-Schnabel/Nicolas Schnabel: *Pubertät. Elternverantwortung und Elternglück*. Ratingen 2008.

Sybille Herold: 300 *Fragen zur Pubertät*. München 2008.

Jesper Juul: *Pubertät, wenn Erziehen nicht mehr geht*. München 2010.

Cornelia Nitsch/Brigitte Beil/Cornelia von Schelling: *Pubertät? Kein Grund zur Panik*. München 2003.

Jan-Uwe Rogge: *Pubertät. Loslassen und Haltgeben*. Reinbek 2010.

Helmut Schümann: *Der Pubertist*. Ein Überlebenshandbuch für Eltern. Reinbek 2005.

Helmut Schümann: *Der Post-Pubertist*. Das ultimative Überlebenshandbuch für Eltern. Reinbek 2008.

Barbara Sichtermann: *Pubertät. Not und Versprechen*. Weinheim 2007.

SPIEGEL Wissen 2/2010: Die Pubertät. Hamburg 2010.

Peer Wüschner: *Grenzerfahrung Pubertät*. Frankfurt 2005.

Gehirnforschung

Eveline Crone: *Das pubertierende Gehirn*. Wie Kinder erwachsen werden. München 2011.

Barbara Strauch: *Warum sie so seltsam sind*. Gehirnentwicklung bei Teenagern. Berlin 2007.

Computer und Medien

Wolfgang Bergmann / Gerald Hüther: *Computersüchtig*. Kinder im Sog der modernen Medien. Weinheim 2010.

Bundesministerium für Familie, Frauen, Senioren und Jugend: *Handy ohne Risiko?* Mit Sicherheit mobil, ein Ratgeber für Eltern. Broschüre.

Gabriele Farke: *Abitur in Azeroth*. Wenn Kinder und Jugendliche die Realität in eine Traumwelt verlagern. Ein Eltern-Ratgeber bei Onlinesucht. Broschüre. Buxtehude 2007.

Christoph Möller (Hrsg.): Internet- und Computersucht. Ein Praxishandbuch für Therapeuten, Pädagogen und Eltern. Stuttgart 2012.

G. Schmidt & S. Matthiesen: Internetpornografie. Jugendsexualität zwischen Fakten und Fiktionen. In: W. Wetterstein (Hrsg.), SKP Handbuch Jugend und Gewalt (S. 159–173). Bern 2011.

Sexualerziehung

Bundeszentrale für gesundheitliche Aufklärung: *Jugendsexualität 2010*. Repräsentative Wiederholungsbefragung von 14- bis 17-Jährigen und ihren Eltern, mit dem aktuellen Schwerpunkt «Migration». Broschüre.

Bundeszentrale für gesundheitliche Aufklärung: *Über Sexualität reden … die Zeit der Pubertät*. Ein Ratgeber für Eltern zur kindlichen Sexualentwicklung in der Pubertät. Broschüre.

Bundeszentrale für gesundheitliche Aufklärung: *Aufregende Jahre, Jules Tagebuch*. Informationen für Mädchen von 10 bis 15 Jahren über die Zeit der Pubertät mit körperlichen Veränderungen, Gefühlschaos, erster Liebe, Verhütung und Freundschaft. Broschüre.

Bundeszentrale für gesundheitliche Aufklärung: *Sex 'n' Tipps*. Broschüren Reihe für Jugendliche zu verschiedenen Themen, u. a. *Mädchenfragen, Verhütung, Körper und Gesundheit, Die erste Liebe*.

Urszula Martyniuk und Silja Matthiesen: *«Willst du CS, TS oder Real?»* Sexuelle Erfahrungen von jungen Frauen im Internet als Probebühne. Pro Familia Magazin 02 / 2010.

pro familia Landesverband Berlin: *Jugend + Porno = Erwachsenenpanik?* Informationen und Handreichungen für Eltern und PädagogInnen. Berlin 2011.

Jan-Uwe Rogge: *Von wegen aufgeklärt!* Sexualität bei Kindern und Jugendlichen. Reinbek 2008.

Homosexualität

Bundeszentrale für gesundheitliche Aufklärung: *Heterosexuell? Homosexuell?* Informationen und Ratschläge für Jugendliche in der sexuellen Orientierungsphase, für Eltern und für Menschen im Coming-out. Broschüre.

Heidi Hassenmüller / Udo Rauchfleisch / Hans-Georg Wiedemann: *Warum gerade mein Kind?* Interviews mit Eltern homosexueller Kinder. Düsseldorf 2006.

Mobbing

Mustafa Jannan: *Das Anti-Mobbing-Elternheft.* Schüler als Mobbing-Opfer, was Ihrem Kind wirklich hilft. Weinheim 2010.

Mechthild Schäfer / Gabriela Herpell: *Du Opfer!* Wenn Kinder Kinder fertigmachen. Reinbek 2012.

Alkohol, Zigaretten und Drogen

Bundeszentrale für gesundheitliche Aufklärung: *Raucht mein Kind?* Informationen für Eltern zum Thema Rauchen im Jugendalter und Hilfestellungen für Gespräche mit ihren Kindern. Broschüre.

Bundeszentrale für gesundheitliche Aufklärung: *Alkohol, reden wir drüber!* Ein Ratgeber für Eltern zum möglichen Alkoholkonsum ihrer heranwachsenden Kinder. Broschüre.

Bundeszentrale für gesundheitliche Aufklärung: *Alles klar?* Tipps und Informationen für den verantwortungsvollen Umgang mit Alkohol. Broschüre.

Bundeszentrale für gesundheitliche Aufklärung: *Cannabis, Basisinformationen.* Broschüre.

Trevor Grice / Tom Scott: *Die schönen Blödmacher, was man über Drogen wissen muss.* Ein Lese- und Arbeitsbuch für Jugendliche und Erwachsene. Mülheim an der Ruhr 2007.

Essstörungen

Sylvia Baeck: *Essstörungen.* Was Eltern und Lehrer tun können. Bonn 2007.

Bundeszentrale für gesundheitliche Aufklärung: *essgestört? übergewichtig?, so findest Du Hilfe.* Informationen und Hilfsangebote für Jugendliche und junge Erwachsene, die an einer Essstörung erkrankt sind, übergewichtig oder adipös sind. Broschüre.

Bundeszentrale für gesundheitliche Aufklärung: *Essstörungen*, Leitfaden für Eltern, Angehörige und Lehrkräfte. Broschüre.

Psychische Auffälligkeiten

Wolfgang Bergmann: *Das Drama des modernen Kindes.* Hyperaktivität, Magersucht, Selbstverletzung. Weinheim 2007.

Manfred Döpfner / Franz Petermann: *Ratgeber Psychische Auffälligkeiten bei Kindern und Jugendlichen.* Göttingen 2008.

Manfred Döpfner / Franz Petermann / Martin H. Schmidt: *Ratgeber Aggressives Verhalten*. Göttingen 2008.

Cordula Neuhaus: ADHS *bei Kindern, Jugendlichen und Erwachsenen*. Stuttgart 2009.

I Wenn Sie wissen wollen, was Eltern von Jungen wissen wollen:
I Joachim Braun: *Jungen in der Pubertät – Wie Söhne erwachsen werden*. Reinbek 2003 / 2011.
I
I Joachim Braun: *Jungen in der Pubertät – Die 100 wichtigsten Fragen*. Reinbek 2011.
I
I

Internet

Adressen Bundeszentrale für gesundheitliche Aufklärung (BZgA)

www.bzga.de
Umfassende Informationen und Materialien zu Sexualaufklärung, Gesundheit, Erziehung und Sucht. Auf der oben genannten zentralen Internetseite finden Sie einen Überblick über die wichtigsten Beratungsstellen inklusive einer Online-Suche (unter dem Menüpunkt Service). Auch können Sie online Aufklärungs- und Informationsmedien bestellen.

Gleichzeitig gibt es unter dem Dach der BZgA viele Internetangebote speziell für Jugendliche und für junge Mädchen. Hier ein knapper Überblick:

www.loveline.de
Jugendportal für Mädchen und Jungen mit vielen spannenden Themen wie Verhütung, Liebe, Sex & Co, Sex & Internet, Frauenarzt und, besonders zu empfehlen, dem Thema Aussehen

www.bzga-essstoerungen.de
Auffälliges Essverhalten, Diäten, Über- oder Untergewicht, Magersucht, Bulimie oder Binge-Eating-Störung, hier gibt es wichtige Infos für Betroffene, Eltern und Angehörige.

www.ins-netz-gehen.de
Interaktiv aufbereitete Infos für 12- bis 18-Jährige, um Online-Angebote wie soziale Netzwerke, Chats und Computerspiele verantwortungsvoll und risikofrei zu nutzen

www.schwanger-unter-20.de

Informationen und Orientierung für minderjährige Schwangere sowie ihre Partner, von finanziellen Hilfen und wichtigen Anlaufstellen bis zu Antworten auf häufig gestellte Fragen

www.drugcom.de

Umfangreiche Website der Bundeszentrale für gesundheitliche Aufklärung zu Alkohol, Tabak und Drogen inklusive Anlaufstellen und Selbsttests und eines umfangreichen Beratungs- und Hilfebereichs, u. a. mit motivierenden Verhaltens-Änderungs-Programmen wie «Quit the shit» oder «Change your drinking»

Weitere Internetadressen

Bundeskonferenz für Erziehungsberatung e. V.

www.bke.de

Hier finden Sie Adressen von Erziehungsberatungsstellen, den bke-Sorgenchat, E-Mail-Beratung und Informationen rund um Erziehung.

Dajeb, Deutsche Arbeitsgemeinschaft für Jugend- und Eheberatung e. V.

www.dajeb.de

Mit dem Online-Beratungsführer finden Sie Beratungsstellen in Ihrer Nähe.

Deutscher Caritasverband, Caritas Österreich

www.caritas.de

www.caritas.at

Wohlfahrtsverband der katholischen Kirche mit deutschland- und österreichweiten Beratungsstellen, in denen auch Eltern-, Familien- und Jugendberatung angeboten wird

Deutscher Kinderschutzbund, Elternkurse

www.sesk.de

Unter dem Motto «Starke Eltern, starke Kinder» bietet der Kinderschutzbund Erziehungskurse für Eltern an.

Diakonisches Werk der Evangelischen Kirche in Deutschland e. V.

www.diakonie.de

Deutschlandweite Einrichtungen, in denen auch Eltern- und Familienberatung angeboten wird

Elternnotruf Zürich

www.elternnotruf.ch

Tel. 0044 261 88 66

Telefon- und E-Mail-Beratung sowie Gesprächsgruppen für Eltern

Familienberatung des Bundesministeriums für Wirtschaft, Familie und Jugend, Österreich

www.familienberatung.gv.at

Info-Hotline: 0800 240 262

Suchmaschine von Familienberatungsstellen in ganz Österreich, die nach dem Familienberatungsförderungsgesetz vom Bundesministerium für Wirtschaft, Familie und Jugend gefördert werden

klicksafe

www.klicksafe.de

Website, die unter anderem Eltern und Jugendliche über Sicherheit und Entwicklungen im Internet umfassend informiert

Nummer gegen Kummer, Elterntelefon

www.elterntelefon.org

Tel. 0800 111 0 550

Deutschlandweites telefonisches Gesprächs-, Beratungs- und Informationsangebot, das Eltern bei Erziehungsfragen kompetent und anonym unterstützt

pro familia, Deutsche Gesellschaft für Familienplanung, Sexualpädagogik und Sexualberatung e. V.

www.profamilia.de

Deutschlandweite Beratungsstellen bei Fragen und Problemen rund um Schwangerschaft, Partnerschaft und Sexualität

Schulpsychologische Beratungsstellen

www.schulpsychologie.de

www.schulpsychologie.at

www.schulpsychologie.ch

Elternberatung bei Schulschwierigkeiten ihrer Kinder. Auf den jeweiligen Internetseiten finden Sie Beratungsstellen in ganz Deutschland, Österreich und der Schweiz.

Verband alleinerziehender Mütter und Väter e. V.

www.vamv.de

Die Autoren

Kirsten Khaschei ist Diplom-Psychologin sowie freie Autorin mit den Schwerpunkten Psychologie, Gesundheit und Familie. Sie lebt in Hamburg und hat für mehrere große Frauenzeitschriften sowie die Bundeszentrale für gesundheitliche Aufklärung gearbeitet und zahlreiche Sachbücher verfasst.

Joachim Braun ist Diplom-Pädagoge sowie Kinder- und Jugendlichenpsychotherapeut und Paartherapeut. Er praktiziert in eigener Praxis in Berlin und hat verschiedene Sachbücher für Eltern und Jugendliche verfasst.